普通话水平测试研究丛书
主编 / 姚喜双

普通话水平测试发展历程

PUTONGHUA SHUIPING CESHI
FAZHAN LICHENG

韩玉华 著

语文出版社
· 北京 ·

图书在版编目（C I P）数据

普通话水平测试发展历程 / 韩玉华著. -- 北京 : 语文出版社, 2014.11
ISBN 978-7-80241-273-6

Ⅰ. ①普… Ⅱ. ①韩… Ⅲ. ①普通话一水平考试一概况一中国 Ⅳ. ①H102

中国版本图书馆CIP数据核字(2011)第277883号

责任编辑　金春梅
装帧设计　梁　明
出　　版　语文出版社
地　　址　北京市东城区朝阳门内南小街51号　100010
电子信箱　ywcbsywp@163.com
排　　版　北京杰瑞腾达科技发展有限公司
印刷装订　北京市兆成印刷有限责任公司
发　　行　语文出版社　新华书店经销
规　　格　890mm×1240mm
开　　本　A5
印　　张　8.75
字　　数　240千字
版　　次　2014年11月第1版
印　　次　2014年11月第1次印刷
印　　数　1-3,500
定　　价　27.00元

010-65253954(咨询) 010-65251033(购书) 010-65250075(印装质量)

普通话水平测试研究丛书
总　序

普通话水平测试已经正式实施了18年，如果从酝酿时期开始算起，至今已有30载。作为应用语言学研究的重要成果，普通话水平测试丰富了普通话推广工作的内涵，推动了新时期推普工作向纵深发展。这些年来，针对测试实践中出现的种种问题，也有为数不少的研究论文和论著相继问世。同时，更为可喜的是，普通话水平测试已经逐渐发展成为一门学科，我们先后设立了硕士点、博士研究方向，并建立了博士后研究工作站，一批优秀的博士、硕士研究生相继毕业。

这几年来，我带领我的博士研究生，共同学习和研究，针对普通话水平测试的理论与实践问题做了一些探索性的工作，其中一个主要研究成果是去年出版的《普通话水平测试概论》。《概论》自出版以来，受到了大家的支持和肯定，也有许多同志建议把它进一步拓展。我在带领研究生写作《概论》的过程中，也有这样的感觉，她们每一位的研究专题都可以独立成册，所以我策划组织了这套丛书。丛书既是《概论》研究的深入和拓展，也将为教学、科研和一线实践提供支持。我的这几位博士研究生都非常努力，她们都有繁重的业务工作，但都克服了很多困难，在不太长的时间里相继完成了创作，包括我带领她们完成的《普通话水平测试常用术语》、韩玉华的《普通话水平测试发展历程》、聂丹的《普通话水平测试研究概说》、孟晖的《普通话水平测试员评价体系研究》。接下来，还会有其他研究生所做的测试理论基础研究。同时，我想，这套丛书应该是一个开放的系统，未来还会有更多的研究者加入我们的队伍，研究更多的课题。比如：普通话水平测试的测试员队伍建设研究、测评体系研究、现代化手段研究、测试依据研究，等等。

总之，这些研究要抓住普通话水平测试的基本矛盾，抓住普通话水平测试为国家、社会、测试对象服务，满足国家、社会、测试对象的需求这一基本规律来开展。这样才能使我们的研究更加深入，更有针对性，更符合实际。

今年是龙年，我盼望着我的学生都能成龙成凤。为父母者，望子成龙，望女成凤；为人师者，望学生成龙成凤之心也切。他们都已经在专题领域进行了比较深入的探索，也即将出版专著，在某种程度上，都已逐渐成龙成凤。我希望，他们能够在学术的道路上，脚踏实地，勇于创新，腾飞高远！

姚喜双

2012年5月于北京

目　录

第一章　绪论

第一节　选题缘起

一、普通话水平测试的发展简况

普通话水平测试从酝酿到现在已有 30 余年，正式开展测试 20 年。据国家语言文字工作委员会（简称“国家语委”）有关部门统计，我国内地参加测试的人次累计超过 4938 万，港澳地区参加测试者逾 9 万人次。全国各地（包括 32 个省、自治区、直辖市和新疆生产建设兵团）都成立了以测试站、测试中心、测试管理机构（如各地语委办公室或语言文字工作处等）为基本单元的组织网络，培养的各级测试员达到五万六千余人。从影响力和覆盖面来看，普通话水平测试是中国有史以来最重要的语言测试之一。

20 年来，全国各级测试机构普遍对教育系统、新闻媒体、党政机关和公共服务行业四大领域的人员进行了普通话培训和普通话水平测试，这对普及普通话、提高全社会民众的普通话水平起到了重要的促进作用。根据国家语委的调查数据，我国普通话普及率正在不断提高。2000 年，我国能用普通话进行交流的人数比例是 53.06%。2010 年，国家语委对河北等三个省、自治区普通话普及率进行抽样调查，能够使用普通话进行交际的人口比例接近 70%①。

---

①2000 年和 2010 年两次调查数据均来自谢俊英《普通话普及情况调查分析》，《语言文字应用》2011 年第 3 期，第 3～6 页。

作为一项大规模的实践工程，普通话水平测试在普通话推广普及进程中发挥了重要作用。

人们在接触普通话水平测试的时候，更多的是注重测试成绩和测试方式。比如，参加测试时有什么注意事项？如何取得更好的等级？测试怎么测？测什么？等等。较少有人会关注普通话水平测试的一些基本问题。比如，为什么会有普通话水平测试？测试成绩为什么分成三级六等？这一测试为什么具有比较大的影响力？它对中国社会的发展产生了什么影响？普通话水平测试还存在哪些问题？它在发展过程中遇到了哪些困难？普通话水平测试的未来会怎么样？等等。正因为如此，普通话水平测试的科学性长期以来没有被人们充分了解。通过对普通话水平测试的发展历程进行研究，揭示普通话水平测试内在的科学性，是本研究的出发点。

二、国内外研究现状

专门对普通话水平测试的发展历程进行研究的专著或者论文在国内外研究领域中尚未出现，只有个别研究涉及普通话水平测试的发展历程。2010 年，姚喜双发表论文《推普工作的重要抓手——谈依法推进的普通话水平测试》[①]，文中对普通话水平测试从酝酿、实施至今，首次划分了三个阶段，即酝酿研制、组织实施和发展创新阶段，并将普通话水平测试在不同阶段的成效和发展情况作了简要总结。2011 年，姚喜双等出版《普通话水平测试发展概论》[②] 一书，书中个别章节按此阶段划分的方法，对普通话水平测试的发展历程作了进一步论述，由于篇幅所限，内容比较简略。

不过，国内外对第二语言以及外语测试的发展历史进行研究的文献有很多。代表作如斯波斯基（Spolsky, B.）的《客观语言测

①姚喜双《推普工作的重要抓手——谈依法推进的普通话水平测试》，《语言文字应用》2010 年第 3 期，第 27～31 页。

②姚喜双、韩玉华、聂丹、黄霆玮、孟晖《普通话水平测试概论》，高等教育出版社 2011 年版。

试》[①]（*Measured Words*）。作者首先介绍了客观语言测试在20世纪的发展，对语言测试的发展阶段进行了划分，回顾了1913—1935年间出现的新型语言测试，心理测量学的传播及主导地位的取得；回顾了30年代语言测试技术的新发展，二战期间服务于国家利益的语言测试的诞生，语言测试的专业化和1954—1965年间语言测试日趋成熟的过程。其次，作者回顾了托福（TOEFL）考试的酝酿、诞生及发展，论述了公共测试和学院测试的兴起，并分析了机构、政治和经济等因素对测试理论的影响。作者认为，在语言测试教学领域，不能只依靠专业理论，还要考虑到包括经济学、政治学和社会学在内的各种因素，才能更有效地把握测试的背景。几乎所有现代重大的测试项目都不是纯粹的客观测试，在影响测试发展的方方面面中，往往是经济和政治因素，而非测试理论和技术，起到了更为重要的作用。语言测试具有社会性，研究者不能脱离其存在的环境孤立地进行研究。这本论著对本研究很有启发，对于深入了解、探究普通话水平测试的意义、性质和发展规律都具有重要的借鉴意义。

国内学者对外语测试（以英语测试为主）及第二语言测试发展历史的研究多借鉴国外语言测试的理论和经验，用以反观国内测试的发展问题。他们介绍了国外语言测试发展历史的三个分期：科学前阶段、心理测量—结构主义阶段、综合—社会语言学阶段。有代表性的如：韩宝成[②]综合分析了语言测试的两个基本问题：语言能力和如何对其进行测量，并讨论语言测试研究与发展趋势，如重视行为测试、注意研究被试特征对测试行为的影响、在语言测试中采用新的研究方法及结合计算机技术开发新一代测试及评估系统等。杨满珍[③]从理论和研究方法两方面，对国外语言测试在20世纪90年

---

①斯波斯基（Spolsky,B.）《客观语言测试》（*Measured Words*），上海外语教育出版社2000年版。

②韩宝成《语言测试：理论、实践与发展》，《外语教学与研究》2000年第1期，第47～52页。

③杨满珍《20世纪90年代国外语言测试的发展》，《外语教学》2002年第5期，第39～47页。

代的主要发展作了简要的回顾与分析，在理论方面，语言测试的发展主要体现在交际语言测试、信度和效度、语言测试的社会作用、影响考生发挥的因素、做事测试、计算机化测试、与二语习得的关系等方面，而研究方法的发展主要有准则参照测量、概化理论、项目反应理论、结构平衡模式以及定性研究等。

此外，也有一些对汉语水平考试（HSK）的发展历史进行研究的相关文献，如杨翼①回顾和总结了对外汉语教学测试与评估的历史演化过程，分析和评价了测试与评估的现状与不足，指出了它的发展趋势，并提出了改进汉语教学测试与评估研究的一些建议。这些研究对普通话水平测试的历程研究具有一定的借鉴意义。

第二节　研究目的与研究意义

一、研究目的

第一，为语言文字规范化研究服务。普通话水平测试是当代语言规划的产物。为语文现代化和规范化服务，为推广普通话服务，是该测试的根本宗旨。20 年来，普通话水平测试发展迅速，遍及全国各个省（自治区、直辖市），涉及社会上的种种行业。它在我国社会发展进程中发挥了哪些作用？对普通话推广工作具有怎样的价值？至今，学界和政府有关部门还缺乏系统的研究。作为语言文字工作者，有必要站在语文现代化、规范化的高度，对普通话水平测试进行摸底式普查，得出相应的数据，展开一系列有关的科学研究，并使这些研究尽快转变为语文规范化的效益②，从而为国家语言规划提供参考和借鉴。

第二，总结普通话水平测试的内在发展规律。普通话水平测试发展历程研究，探索普通话水平测试从无到有的产生背景、研发过程，挖掘普通话水平测试的理论来源、实践基础，描述该测试在不

①杨翼《对外汉语教学测试与评估的历史演变与发展趋势》，《中国考试》2009 年第 1 期，第 35～40 页。

②戴昭铭《规范语言学探索》，上海三联书店 1998 年版，第 4 页。

同发展阶段的状态、取得的成绩和遇到的问题，并对该测试未来的发展走向做出一定的预见。此研究涵盖了普通话水平测试发展史的内容，具有写实性。写史的目的在于以史为鉴，跳出微观的测试研究，采取大局观，通盘考虑事物的发展脉络，抓住事物的典型特征。所以，本研究第二个研究目的是，通过梳理发展历程，力图总结测试的内在发展规律。

第三，丰富普通话水平测试学科建设，丰富语言教学与测试研究。普通话水平测试研究属于应用语言学范畴，涉及社会语言学、语音学、语言教学与测试等多个领域。作为一门交叉型学科，它还处于起步阶段，亟待完善理论架构、丰富研究方法、积累学术专著、形成教材体系。普通话水平测试发展历程研究，属于普通话水平测试学科的基础性研究，可以为学科其他研究提供具体资料。此外，本研究以理论、史料、调查数据为支撑，展现普通话水平测试的发展路径，构建测试运行模式，对测试进行“回头看”式的整理和评定。研究可以进一步丰富和补充语言教学和测试领域的研究。

二、研究意义

普通话水平测试是一门实践科学，它从实践中来，到实践中去，从无到有，事业规模从小到大，不断发展。普通话水平测试开创了汉语口语测试的先例，并且开展了大规模的实践，可谓是语言评估领域的突出成果。

对普通话水平测试 30 余年的发展历程进行梳理和总结，开展比较系统的研究，无论对于测试的实施者、管理者、研究者，还是对于语言规划的决策者，都具有重要意义。具体体现在以下几个方面：

1. 为测试员、研究人员、管理决策人员提供史料参考。任何事物在发展过程中，都会在历史时空中留下痕迹，或深或浅，或多或少，人们对事物的了解和认识也因种种原因存在不同程度的差别。普通话水平测试在酝酿产生至开展实施的过程中，尤其是前辈在开创普通话水平测试期间，也有许多不为后人了解的史实。该测试自酝酿之际（1982 年）算起，至今已有 32 载，测试规模巨大，成绩突出。对于后辈来说，有必要对该测试的历史发展全貌尽可能进行梳理，从中获取经验，总结教训，发挥普通话水平测试更大的效用。

2. 指导普通话水平测试实践，为国家语言政策的制定实施提供参考。以史为鉴是本研究的一个目的。通过研究发展历程，梳理总结经验，一方面，可以更好地指导现实实践，在今后的研究和具体工作中，扬长避短，少走弯路；另一方面，可以为社会的语言状况研究及国家语言规划的制定和研究提供参考。

3. 促进普通话水平测试的理论体系建设与学科体系建设。在普通话水平测试研究领域和具体工作中，从中央到地方，在不同程度上存在着“重实践，轻理论”“重行政，轻学术”的氛围，这不利于普通话水平测试的科学、长远发展。因此，积极构建学科体系，大力加强学术理论研究，是目前普通话水平测试研究和工作发展的当务之急。普通话水平测试发展历程研究，对于普通话水平测试学科理论和体系建设来说是不可缺少的，属于重要的基础性研究。

4. 促进语言学及应用语言学理论的发展。普通话水平测试是语言学及应用语言学与社会发展需要相结合的综合性产物，它的发展规模和起到的社会作用是其他语言测试不能够取代的。十余年来，学界特别是语言测试和社会语言学领域，对普通话水平测试的关注度在逐步提高，该测试所取得的研究成果可以进一步丰富语言测试和社会语言学理论，推动语言学及应用语言学理论的发展。

第三节　研究思路与研究方法

一、研究思路

本研究分为两条主线。首先是对普通话水平测试事业的发展历程的研究，从语言规划、国家通用语的发展到普通话的推广，再到普通话水平测试的酝酿研制、组织实施、发展创新，再到普通话水平测试的发展趋势。这些要素形成了一条大的主线，构成了研究的主体框架。在这条主线中，穿插了对普通话水平测试自身（即测试活动）的发展历程研究，从普通话分级思想的提出、普通话水平测试的试制、当时语言测试理论的发展，到普通话水平测试的成功研制、普通话水平测试的性质分析，再到普通话水平测试的修订和完善。这些要素形成了一条小的主线。两条主线既可独立前行又互相依赖，共同构成了本研究内容的主体。

具体说来，一方面，普通话水平测试是一项测试事业，作为一项事业存在和发展，主要包括四个要素：法律法规、测试实施机构、人员编制和经费。相对应的是：制度建设、机构建设、队伍建设和经费保障四个方面。

另一方面，普通话水平测试是一项语言测试活动，组成这一活动的各种要素主要分成四类①：测试主体、测试对象、测试依据和测试手段。测试主体指主持考试的考官群体，业界称其为“测试员”，他们在测试活动中居于主导地位；测试对象指测试客体，即参加测试的考生群体，业界称其为“应试人”；测试依据指测试评判的依据，包括试卷、测试大纲、评分标准、评分方法等；测试手段指实施测试的技术手段和必要设施。

本研究尽可能围绕着测试事业四要素和测试活动四要素进行分析和总结。

二、研究方法

首先，以历史唯物主义观点和辩证唯物主义方法为指导，划分历史时期，采用点面结合的方法，在如实记录历史的同时，详细描写重大事件、重大活动和重点人物。

其次，运用总结、归纳的方法，研究在各个历史阶段普通话水平测试自身和普通话水平测试事业的发展，分析事物的基本矛盾、基本需求、基本性质，研究总结事物发展的内在动因和规律。

第三，运用文献整理、专家访谈、史料分析等方法，对普通话水平测试自身和事业两方面的发展进行梳理和分析，比较完整地展现普通话水平测试发展的全貌，对历史过程中的细节进行还原。

最后，本研究运用了调查研究和统计分析的方法。2009—2010

---

①　姚喜双、韩玉华、聂丹、黄霆玮、孟晖《普通话水平测试概论》，高等教育出版社2011年版，第75页。

年，国家语委普通话培训测试中心在全国32个省、自治区、直辖市以及新疆生产建设兵团开展了普通话培训测试现状调研活动。这一调研活动自下而上，层层调查，异地交流，基本摸清了全国普通话培训测试工作开展15年来的情况。2010—2011年，国家语委普通话培训测试中心请香港11所合作高校的普通话培训测试机构各自进行了普通话培训测试现状调研。这些调研活动为本研究提供了丰富翔实的数据资料。

第四节　研究对象与研究内容

一、研究对象

本研究以普通话水平测试的测试活动和测试事业为研究对象，主要研究其发生和发展的规律。“普通话水平测试发展历程”，其中的“历程”二字包含两层含义：一是经历，二是过程。经历以时间为轴，重在写史，也就是普通话水平测试的发展史；过程以事物发展为轴，重在探索事物发展的内在规律，也就是普通话水平测试发展的内在规律。本研究的内容就是围绕这两个问题展开的。在具体研究上，包括普通话水平测试自身的发展历程研究和普通话水平测试事业的发展历程研究。

以普通话水平测试自身的发展历程为研究对象，具体包括普通话水平测试酝酿、探索、研制、完善各个阶段的历史，包括测试依据、测试主体、测试对象和测试手段这四个关键要素的发展和演变过程，以及语言测试理论对普通话水平测试研制的影响，试测实践对普通话水平测试研制的影响，对普通话水平测试性质的讨论，对普通话水平测试发展趋势的预测，等等。

以普通话水平测试事业的发展历程为研究对象，具体包括国家通用语的产生与发展，国家普通话推广工作，研制普通话水平测试的必要性，普通话水平测试的组织实施，新世纪普通话水平测试事业的发展，境外普通话培训测试的开展，等等。

二、研究内容

本书以普通话水平测试的发展历程为研究内容，对普通话水平测试发展过程中的各方面内容进行了尽可能全面的梳理和总结。

全书由八个部分组成。第一章绪论阐明选题缘起、研究目的、研究意义、研究思路、研究方法、研究对象和研究内容等；第二章论述语言规划与普通话推广之间的内在关系，阐明普通话是语言规划的产物；第三章探究普通话水平测试酝酿研制的经过，对普通话水平分级思想的提出、理论和实践的准备、测试的性质和研制细节进行较为详细的阐述；第四章研究普通话水平测试的组织实施过程，对当时普通话推广工作、开展测试的决策经过、具体组织实施过程进行回顾与总结；第五章论述2001年以后普通话水平测试的发展创新情况，重点介绍新《普通话水平测试大纲》和《普通话水平测试实施纲要》等学术成果，以地方调研数据为基础，具体分析普通话水平测试的基础建设成绩及测试发展中的主要问题；第六章总结普通话水平测试在境外的发展情况与特点，重点介绍香港普通话水平测试的开展情况；第七章对普通话水平测试的未来发展进行探讨，就测试主体、测试对象、测试依据和测试手段的未来演变和发展，做出预测，并对普通话水平测试的进一步发展提出意见和构想；第八章对本次研究进行总结。

第二章　语言规划与普通话推广

第一节　引言

语言是人们的社会行为，具有鲜明的社会属性。在国家范围内，选择什么语言作为人民的通用语，这和国家的政治、经济利益紧密相关。在语言学范畴中，这属于语言规划问题。确立国家通用语并在全国范围内推广，这是国家统一、经济发展和社会进步的主要标志与重要条件。普通话是汉民族共同语的标准语，是中华民族的共同语，是我国国家通用语。推广普通话是一项国家政策、国家任务，属于政府行为，意义重大。它关乎国家的安危、民族的团结、经济的发展、社会的稳定与繁荣，是国家的需要，民族的需要。

任何一个国家的通用语言的推广都必然和一定时期的国家政治、经济体制存在密切联系。我国国家通用语的形成和推广历程也与我国政治、经济的发展紧密相关。在论述普通话水平测试的发展之前，有必要回顾梳理普通话作为国家通用语的形成背景及过程，这将有利于深入、透彻地了解普通话水平测试。

第二节　语言规划与普通话

语言是人与人之间交流沟通的产物，从它产生那一天起，就打上了社会的烙印。研究语言测试或者语言的发展变化，应该把它们放到整个社会大背景下去考察。可以说，无论对于语言还是对于语言测试而言，它们的发展过程都反映了社会历史的发展演变过程。从学科划分上来看，研究语言的社会属性的主要学科是社会语言学、语言规划等。“社会语言学研究的主要是语言的社会分化，如阶层分化，年龄变异，性别变异等等，它关注的还是语言结构本身，只不过不再是就语言研究语言，而是联系社会的因素来研究语言了。”① 对于语言测试的制定和推动来说，语言政策起着更加决定性的作用。斯波斯基（Spolsky,B.）在《客观语言测试》（*Measured Words*）一书中指出，自从第一次世界大战以来，心理测试原理及实践就逐渐风靡世界各国的客观语言测试领域，并被人们广泛接受。但是，所谓的客观测试，包括其最成功的典范——托福（TOEFL）考试，都并非纯粹的客观测试。他认为，几乎现代所有重大的测试项目，尤其是托福（TOEFL）考试都清楚地表明，“在影响语言测试发展的方方面面中，往往是经济和政治因素，而非测试理论和技术，扮演了更为重要的角色”②。他希望能以此书扩展语言测试研究者的视野，希望研究者“能够将语言测试的发展置于特定的历史、社会和政治背景中加以分析”③。因而，在思考和研究语言测试的问题时，与语言政策的制定和实施息息相关的语言规划问题就显得尤为重要。

一、语言规划简说

语言规划（language planning）这一术语，是由美国语言学家乌里尔·威因里希（Uriel Weinreich）于1957年首创。在这个术语提出以前，语言规划作为一种行为在全世界范围内早已存在。从字面意思上理解，语言规划是对语言进行规划。既然是规划语言，就不是个体行为，也不是民族范畴的行为，应该是某种社会组织的行为。通常意义上，规划更多的应该是政府行为。对语言的规划当然也是一种政府行为，在现代社会，通常由中央政府完成。因此，可以说，语言规划是一种国家行为，政府是语言规划的主体，语言规划的作

① 姚亚平《中国语言规划研究》，商务印书馆2006年版，第29页。

② 斯波斯基（Spolsky,B.）《客观语言测试》（*Measured Words*），上海外语教育出版社2000年版，出版前言。

③ 同上。

用对象是整个国家的语言问题。

语言规划要解决语言在发展中产生的问题。语言作为社会生活的重要组成部分，必然随着社会的发展而发展。没有经过科学规划就制定的语言政策往往存在滞后性。为解决语言政策落后于社会发展的问题，语言规划应运而生。

语言规划要从语言现状出发，根据社会发展需要，对未来社会的语言状况进行预测，对目标语言预期产生的语言问题进行估计，制定合理的语言政策。由于语言规划具有良好的前瞻性，所以它大大缩短了语言政策的滞后效应。科学的语言规划的目标是使语言发展作用于社会发展，更好地服务于社会的发展进步。当然，由于预测具有风险性，错误的语言规划往往不能带来预期中的进步，还将带来巨大的资源浪费。

语言规划是为了解决语言问题而服务的。语言问题主要有两大类：

1. 如何提高语言交际效率，满足社会发展的需要。简单说，就是要解决语言发展水平与社会发展水平不协调、不匹配的问题。

2. 如何正确处理不同语言群体之间的语言关系，提高国内各民族之间以及民族内部的凝聚力。简单说，就是要处理好、解决好不同语言群体的矛盾冲突问题。

举一个简单但是实际的例子。国家经济发展后，不同地域间人员的流动性增强，一个多语言或者多方言的社会需要一个通用的语言，这就产生了第一类问题，语言发展水平与社会发展水平不协调。对于如何确定国家通用语，如何协调不同的语言区域的利益，每一个语言区域的人们都希望自己的母语变为国家通用语，这就产生了不同语言群体间的矛盾冲突，在正确解决这些矛盾冲突的基础上推行国家通用语，才能达到既提高效率又团结民心的目的。语言规划就是为解决这些语言问题而服务的。

科学的语言规划要对社会发展和语言发展带来的问题进行准确的分析和估计，要遵循语言自身的发展规律，要与人民群众的语言生活和语言实践相适应。比如我国国家通用语的确定和推行，就充分考虑了当时社会的语言状况，确定了“以北京语音为标准音，以北方话为基础方言，以典范的现代白话文著作为语言规范的普通话”，同时，各少数民族地区和各方言区继续保留使用自己的民族语言和方言的权利。后来的语言实践证明，这样的语言规划是科学的和成功的，是被广大的人民群众所接受和肯定的。

语言规划虽然是以政府为实施主体，但是和学者的参与是分不开的。要在尊重语言发展规律的基础上科学规划，必须要去调查语言现状、探索语言问题、研究解决方案，这些都需要学界的参与。可以说，语言规划是这样一个过程，由学者从人民群众语言实践中发现问题、研究问题，再由政府在这个基础上制定语言政策并推动实施，最终由人民群众把语言政策应用到日常的语言实践中去。这三者的互动，构成了整个语言规划过程的循环工作链。

二、中国古代的语言规划

一种语言的产生和发展是和当地的地理环境及人文属性密不可分的。中华大地，幅员辽阔，在不同的历史时期，除了汉民族以外，还生活着许多少数民族，加之黄河流域和长江流域不同的气候和生活习俗，这些都造成了中华民族语言的多样性。多样性意味着差异性，差异性往往带来沟通上的困难和效率低下。虽然传统小农社会对语言交流效率的需求远远不如现代社会，虽然当时也没有语言规划的概念和理论，但是从历史资料上看，还是能找到相当多的语言规划行为的记录。

早在春秋战国时期，经济分散，政治割据，居住在不同地方的人们所说的话、所写的字都不相同，“言语异声，文字异形”。当时的统治者已经发现了这个问题，并且十分注意搜集各地的方言材料，每一年都会派出官员去采集整理。秦始皇统一六国后，统一了文字，实现了“天下书同文”，汉族开始有了统一的书面共同语。到了西汉末年，扬雄在前人的基础上做了大规模的方言调查，撰写了我国第一部比较方言词汇的重要专著——《辅轩使者绝代语释别国方言》（以下简称《方言》）。《方言》列举了各地区大量的方言词语，对它们一一加以注释，并且在《方言》中首次使用了“通语”“凡语”等概念，指的就是当时各地能够通行的语言。全书第一条是：“党、晓、哲，知也。楚谓之党，或曰晓；齐宋之间谓之哲。”① 用“知”来解释楚国的“党、晓”和齐、宋之间的“哲”，说明“知”是大家都懂得的词，是“通语”，而“党、晓、哲”则是方言。

语言规划可以分为书面语和口语两种规划。从中国历史上来看，更多的是对书面语进行规范。所谓语言规范，可以认为是对语言本体的规划。那么，为什么会出现重书面语、轻口语的情况呢？主要有以下几点原因：（1）语言规划的主要推动力是特定阶层交流的需要，主要是统治阶层或者知识阶层，这些人群都是识字的群体。（2）相对于口语来说，书面语更容易进行规范化。（3）中华民族非常尊重历史，注重历史资料的留存，书面语有记录历史的功能。正是基于这种种原因，中国历史上对书面语进行规范与规划相对更为成熟。不过，为了满足社会生活的需要，历史上也曾经出现过一些对口语进行规范的尝试，雅言、通语、官话的出现就是典型的例子。

在春秋战国时期，存在着种类繁多的方言，同时也出现了那个时期的共同语——“雅言”。“雅言”是当时各个地方的人们彼此交际的工具。“雅”的含义之一是“正”。清代的刘台拱所著的《论语骈枝》中提及，“王都之音最正，故以雅名”。雅言指正确规范的语言，是大家都应该遵循的语言，所以也是各地通用的语言。《论语·述而》曾有过这样的记录，“子所雅言，诗、书、执礼，皆雅言也”。意思就是孔子在诵读诗书和执行典礼的时候所说的话是各地通行的雅言。雅言还有和俗语相对的意思，它不是劳动人民的语言，而是士大夫阶层中通用的语言。魏晋南北朝时，以颜之推为代表的语言规范的倡导者们，主张“共以帝王都邑”的语音作为规范语言的基础语音，取南方金陵语音和北方洛下语音折中而成，“参较方俗，考核古今”，以此作为南北通用的标准语音②。在唐朝，科举考试包括笔试和口试，考生要以文读即官方规范的读书音与考官交流。在通

①转引自林焘《普通话和北京话》，语文出版社2000年版，第2页。

②李建国《汉语规范史略》，语文出版社2000年版，第95页。

过考试担任官职以后，也要求口说规范话，手写规范字，为社会的语言规范化起表率作用①。

“雅言”是“王都之音”。事实上，从商周直到北宋的两千年时间里，都城的所在地——中原地区（长安洛阳一带）的方言一直占据着权威的地位。直到公元10世纪左右，中国北方的辽金政权和南方的汉族政权形成长期抗衡的局面，北京逐渐成为北方的政治、经济和文化中心。在这种形势下，长安和洛阳原有的政治地位被逐渐削弱，中原方言随之慢慢丧失了多年以来的权威性。后来，元代定都在大都（即今天的北京），世界闻名的元大都真正成为全国唯一的政治中心。此后，元大都话逐渐取代了中原方言，成为新的具有权威性的方言。元朝政府规定，所有的学校在教学时要使用以大都语音为标准音的天下通语。此外，元朝盛行元杂剧，这也对大都话的普及起到了重要的推动作用。元朝周德清所著的《中原音韵》一书主要是根据元杂剧的用韵编写的，“书名虽然仍旧沿用‘中原’这个名称，实际上已经不是只指长安、洛阳一带，而是包括了以元大都为中心的广大北方地区”②。这部韵书基本上能够反映出元大都话的面貌，其声韵调系统已经相当接近现代的北京话，而普通话就是元代以后的共同语发展而来的结果。

“官话”较早见于明代前期的文献，本义是指官吏所说的官场上通行的话。当时无论是在京城还是到外省做官，语言不通是客观存在的问题，这迫使官吏们必须学说“官话”。后来，文人学者也都以说“官话”为荣，“官话”逐渐成为公共场所用以共同交流的语言，“官”成为通用的意思。实际上，这种全国都能通行的“官话”已经是以当时最具权威性的都城方言——北京话作为标准的，但当时的人们还没有这样清楚的认识，“官话”也没有明确的标准和规范。因此，人们往往把和北京话比较接近的其他方言也都视为“官话”，出现了“西南官话”“西北官话”和“下江官话（即江淮官话）”种种

①李建国《汉语规范史略》，语文出版社2000年版，第101～105页。

②林焘《普通话和北京话》，语文出版社2000年版，第2页。

说法，这些名称在客观上非常符合汉语方言区划分的实际情况，得以沿用至今。不过，现在的“官话”已经不是指以北京话为标准的汉民族共同语，而是汉语北方方言的统称①。在明清两代，官话随着政治和经济的力量逐渐传播到各地，这标志着现代汉民族共同语的早期形式初步形成。清朝雍正皇帝一直对推行官话比较重视，曾经下过专门的训谕要求各级官员在执行公务的场合（如陈奏、宣读、审断等）必须使用官话，并在福建省开设“正音书院”，作为培训官话的机构，计划在八年之内在福建、广东推行官话。雍正皇帝还规定，凡是举人、秀才、贡生、童生，八年之后不懂官话的一律不准参加科举考试②。

从书面语的规范化以及雅言、官话等口头语的形成与推广过程，可以看出，中国古代的语言规划是以形成通用语为主要目的，这里的通用语形式包括通用文字、通用书面语以及通用口头语，它们分别对应着文字规范化、书面语规范化以及口语规范化。这些规范化，主要是为了满足统治阶层或者知识阶层沟通交流的需要，是为了统治阶层或者知识阶层服务的。所以说，驱动中国古代语言规范化的主要因素是政治因素，是为封建统治而服务的，而占国家大部分人口的底层劳动者，由于缺乏政治地位，他们的语言需要并不在政府语言规划的考虑范围内，只是受到语言规划的间接影响。

三、中国近代的语言规划——普通话的产生

在鸦片战争以前的几千年里，中国的语言虽然经历了文字规范、词汇规范、语音规范等各种规范化尝试，但是，由于这些尝试都是服务于特定阶层交流的需要，在广大农村地区，占人口绝大多数的农民并不掌握以文言文为代表的书面语，彼此的交流还是通过本地的方言完成的。由于封建统治者政治意愿的缺乏和执行力的局限，真正意义的国家通用语并没有出现。

清朝末年，西方列强用枪炮打开了中国的大门，中国社会不得

①林焘《普通话和北京话》，语文出版社2000年版，第5页。

②同上，第6页。

不面临从小农经济到工业经济的转型。经历了那段屈辱的历史，救国图强逐渐成为全社会的共识。要发展现代国家，就必须吸引尽量多有素质的人投身到建设中来，必须普及教育；“要救国图强就要团结民心，要团结民心必须要普及民族共同语”①。当时的语言状况已经落后于社会发展的需求，语言文字的现代化成了当时社会变革的重要组成部分，甚至直接导致了“新文化运动”的产生。20世纪初产生的三大语文运动是语言文字现代化的重要事件，它们是切音字运动、国语运动和白话文运动。三大运动各有明确的目标，彼此又互相关联影响，最终形成了声势浩大的群众性运动。其中，国语运动直接导致了普通话的产生。

“国语”的来源是一种“就国音而发”的“近文之雅语”。国语运动最早是由切音字学者引出的。清朝末年，缺乏明确标准的官话已经不能适应客观现实的需要。甲午战败以后，众多有识之士意识到政治改革、普及教育的重要性。谈到普及教育，首先面临的问题就是汉字难写难认，不利于民众识读、学习。其次，中国各地的方言种类繁多，人民之间沟通困难，若想开发使用一套标音的工具帮助普及教育，第一要务就是要统一国音。因此，切音字学者明确提出要统一国家的语言。

“切音”是拼音的意思，“切音字”就是“拼切语音的字母”②。切音字者认为，国家有了统一的语言，可以加强团结，使“中国之大，犹如一家，非如向之各守疆界、各操土音之对面无言也”③。众多爱国人士将统一语言视为救国良药，势在必行。第一个提出统一全国语音的人是中国语文现代化的先驱——福建人卢戆章。他最早创制的汉语字母式拼音方案“切音新字”在当时产生了很大的影响。他最早提出以南京话作为官话的标准。不过，著有《官话合声字母》的河北人王照则坚决主张用“京话”（北京官话）作为标准，他指出

①苏培成《普通话漫议》，《语言文字应用》1998年第3期，第9页。

②王理嘉《汉语拼音运动与汉民族标准语》，语文出版社2003年版，第2页。

③卢戆章《一目了然初阶》自序，转引自倪海曙著作编辑小组：《倪海曙语文论集》，上海教育出版社1991年版，第165页。

“因北至黑龙江，西逾太行宛洛，南距扬子江，东传于海，纵横数千里之土语，与京语略通。是以京话推广最便，故曰‘官话’。余谓‘官’者公也，‘官话’者公用之话，自宜择其占幅员人数多者”①。王照的合声字母在全国的影响非常广泛，他开办了学习机构，并刊发了“拼音官话报”。此外，王炳耀也同意用“北音”。卢戆章后来放弃“南腔”，同意改用“京音官话”作为“通行国语”。

“官话”这一名称逐步被“国语”所代替的直接原因之一是实施国民教育的需要，“顾文字不易，教育总不能普及；国语不一，团结总不能坚固”②。1902 年，京师大学堂总教习、桐城派古文家吴汝纶去日本考察学政，看到日本推行国语（东京话）非常成功，回国后写信给管理大学堂的事务大臣张百熙，建议学习日本的经验，推行以北京话为标准的“国语”，并提出用王照的官话字母作为统一国语的工具。这种提法在当时的社会背景下是十分大胆的举动，因为清朝一直把满语称为“国语”。在吴汝纶的影响下，张百熙和张之洞等人联名奏定《学堂章程》，其“学务纲要”第二十四条规定：“各国语言，全国皆归一致，故同国之人，其情易洽，实由小学堂教字母拼音始。中国民间各操土音，致一省之人彼此不能通语，办事多扞格。兹以官音统一天下之语言，故自师范以及高等小学堂，均于国文一科内，附入官话一门。”③

至此，清政府开始正式使用“国语”这一名称取代以前的“官话”，并启动一系列相关工作。1909 年，清政府资政院开会，由于学部奏报的《分年筹备立宪事宜清单》中所列“国语教育事项”的说法极为含混，议员江谦就所谓“国语教育”的具体内容向学部提出八点质问，包括课本是否使用拼音、语音有无标准、语法有无规定、是否有词典、名称是否要改、是否设立机构等，明确提出语音标准、语法和词典的问题。江谦提出应该设立“国语编审委员会”，还正式

①倪海曙著作编辑小组《倪海曙语文论集》，上海教育出版社 1991 年版，第 166 页。

②朱文熊《江苏新字母》，转引自倪海曙著作编辑小组《倪海曙语文论集》，上海教育出版社 1991 年版，第 165 页。

③王理嘉《汉语拼音运动与汉民族标准语》，语文出版社 2003 年版，第 8 页。

提出应把“官话”正名为“国语”，因为“官话之称，名义无当，话属之官，则农工商兵无所宜习，非所以示普及之意，正统一之名”[①]。这时提出的“国语”，已经是一种语音有标准、语法有规范、词语有词典的法定语言，而且要有专门机构负责研究编订。同时，为了语音统一，要求学校课本必须用字母拼注这种标准读音，或者在汉字旁边注上拼音，帮助示范。1910 年，摄政王载沣查禁王照的“官话合声字母”，引起很多赞成切音字和主张语言统一的人向“资政院”提出抗议。同年，清政府设立“国语编审委员会”，由此，中国的国语运动开始起步。次年 6 月，清政府公布通过了《统一国语办法案》。10 月，辛亥革命爆发，清政府被推翻，国语运动依靠国民政府的支持真正开展起来。

1912 年初，中华民国成立。7 月，国民政府在北京召开的“临时教育会议”上肯定了“国语”这个名称，决定在全国范围内推行“国语”。教育部开会决定将“切音”改为“注音”，准备从统一读音入手统一全国语言。次年，教育部召开了有各省代表参加的“读音统一会”，议定六千五百余字的国定读音（即“国音”，亦称“老国音”“旧国音”）和拼写国音的工具——“注音字母”（或称作“国音字母”），并且提出“国音推行方法”。1916 年 8 月，北京 86 位知名学者为促进推行国语，组成了“中华民国国语研究会”，推举蔡元培为会长。1917 年 2 月，“国语研究会”成立。黎锦熙制定了《国语研究调查之进行计划书》，详尽规定了“音韵”“词类”“语法”三个方面的调查研究事项，并提出建立国语调查及编审的机构。1918 年，北洋政府教育部正式公布注音字母，并召开“全国高等师范校长会议”，决定在全国高等师范附设“国语讲习科”，讲授注音字母和国语。同年，胡适发表了著名的《建设的文学革命论》一文，提出“国语的文学，文学的国语”的口号，把国语和文学革命紧密地联系在一起。1919 年“五四运动”爆发，推行国语和波澜壮阔的白话文运动结合起来，形成了声势浩大的国语运动。北洋政府在这一年成

①倪海曙著作编辑小组《倪海曙语文论集》，上海教育出版社 1991 年版，第 169 页。

立了“国语统一筹备会”，作为教育部附属机构，专司推行国语的行政事务。这是中国官方推行国语的最早的机构。

1913年，中华民国召开“读音统一会”时，要求确定“国音”的标准，当时对是否应该以北京音作为标准音，在南方一些省份的代表和北方代表之间展开了激烈争论，最后以投票方式议定，“‘国音’应该以北京语音为基础，但同时要吸收其他方言的一些语音特点，其中最主要的是要区分尖团音和保留入声”①。“读音统一会”议定出来的“国音”标准实际上是一种南北方言混合的杂糅音，后来被称之为“老国音”。这种语音脱离实际生活，完全是人造出来的，公布不久，就遭到强烈反对，许多人主张应该改为以北京语音为标准，于是又引起了一场“国音”和“京音”的大辩论。1923年，由国语统一筹备会成立“国音字典增修委员会”，决定国语的标准音为北京语音，即所谓“新国音”。新国音以活的北京语音为标准，取消入声，把入声照实际的口语读法分属阴阳上去四声。新国音以实际存在的口语语音作为标准，明确了必须以北京语音作为标准音，这是国语运动的一项重要贡献。

其实，在所谓国语国音的问题上，外国人在半个多世纪以前已经认识到，北京话作为一种“准通行国语”，就是汉语的代表。1867年伦敦出版的《语言自迩集》是当时世界各国在华使馆都使用的汉语课本，课本以北京话为学习对象。作者威妥玛在第一版的序言中提及，1864年外国公使获准在北京设立使馆后，发现之前所学的南京话已经过时了，若想更好地与清政府沟通，他们必须学习“帝国宫廷语言”——“净化它的土音的北京话”。日本的汉语教学界也持相同观点，六角恒广在《日本中国语教育史研究》中提到，“北京官话是中国全域的通用语”，“不学北京话难为庙堂公用之谈”，所以“各国公使，各携带学生学汉语，由公使雇京人教师教授纯粹京话”②。

①林焘《普通话和北京话》，语文出版社2000年版，第8页。

②王理嘉《汉语拼音运动与汉民族标准语》，语文出版社2003年版，第7页，第104页。

1928 年，“国语统一筹备会”更名为“国语统一筹备委员会”，由知名的语言学家担任委员，负责国语推行工作。从此，国语运动开始走上成熟的道路，成为一项长期持久的工作。从 1924 年直到 1937 年抗日战争爆发，这十几年里，政府培养了大批优秀的国语教师，出版了国语辞典和留声片，文化界发表了大量研究和宣传国语的文章。1932 年，教育部公布发行了《国音常用字汇》。1935 年，商务印书馆出版了赵元任著的《新国语留声片课本》，国语推行至此步入科学发展的轨道。

无论是清朝末期，还是民国时期，国语运动都离不开知识界的参与和政府政策的推动，与白话文运动相结合后的国语运动更是将影响力扩大到全体国民。标准语音的确定、文体的改革解决了中国历史上长期存在的方言林立、言文不一这两大难题，也成为明确国家通用语的两大推动力。其中，文体的改革，相对迅速地成为了全民族的共识，标准语音的确定则经历了切音系统、老国音、新国音等不同的发展阶段。之所以标准语音的确定如此困难，是由于京音官话和各地的方言特别是南方地区的方言有较大的差异，老国音试图用一种折中的办法来弥补这个差异，但是由于没有实践基础而失败。新国音采用北京语音为基础，是因为北京为官话的发源地，北京语音通过官话的传播已经不同程度地影响了中国的大部分地区。

标准语音的形成过程也是协调不同语言群体利益的过程，由于以吴、赣、闽、粤等为代表的南方方言与北京话的语音差距较大，在标准语音形成的过程中，产生了很多争论，最终覆盖人口占多数的北京语音成为了标准语音。简单地说，人口因素成为了决定标准语音的关键因素。如何保护其他方言区特别是南方方言区人群的语言利益，就成了国语形成后需要面对的问题。

国音的确立是国语运动中里程碑式的事件。对于书面语而言，虽然当时白话取代文言已经成为社会的共识，但是在实际发展过程中，遇到了很多困难。倪海曙分析说：“这种‘国语’又是用汉字写的，而且写它的大多是熟悉文言的知识分子；同时白话的词汇还不很够，必须不断从文言输入词汇，有的表现方法还须依靠文言。因此它一产生，就跟文言结了不解缘……结果它很自然地发展成为一种不文不白的文体。”① 1931 年，瞿秋白多次撰文批评这种白话文“非驴非马”。他提出要进行新的文学革命或者叫作“俗话文学革命运动”，用“俗话”来写，“用现代人的普通话来写”，“用读出来可以懂得的话来写”。② 1934 年，上海进步文化界为了反对“文言复兴运动”，提出了“大众语”，提倡“大众说得出、听得懂、写得顺手、看得明白的语言”，引发了“大众语”的大讨论。一方面反对文言文，一方面也批判了“近文之雅语”以及照这种“国语”写的白话文，指出这实际上是一种新的文言。后来，大众语的讨论逐渐平息，有学者③指出：大众语和国语、白话同实异名。之后，“一国全民族大多数的人同时彼此都能听得懂、说得出”的“普通话”在进步文化界广为流传开来。但对于“普通话”的看法，在当时还不是很明确，“有的认为是各种土话方言的折中，有的认为是流行最广的土话方言”④。总之，普通话是“以一种流行最广的土语方言为基础的”⑤。

1937 年抗日战争爆发，“国语”推行工作几乎完全停顿。战争结束之后，也没有能够重现抗日战争以前热闹的情景。1947 年，北京出版了一种注音的《国语小报》。为了推进台湾国语推行工作，《国语小报》于第二年移到台湾出版发行，为中国台湾的国语运动做出了重要贡献。不过，战争时期由于人口流动、军队调动、战时宣传教育、会议报告、歌咏动员、文件指示、报刊文章以及戏剧、电影、广播事业的发展，这些带有战时标签的特殊因素，把北京语音源源不断地传输到全国各地，“普通话”还是获得了广泛使用的机会。

就名称而言，“普通语”和“国语”这两个名称，都是由吴汝纶最早提出的。1902 年，他从日本回国后写成《东游丛录》一书，书

①倪海曙著作编辑小组《倪海曙语文论集》，上海教育出版社 1991 年版，第 189 页。
②同上，第 190 页。
③黎锦熙《国语运动史纲》，商务印书馆 1934 年版，第 27 页。
④倪海曙著作编辑小组《倪海曙语文论集》，上海教育出版社 1991 年版，第 191 页。
⑤同上，第 192 页。

中引用日本学者伊泽修二的话："欲养成国民爱国心，须有以统一之，统一维何？国语是也。"① 并在书中介绍日本人使用"普通语"的情况："今年春，仆曾游萨摩，见学生之设立普通语研究会者，到处皆是。所谓普通语者，即东京语也！"② 1904 年，近代女革命家秋瑾留学日本时，曾与留日学生组织了一个"演说练习会"，就是为推广说普通话而设立的。他们拟定了一份简章，简章中出现了"普通话"的名称。秋瑾认为，只要是新思想、新学科知识，都可以演说，但前提条件是要用普通话。1906 年，朱文熊在《江苏新字母·自序》中把汉语分为三类："国文"（文言），"普通话"（各省通行之话）以及"俗语"（方言），第一次给普通话下了定义，即"各省通行之话"。不过，在国语运动和切音字运动的过程中，各种名称混用，没有一个明确统一的名称。

新中国成立以后，党中央国务院高度重视语言问题。1956 年 2 月 6 日，国务院向全国发布了《关于推广普通话的指示》，把规范的汉民族共同语正式定名为"普通话"，明确提出"以北京语音为标准音，以北方话为基础方言，以典范的现代白话文著作为语法规范的普通话"就是汉语统一的基础。相对于清末的《统一国语办法案》和 1926 年《全国国语运动大会宣言》中对汉民族共同语的定义，这里对"普通话"的定义可以说是关于汉民族共同语的最全面、最科学的论断。

普通话不仅是汉民族共同语，也是新中国的国家通用语。为什么采用"普通话"这一称谓，学界有不同看法。一般认为，"普通话"在内涵上和"国语""大众语"并无本质的不同。选用"普通话"这个名称，是和当时的政治生态密不可分的。与"国语"相比，"普通话"这个名称更加接近劳苦大众，更加能够反映中国是一个有许多民族、各民族平等相处的国家这一现实。"普通话"采用"普通"二字，弱化了作为汉民族共同语的民族唯一性以及作为国家通

①倪海曙著作编辑小组《倪海曙语文论集》，上海教育出版社 1991 年版，第 168 页。
②转引自李宇明《中国语言规划论》，东北师范大学出版社 2005 年版，第 333 页。

用语的统治权威性，更容易被各民族各阶层的人民群众所认可与接受。“普通话”这样一个名称，把长期被隔离在语言规划外的广大底层民众的语言需求充分地反映出来，具有重要的历史和现实意义。

第三节　普通话推广

新中国成立伊始，百废待兴，百业待举，全国文盲率达到80%。语言文字规范与基础文化的普及工作密切相关，国家通用语的政治地位提到了前所未有的高度。党和政府把国家通用语的推广作为巩固新生政权、维护国家统一的一项重要工作，推广普通话成为一项政治任务，在各级政府、各类学校、各行业系统和普通群众中掀起了推广普通话的高潮。在行政力量的有力推动下，各项推广普通话工作，包括普通话定义的确定、汉语拼音方案的制定、大规模的方言调查、普通话教学及专职工作人员的培养等，逐步朝科学化、标准化方向发展。但是过多的行政干预也给推广普通话工作“带来了一些负面影响，国家通用语的推广难以获得预想的效果。直到改革开放，推广普通话工作真正做到了政府力量的推动与群众的需求相结合”①。

一、新中国成立后的语言政策

新中国成立前夕，文字改革专家吴玉章给毛泽东写信，提出各地方要以较普遍的、通行最广的北方话作为标准，使全国语言有一个统一发展的方向。毛泽东对此十分重视，征求多位著名学者的意见。新中国成立伊始，1949年10月10日，即成立了“中国文字改革协会”，大会通过了《中国文字改革协会章程》，吴玉章担任该会的常务理事会主席，选出丁西林、田汉等78位知名学者、专家为理事。此后，上海、天津、杭州、厦门等地相继成立了文字改革的研究机构。

所谓“文字改革”是包括整理和简化汉字、推广普通话、制定

---

①姚亚平《中国语言规划研究》，商务印书馆2006年版，第160页。

和推行《汉语拼音方案》三大任务在内的国家语言计划。1952 年 2 月，在周恩来的指示下，在中央人民政府政务院文化教育委员会下设立的“中国文字改革研究委员会”正式成立。委员会主任为马叙伦，委员会下设几个工作组。其中，委员会确定由韦悫、马叙伦、吴玉章、胡乔木、罗常培、黎锦熙、丁西林、陆志韦、魏建功等著名学者负责研制拼音方案。1954 年 12 月，作为国务院直属机关之一的“中国文字改革委员会”（简称“文改会”）正式宣告成立，吴玉章担任主任。虽然机构性质发生了相应变化，但文改会的主要工作仍是三大任务——整理和简化汉字、推广普通话、制定和推行《汉语拼音方案》。制定汉语拼音方案是以北京音系作为标准音的，是清末切音字运动的后续工作，因此也是为推广普通话而服务的。

当时政府推出的国家语言计划，虽然不是现在经常提的规划，却和建国初期计划经济的时代特征相吻合。计划相对于规划，更侧重表明了政府不仅是政策的制定者而且是政策的实施者这个特点。语言计划也是一种规划行为，但是它更侧重于执行，对宏观语言政策的阐述往往不够明确。事实上，当时强调要大力推广普通话，对方言也是保护的。周恩来总理在《当前文字改革的任务》中说到：“我们推广普通话，是为了消除方言之间的隔阂，而不是禁止和消灭方言。”方言与普通话一样，也是一种交际工具。“人们不仅把语言当作一种重要的交际工具，人们对语言还具有深厚的感情。语言感情、语言忠诚是推广民族共同语过程中不容忽视的问题。”① 乡音往往代表着乡情，这是不能被抹杀的，不顾方言区人民的感受而简单用普通话取代方言，是不符合语言发展规律的。

二、改革开放前的普通话推广

大力推广以北京语音为标准音的普通话，是 1955 年 10 月教育部和中国文字改革委员会联合召开的全国文字改革会议通过的重要决议。决议同时指出，汉民族共同语就是以北京语音为标准音的普

①陈章太《论语言生活的双语制》，陈章太著《语言规划研究》，商务印书馆 2007 年版，第 54 页。

通话，大力推广普通话，符合全国人民的迫切要求，符合我国社会主义建设的需要。推广普通话是我国的基本国策，因为它关系到国家统一、民族团结、经济发展和社会进步。新中国建立以来，党和国家领导人曾经多次做过关于推广普通话的指示。

毛泽东在 1958 年发出号召："一切干部要学普通话。"这可以说是对公务员提出学习普通话的明确要求。

刘少奇同样十分重视推广普通话的工作。1955 年 5 月，他在听取文改会主任吴玉章关于文字改革工作的汇报后，提出三点意见，第二点就是"汉民族要有统一的语言，学校要用普通话进行教学。可以考虑作出这样的规定：老师在一定时期内学会普通话。今后凡是不会讲普通话的，不能当教师"①。

普通话是汉民族的共同语言，也是我国的通用语言，但是由于历史原因，各地区仍然存在着严重的方言分歧。1958 年 1 月，周恩来在政协全国委员会举行的报告会上作了《当前文字改革的任务》的报告。他指出，我国存在的方言分歧，给人民的政治、经济、文化生活带来了不利的影响，要把六亿汉族人民的方言逐渐统一起来，努力推广以北京语音为标准音的普通话是一项重要而艰巨的政治任务，只有长期不懈的努力才能实现。他希望，各地的教育部门能在比较短的时间内，把中小学语文教师的普通话全部训练完毕，以便所有的中小学校能够普遍开始教学普通话。他还希望多做宣传工作，在社会上形成有利于推广普通话的风气。他认为，推广普通话很重要，工农业大发展，没有普通话不行；不提倡普通话，拼音也没有办法实行，不利于教育的普及；推广普通话要区别不同的对象、场合，提出不同的要求，不能一概而论。只要大家不断认真地努力，这个任务一定可以实现。

陈毅也十分重视普通话推广工作，他在 1955 年 10 月召开的全国文字改革会议上，就政治形势、文字改革和普通话推广问题作了

①曹澄方《老一辈无产阶级革命家与推普》，2000 年 9 月 11 日《中国教育报》第 2 版。

重要讲话。1956 年 1 月，国务院全体会议第二十三次会议通过《推广普通话的指示》，决定成立中央推广普通话工作委员会，陈毅为主任。3 月，中央推广普通话工作委员会举行第一次会议，正式宣告成立，陈毅主持会议。1957 年 2 月，中央推广普通话工作委员会举行第二次会议，陈毅主持会议。在这两次会议上，陈毅对推广普通话问题都作了重要指示。

1955 年 10 月，在全国文字改革会议上，教育部部长张奚若作了《大力推广以北京语音为标准音的普通话》的重要报告。报告提出，根据各方言区的语音情况以及学习条件的便利情况，国家采取“重点推行，逐步普及”的方针，展开普通话推广工作。在这次会议上，普通话的语音、词汇的标准得以确立。同年 11 月，教育部发出《关于在中学、小学和各级师范学校大力推广普通话的指示》，要求全国各中小学校和各级师范学校必须逐步采用普通话教学，学生要学会说普通话；要求各省、市教育厅局把推广普通话列入工作计划，指定专人负责，具体管理师资训练、组织编辑教材等工作；提出各地高等师范学校要成为推广普通话的中心，积极协助当地教育行政部门编辑教材，训练师资，调查方言。

1956 年 2 月，国务院发布《关于推广普通话的指示》(以下简称《指示》)，对普通话的定义加以明确，要求在文化教育系统和人民生活各方面推广普通话，并提出了 12 项具体指示。包括从 1956 年秋季起，除少数民族地区外，全国中小学校的语文课一律开始教学普通话，各高等学校的语文教学中增加普通话的内容。为了便于工作，中等学校和高等学校即将毕业的学生和高等学校的青年教师、助教，不会说普通话的，要进行短期补习。《指示》还要求教育部和高等教育部应该分别制定专门计划报国务院批准施行，以便大力加强各级学校的汉语教学，促进汉语规范化。

同年 5 月，教育部和高等教育部联合发出《关于在高等学校和中等专业学校推广普通话的联合通知》，对推广普通话的步骤、规划、学习方法、干部的培养和学习资料等都作了规定，要求高等学校和中等专业学校对推广普通话工作要加强领导，必要时可以成立领导推广普通话工作的机构。

1957年6月，教育部和文改会联合召开全国普通话推广工作汇报会议，进一步提出了“大力提倡，重点推行，逐步普及”的推广普通话工作方针。“大力提倡”指的是要多宣传，形成推广普通话的社会氛围。“重点推行”指的是区别不同地区、部门、对象，有重点地推行。其中，教育部门是推广普通话的重点，学校是推广普通话的重要基地，而中小学和各级师范院校又是学校中的重点，语文课又是教学普通话的重中之重。“逐步普及”是因为中国地域广阔，人口众多，汉语方言情况复杂，所以推广普通话不能一刀切，不能速度过快，只能根据客观事实，有步骤有计划地进行；要区别不同对象、不同年龄、不同条件，不能要求过高。实践证明，这十二字方针是正确可行的。

1957年11月，国务院发布了《关于公布汉语拼音方案草案的决议》。1958年2月，第一届全国人民代表大会第五次会议正式批准了《汉语拼音方案》。《汉语拼音方案》正式公布后，学校停止教学注音字母，改教汉语拼音字母。《汉语拼音方案》的制定和颁布给普通话推广工作注入了新的活力。

各级各类学校的师生积极响应党和政府的号召，在教育系统形成了一个推广普通话的热潮，取得了一定的成绩。1957年8月，教育部在《关于继续推广普通话的通知》中指出，全国已有60多万名中小学语文教师接受过普通话语音训练，约占语文教师总数的三分之一；大多数小学、部分师范学校和中学的语文课开始用普通话授课；中央和多数省市的广播电台举办了普通话语音教学广播讲座；出版普通话教材和参考书约450万册；灌制普通话教学的留声片近140万张；大多数省市都进行了初步的方言调查。1964年8月，中央推广普通话工作委员会、教育部、文改会和共青团中央联合召开了第四次全国普通话教学成绩观摩会，文改会主任吴玉章在开幕词中对新近取得的成绩作了概括，指出小学从一年级开始，已经比较普遍地教学了汉语拼音，并用普通话进行教学。方言区已经有更多的学校、教师用普通话进行教学，全国培养了一批骨干师资。他同时强调，推广普通话是一项长期艰巨的工作，必须继续贯彻推广普通话的方针，坚持不放松。

十年动乱期间，推广普通话工作受到很大影响，基本上处于停顿状态。不过，“文革”期间，由于运动口号和样板戏在全国范围内的播送、普及，普通话反而借此机会得到了广泛宣传，这种普及普通话的方式可谓历史的“黑色幽默”。

“文革”结束后，1977 年 10 月国务院在对文改会《关于第二次汉字简化方案（草案）的请示报告》的批语中指出，普通话是社会主义革命和建设的需要，是国家统一、人民团结的需要，必须大力推广，逐步普及。教育系统的普通话推广工作逐步恢复到“文革”前积极开展、大力推广的状态。

1978 年 5 月，文改会在江苏省吴县召开南方方言区推广普通话工作座谈会，上海、江苏、广东等九个省、市、自治区参加。会议重申了推广普通话的十二字方针，并要求各地继续认真贯彻执行。8 月，教育部发出了《关于加强学校普通话和汉语拼音教学的通知》，对教育系统的推广普通话工作重新做了全面部署。《通知》再次重申宣传推广普通话的重要政治意义，强调普及普通话是一项长期的工作任务。鼓励利用各种机会，采取多种方式，发动群众自觉形成以讲普通话为荣的社会风气；强调学校是推广普通话和教学汉语拼音的重要基地，师生是普及普通话和推行汉语拼音的重要力量。之后的一段时间，各地推广普通话的工作又取得了新的进展，许多地方进一步建立和健全了工作机构，制定了规划，培训了师资，加强了宣传力度，创新了工作方式。尤其是师范学校和小学的推普工作进展较快，各地都出现了一些教学用语完全使用普通话的示范性学校。

总的看来，改革开放前的普通话推广主要以政府行政力量推动，实施的主要阵地在教育系统，主要对象是学生和教师。通过国家通用语的普及教育，提高全民族素质，增强全民族凝聚力，这也是早期国语运动产生和发展的主要动因。而且，通过教育，将掌握普通话的人才输送到社会中去，能够提高全社会的语言水平。由此可见，立足教育推广普通话的策略是切实可行的。在这一时期，通过汉字简化特别是汉语拼音方案的推出，普通话作为国家通用语和民族共同语的基础进一步巩固；从书面语角度看，语法和词汇的标准进一步得到了明确，由于传统的文言文体并不被广大劳动人民所掌握，普通话作为一种国家通用的书面语的地位得以迅速确立；普通话作为口头语的应用在社会生活中特别是教育生活中也得到了一定程度的普及。

三、改革开放初期的普通话推广

普通话作为书面语在全国范围内得以应用，但是作为口头语的使用，却是一个相对缓慢的过程。究其原因，大概有这样几个方面：

1. 普通话和地方方言的对立。普通话是以北京语音为基础形成的国家通用语，而在中华大地上长期存在着许许多多的方言，特别是以吴、赣、粤、闽为代表的南方方言和普通话语音系统上有很大的差异。不同方言区的人在语言感情、语言态度上有着各自的利益取向。中华民族是“不忘本”的民族，乡音往往代表着对故乡的忠诚，在特定方言区，即使是长期在外的归乡客，不说家乡话也是会被人嘲笑的。正如普通话成为中华民族共同语一样，地方方言往往是某一区域的共同语，不同尺度的共同语之间存在着固有的冲突。虽然普通话是相对强势的语言，又有公权力的推动，但是一种语言替代另一种语言，本身就是一个非常缓慢的过程，语言发展的内在规律决定了推广普通话的困难程度和复杂程度。

2. 行政推动的局限性。政府是语言规划的主体，用行政命令的方式推行语言政策是无可厚非的，但是人民群众是语言政策的最终实践者，要取得更大的成绩，没有充分发挥人民群众的主观能动性是不可能成功的。在计划经济时代，工业经济还不发达的现实，决定了人员流动性的局限，也就决定了大多数民众对使用普通话作为基本沟通工具的内在需求还不迫切，这就大大限制了普通话在口语方面的普及。

3. 科学手段的缺乏。改革开放前，虽然针对普通话的语音标准也进行了一些研究，包括基础性的审音工作，但是对于在普通话学习过程中出现的方言——普通话的中介语形式还鲜有研究；由于各方言区的方言本身彼此差异就很大，各自与普通话的差异程度也都不同，如何评判一个人的普通话水平，如何根据方言区特性有针对性地进行教学、评测，有关这些问题的科学研究还很少见；对于政策而言，由于缺乏针对普通话水平的科学评测手段，导致政策的制定和实施不够具体，针对性不强。改革开放以后，针对上面的几个问题，政府和学术界做了大量工作，伴随着经济社会的发展，普通话推广工作也取得了更有实效的成绩。

党的十一届三中全会标志着我国进入社会主义建设新的历史时期。随着党在新时期基本路线的确立和贯彻，各条战线拨乱反正，各项事业百废俱兴，推广普通话工作也逐步走上正轨。各省市文字改革机构陆续恢复工作。1979 年 3 月，文改会和教育部在杭州联合召开全国推广普通话工作汇报会，全国 29 个省（自治区、直辖市）主管部门的代表出席了会议。1980 年 3 月，国务院发出《关于充实和加强中国文字改革委员会的通知》，规定由教育部管理普通话推广的相关工作（包括推广工作的机构）。根据《通知》的规定，10 月，原文改会的普通话推广工作的专职机构（普通话推广组）和师资培训人员的编制同时移交教育部，教育部设立推广普通话办公室。1980 年 10 月，作为改革开放前普通话语音研究班的后续，第一期中央普通话进修班在北京开学。

1980 年 3 月，教育部副部长张承先在全国学校推广普通话工作会议的闭幕式上就进一步推广普通话发表讲话。他再次强调了推广普通话的十二字方针，并指出，进行社会主义建设，要进一步发展经济文化，推广普通话在其中起到重要作用，推广普通话是一件大事情，这项任务非常迫切。谈到提高认识、加强领导时，他指出，推广普通话工作首先要从组织上抓起，教育部副部长张文松将主管这项工作，部里下设推广普通话办公室，各省（自治区、直辖市）教育厅（局）须指定 1 名厅（局）长来主管这项工作。推广普通话不是一个部门的事情，教育部不仅要设立专门机构，实行专人管理，各司、局、科研单位、出版社等，也要承担起推广普通话的责任，整个教育系统都要行动起来，并落实推广普通话的经费。

1982年12月，第五届全国人民代表大会第五次会议通过了新的《中华人民共和国宪法》。《宪法》第十九条规定："国家推广全国通用的普通话。"推广普通话在我国历史上第一次载入国家法律。从此，推广普通话工作进入一个新的历史阶段。随后，教育部、文改会、解放军总政治部、团中央、全国总工会、全国妇联、公安部、商业部、铁道部、交通部、邮电部、城乡建设环境保护部、文化部、广播电视部、国家旅游局等15个部委联合发出《大家都来说普通话倡议书》，《人民日报》《光明日报》分别发表了关于推广普通话的评论员文章。

为了适应社会发展变化的新形势、新要求，1985年12月，国务院将中国文字改革委员会改名为"国家语言文字工作委员会"，仍为国务院的直属机构。国家语委副主任的陈章太指出，改名为国家语委主要有三方面的意义：（1）扩大工作范围，适应新时期现代化建设的需要；（2）进一步加强语言文字工作，促进语文工作更大的发展，承担新形势下产生的更加繁重的任务；（3）使机构名称同实际工作相符，以便更好地开展工作，发挥作用。①

1986年1月，全国语言文字工作会议在北京召开，这次会议是我国推广普通话工作在新时期的重要里程碑。国务院副总理万里、中共中央政治局委员胡乔木分别在开幕式和闭幕式上作了重要讲话。国家语委主任刘导生在《新时期的语言文字工作》的报告中指出，实践证明，50年代国家确定的推广普通话工作方针——"大力提倡，重点推行，逐步普及"是正确的，以后仍然适用。但是，随着形势的发展变化，推广普通话工作要有新的进展，工作重点和实施步骤也要进行调整。"大力推行"和"积极普及"是重点方向，要在普及方面多下功夫。要争取在20世纪内实现四个目标：第一，普通话成为所有学校的教学语言；第二，普通话成为所有机关的工作语言；第三，普通话全面成为各种传媒渠道的宣传语言；第四，普通话基本成为不同方言区的人在公共场合的交际语言。报告调整了推广普

① 王理嘉《汉语拼音运动与汉民族标准语》，语文出版社2003年版，第64页。

通话工作的方针内容，提出了新的十二字方针——“大力推行，积极普及，逐步提高”。在20世纪内实现四种用语，实际上是提出了推广普通话工作的阶段性目标。报告在总结过去工作的基础上，适时地对工作方针进行调整，并且改变了以往推广普通话工作缺乏阶段性目标的状况，为制订全国推广普通话工作的“七五”计划、十年规划和“八五”计划都奠定了重要基础。

改革开放初期的普通话推广以机构建设和制度建设为主，目的在于恢复和重建普通话推广工作的实施架构；同时，针对改革开放社会经济发展的需要，在先前普通话推广的成绩和基础上，及时调整工作方针，推行和普及的力度都有所增强，在普及的基础上，提出了提高普通话水平的新要求。实践证明，这一时期的方针政策是正确的，给后期的普通话推广带来了深远的影响。

四、与推广普通话相关的学术研究

新中国成立以来，围绕着普通话及普通话推广工作，语言学界进行了大量的学术研究，这些科学研究大大促进了普通话的学习、使用和推广，其中汉语拼音方案的制订、普通话语音研究班以及普通话的审音工作是其中的代表。

（一）汉语拼音方案

1957年11月，国务院《关于公布汉语拼音方案草案的决议》指出，《汉语拼音方案》是为汉字注音的，它可以帮助人们识字和统一读音。因此，《汉语拼音方案》对于改进学校的语文教学、推广普通话和扫除文盲，都将起到推进作用。此外，对于少数民族制定文字和学习汉语方面，也有重要意义。

周恩来在《当前文字改革的任务》的报告里，对《汉语拼音方案》的功能进一步作了五点说明。一是国家在简化汉字笔画的同时，推行《汉语拼音方案》，目的在于用它来给汉字注音，减少读写困难，降低学习难度和推广普通话，并不是要用来取代汉字。二是学习普通话光靠口耳相传是不够的，学了容易忘记，必须有一套标音符号，用来编印拼音读物和注音字典，供学习者随时查阅，不断校正自己的发音，这样效果才好。《汉语拼音方案》能拼写普通话，正是教学普通话的有效工具。三是《汉语拼音方案》可以作为各少数民族创造和改革文字的共同基础。四是《汉语拼音方案》可以帮助外国人学习汉语，促进国际文化交流。五是《汉语拼音方案》还有其他方面的各种用处，例如音译外国的人名地名和科技术语，用来编索引等。

（二）普通话语音研究班

1955 年 7 月，教育部发出《关于举办小学语文教师标准话语音训练班的通知》。10 月，《全国文字改革会议决议》提出，建议教育部首先对全国各地的中小学和各级师范学校分别做出指示，大力推广以北京语音为标准音的普通话；并且要求各地教育部门有计划地分批调训各级学校的语文教师学习普通话。11 月，教育部发出《关于在中学、小学和各级师范学校大力推广普通话的指示》，决定和中国科学院语言研究所（简称“语言所”）共同举办语音研究班，要求各地选送优秀教师或行政干部参加学习，毕业后仍回原省市做推广普通话的工作。

1956 年 2 月，为响应国务院在《关于推广普通话的指示》中关于举办普通话语音研究班的重要指示，教育部和语言所联合举办了第一期普通话语音研究班，学员 100 余人。研究班每期半年结业，到 1959 年 7 月共举办了 7 期。从 1959 年 8 月起，为了加强对该班的领导，改由教育部、文改会和语言所三家合办。到 1960 年上半年，又举办了两期，前后一共举办了 9 期，为全国各地培养汉语方言调查和推普工作骨干近 1700 人。

1961 年 10 月，教育部、文改会和语言所发出《关于撤销普通话语音研究班的机构的通知》，决定停办普通话语音研究班，撤销机构，但仍保留名义，留少数业务骨干和教学设备，并入文改会（这些骨干人员后来成为国家语委普通话培训测试中心成立初期的教学骨干），以备两三年后有条件时再举办。1978 年 8 月，教育部在《关于加强学校普通话和汉语拼音教学的通知》中重申了抓紧师资培训的重要性，并决定恢复研究班，改名为“普通话研究班”，仍由教育部、文改会和语言所合办。普通话语音研究班的主要任务是：帮助各地培养推广普通话的骨干，前三期还担负了为全国汉语方言普查培养专业骨干的任务。从研究班毕业的学员，绝大部分在本地区的推广普通话工作中起到了骨干作用。后来，普通话语音研究班更名为中央普通话进修班。

普通话语音研究班集中了教育部、文改会（国家语委）、社科院语言研究所的优秀力量，采用以培训骨干的教学方式，以一带十，以十带百，以百带千，从中央到省再到基层，采用言传身教的方式，将权威的普通话语音传递到基层。普通话语音研究班不但为普通话等级的推出奠定了良好的基础，而且其教学方式成为后来国家语委普通话培训测试中心培养普通话水平测试员的重要手段。

（三）普通话审音工作

普通话审音工作始于1956年。在党中央和国家文教机关的指导下，中国科学院语言研究所由语文专家组成了“普通话审音委员会”，委员会由丁西林、丁声树、舒舍予（老舍）、罗常培、周有光、周祖谟、高名凯、陆志韦、欧阳予倩、齐越、魏建功、徐世荣等15人组成，罗常培为召集人。在50年代和80年代先后两次对普通话的语音进行了审定。

从1957年到1962年，第一次审音工作历时5年，将阶段性的审音成果以《普通话异读词审音表初稿》的形式分三次发表，1963年辑为《普通话异读词三次审音总表初稿》①。1966—1976年，审音工作停顿。

1977年后，审音工作恢复，国家着手对《普通话异读词三次审音总表初稿》进行修订。1982年，中央指示中国文字改革委员会承担普通话审音工作。文改会第八次主任会议决定重建普通话审音委员会（简称“审委会”），作为文改会内常设机构。因前审委会成员多已故，需另行约聘。新组成员有王力、张志公、俞敏、梁容若、夏青、孙德宣、孙修章等。原审委会成员周祖谟、陆宗达、周有光、齐越、徐世荣等仍继续参加工作。王力为召集人，公推为主任，徐

①曹先擢《普通话异读词审音》，《中国语文》2002年第2期，第82页。

世荣为副主任[1]。1982 年到 1985 年这 3 年时间审委会对“初稿”进行了修订和增补。

第二次审音工作的成果是《普通话异读词审音表》。该《审音表》于 1985 年 12 月由国家语言文字工作委员会、国家教育委员会、广播电视部联合发布，作为部颁标准，通令执行，审音工作至此画上了句号。三部委在发出的通知中说：“这次修订以符合普通话语音发展规律为原则，以便利广大群众学习普通话为着眼点，采取约定俗成、承认现实的态度。对《初稿》原订读音的改动，力求慎重……自公布之日起……普通话异读词的读音、标音，均以本表为准。”此后，《新华字典》《现代汉语词典》《现代汉语规范词典》等权威性汉语工具书根据《普通话异读词审音表》为汉字注音。而且，全国广播电影电视系统的播音人员都根据《普通话异读词审音表》进行了普通话的正音训练。“三次审音表所审订的读音，绝大部分已经成为全国普通话广播的统一读音。从多年来的听众反映看，可以肯定地说，三审总表审订的读音绝大部分是为广大群众所认可的。”[2]

（四）余论

《汉语拼音方案》解决了为学习和使用普通话提供科学工具的问题，普通话的审音工作确立了普通话语音的规范标准，普通话语音研究班则提供了一种金字塔式的从上而下的推广标准普通话的途径。但是，这些研究活动和研究成果还远远不能满足普通话推广的需要。

在上世纪 80 年代以前，国家对语言文字工作的研究相对不足，这导致语言文字工作中出现了某些不符合客观规律的事情发生。政府和学界也对这一现象给予了密切关注。陈章太在总结分析语言文字工作形势时指出：“文字改革工作比较多的是依靠行政手段，依靠宣传手段和群众运动来进行。新时期的语言文字工作，要特别加强科学研究和实验，要拿出有说服力的各种数据，作为开展语文工作

①徐世荣《四十年来的普通话语音规范》，《语文建设》1995 年第 6 期，第 3 页。

②夏青《普通话广播中的读音问题》，《文字改革》1982 年第 1 期，第 20 页。

的依据。"[①] 首先要重视语言文字的应用研究，但也不可忽视基础研究。"语文教学是整个文化教育的基础，是学好其他学科的条件。"[②] 现在，学生的语文水平在下降，从学校到社会，对语文课的重视程度都相对不足。如何加强语文教学，改进语文教学方法，提高语文教学水平，是做好语言文字工作的基础。"社会上很多人是从学校出来的，社会上的语文水平取决于学校的语文水平，学校语文水平不高，就影响到社会各方面事业的发展。"[③] 为培养新时期现代化建设人才，在语文教学中，要特别重视加强口语教学与口语训练，即提高学生的普通话口语能力。加强口语训练，对个人而言，能够有效提高语言表达能力和写作水平；大而言之，对国家的经济文化各项建设都具有实际的意义，是利国利民的重要基础性工作。

随着国家推广普通话工作的一步步深入，特别是推普方针从"大力提倡，重点推行，逐步普及"转变到"大力推行，积极普及，逐步提高"，社会形势在不断地发展变化，社会实际需求也在随之改变。因此，如何满足客观需求，适应事物发展规律，适当提高人们的普通话水平，成为语言文字工作新的时代要求。设立普通话水平等级标准这一客观需要逐渐浮出水面，这给普通话的科学研究带来了新的课题，也直接导致了对普通话推广而言具有里程碑意义的学术成果——普通话水平测试的产生和发展。

①陈章太《论新时期语言文字工作的方针任务》，陈章太著《语言规划研究》，商务印书馆 2007 年版，第 206 页。

②同上，第 207 页。

③同上，第 207 页。

第三章　普通话水平测试的酝酿研制阶段（1982—1994 年）

第一节　引言

普通话水平测试的产生和发展是与普通话推广事业的发展密不可分的。普通话的推广促生了普通话水平测试，普通话水平测试的产生和发展又反作用于普通话的推广。作为一种十分有效的工具和手段，普通话水平测试有力地促进了普通话的进一步普及与民众普通话水平的提高。

开展普通话水平测试与推广普通话一样，都是通过政府主导、学术界参与这种方式进行的。在改革开放的历史新时期，一方面，政府大力推广普通话的宏观语言政策；另一方面，由于经济社会发展，人民群众使用普通话积极性得以提高。这两个因素的同时出现，大大推动了普通话的推广普及工作，而普通话水平测试也正是在这种背景下产生和发展起来的。

改革开放以来，语言文字的学术研究工作也得到了进一步的繁荣发展。包括语音规范、语法规范、词汇规范以及汉字规范在内的现代汉语规范化，成为上世纪 80 年代语言文字研究的热点。这些基础性的研究工作有力推进了与普通话推广相关的学术研究的开展，进一步奠定了普通话水平测试的学术基础。

可以说，推广普通话的宏观语言政策、汉语规范化的发展、普通话在社会生活中被广泛使用这三个要素，决定了普通话水平测试的产生与发展。

第二节　普通话水平的分级

要提高人民群众的普通话水平，首先要解决如何衡量人们普通话水平的问题。普通话包含语音、词汇、语法等多个要素，如何判断一个人的普通话水平，在普通话分级思想提出来以前，更多的是一种直观的感受与判断。比如，人们通常认为，中央人民广播电台新闻播音员的普通话应该是最标准的，也就是普通话水平最高的；教师、军官、公务员的普通话也比较好；就地域来说，省城居民的普通话要比县城、农村居民的普通话好。

因为推广普通话的最终目的是要提高人与人之间交流的效率，所以口语表达中的普通话面貌成为度量普通话水平的主要因素。与之相对应的是，在对普通话水平的考察中，语音规范超越语法与词汇的规范，成为衡量的主要判据。

对口语表达中的普通话水平进行衡量，是一种主观行为，这就决定了对普通话水平的描述也必定是语义上的模糊形式而不是精确连续的数字形式。通过一种相对模糊的分类，比如，非常好、好、一般、差，这种类似的等级分类方式，可以把对他人普通话水平的主观感觉表达出来。口语表达的主观判断最终决定了衡量普通话水平是通过区分等级来实现的。

一、普通话水平分级的提出

我国地域辽阔、人口众多，自古以来就有方言分歧，方言的存在给各地人们之间的交际带来不便，产生隔阂。为了克服方言给交际带来的隔阂，历史上曾出现过沟通各种方言的共同语，从雅言、官话、国语到今天的普通话。这些民族共同语自出现之日起，人们就开始对共同语做了标准程度上大约的区分，这些大约的区分就是最初用来衡量共同语水平高低的萌芽，也就是现在普通话水平分级的萌芽。

在 19 世纪末 20 世纪初的时候，普通话并没有明确的定义，仅用以指称各方言区人们用来大概能够沟通的语言工具。新中国成立之后，普通话有了明确的内涵和科学的定义，但是怎样评价一个人普通话的标准与否，并未有统一的说法。对不同的人提出不同的等级要求，是周恩来在1958年《当前文字改革的任务》的报告中提出的。他指出，推广以北京语音为标准音的普通话，不是要求全体汉族人民都能说得像北京人一样，这样既不可能，也不必要。有了北京语音作为标准，就是明确了方向。但是工作要逐步落实，在具体推广和教学工作中，对不同对象要有不同要求。他还举例说明了对哪些人应该严些，对哪些人可以宽些。事实上，对不同地区、不同部门、不同行业、不同年龄的人员的普通话水平有不同的要求，不是国家语委决定的，这是由各地、各行业部门自行制定的，国家语委只需要研制出科学准确的衡量评定工具即可。由于客观工作的需要，在各个地区、各个行业内部，相继出现了一些自行规定的等级标准。例如，在广播电视领域，对播音员和节目主持人普通话程度的区分非常重要，在国家普通话水平测试出台以前，对播音员和节目主持人的普通话已经出现了业界一些分散的、朦胧的判定标准，初步进行了等级的划分。再如，在铁路交通运输行业和服务窗口行业，从业人员的工作岗位与其普通话水平的高低也是相互挂钩的，普通话面貌好的才有可能从事使用普通话进行广播、咨询、售卖服务的工作。再如，从事教育工作的各级学校教师，从事对外汉语教学工作的汉语教师，对于他们普通话水平的评价，在当时都出现了一些相应的判定标准。

到了20世纪80年代，随着推广普通话的深入开展，现代汉语规范化的不断发展，一批语言文字工作者和学术机构开始探讨普通话水平的测量问题。1982年，北京市语言学会组织的普通话等级标准研究小组提出了《普通话等级标准条例草案》，这是迄今为止能够找到的最早的研究成果，因此，1982年成为普通话水平测试酝酿研制的起始时间。1985年，香港中国语文学会普通话测试研究小组发布了《普通话水平考试大纲》；1987年，云南师范大学编制了《普通话训练和标准化测试手册》；1988年，辽宁省语言文字工作委员会推出《辽宁省教师汉语拼音及普通话等级考核方案（试行稿）》，河北师范大学推出《普通话测试标准》。这些都是同一时期针对普通话水平测试问题进行研究的重要成果。此外，1985 年，徐世荣发表了《普通话测试的标准问题》，姜玉星发表了《国语—普通话水平测试上的语言水平层次及其标准》，还有李英哲、植符兰、鲁允中、庄守常、缪锦安、吴积才等专家学者分别发表文章讨论了普通话水平标准和评测问题①。其中，影响最大的是陈章太。作为知名的社会语言学家和方言学者，他准确把握了当时的社会语言状况与口语测量的本质，提出了普通话水平的分级思想，为后来的普通话水平的等级划分以及普通话水平测试奠定了重要的基础。

1983 年 9 月 6 日，美国东西文化科技交流中心和夏威夷大学举办的"华语社区语文现代化和语言计划学术会议"在檀香山开幕，我国学者周有光、陈章太等参加。会议就华语在世界各地的应用、变异情况以及华语的发展、规范等问题进行学术交流。这次学术讨论，实际是一次汉语规范化和文字改革的国际会议。值得注意的是，社会语言学家陈章太在会上宣读了论文《略论汉语口语的规范》，文章受到与会者的好评。随后，新加坡、香港的报刊摘要先后介绍了该文的基本观点和主要内容，苏联莫斯科进步出版社全文译成俄语，收入《国外语言学新论》丛书中国卷。文章后来发表在《中国语文》1983 年第 6 期。《略论汉语口语的规范》一文，阐述了汉语口语规范的重要性和规范标准，并最早提出普通话水平分三级标准和口语表达的不同要求。这是我国学者首次结合社会需要提出对普通话进行分级的设想。

陈章太自 1982 年开始研究普通话分级以及口语表达规范的问题，他在文中称是受到了《现代汉语规范问题》的影响和启发。《现代汉语规范问题》是罗常培、吕叔湘在 1955 年召开的现代汉语规范问题学术会议上作的学术报告，报告中讲到，"但是也不能忽视文学语言的口头形式——在公共场合使用的言辞。中国古代的知识分子是很讲究说话的，孔门四科，言语是其中之一。春秋各国使者往来，

①限于篇幅，不在此一一列出文章，具体详见"参考文献"。

辞令之美，念过《左传》的都有深刻的印象。这个优良的传统没有能够很好地保存下来。一个人站到台上去讲话，按理说，所用的语言应该同写文章所用的差不多。在注重语言修养的国家，演讲的速记记录，整理出来就是一篇文章，在我们这里，能够这样处理的是例外，讲话的效果当然也就不一样了。这，应该说也是语言规范化工作中一个重要问题。”①

陈章太既是语言学家，也是当时的国家语委常务副主任。正是双重身份的他，起草了对普通话水平测试具有深远影响的《新时期的语言文字工作》会议报告②。1986 年 1 月，全国语言文字工作会议召开，国家语委主任刘导生在主题报告中正式提出，虽然普通话只有一个标准，但是考虑我国社会的实际情况，对人们普通话的具体要求可以不同。对普通话的要求初步设想是分成三级：第一级是会说相当标准的普通话，语音、词汇、语法很少差错；第二级是会说比较标准的普通话，方言不太重，词汇、语法较少差错；第三级是会说一般的普通话，不同方言区的人能够听懂。普通话水平的分级第一次在政府官方报告中正式提出，这为以后的普通话评估和水平测试工作打开了局面。

二、有关普通话水平分级的讨论与说明

普通话水平的分级是在提高普通话水平的大背景下建立起来的。普通话水平分为三级，主要是从提高民众汉语标准语水平、针对不同行业需求的角度设定的，也综合考虑了当时国内的总体语言状况。中国是个方言分歧较多的国家，各个方言区的方言与标准普通话的差异程度都有所不同，粤、赣、闽、吴等南方方言区的差异更加明显。不同方言区的人们，学习普通话的起点各不相同。这给政府和学界都提出了难题。如何在全国范围内普及提高人们的普通话水平？如何在全国范围内进行统一的划分？

①转引自陈章太《略论汉语口语的规范》，陈章太著《语言规划研究》，商务印书馆 2007 年版，第 231 页。

②陈章太《论普通话水平测试等级标准》，陈章太著《语言规划研究》，商务印书馆 2007 年版，第 313 页。

陈章太从汉语口语规范意义、标准和要求以及汉语口语规范的办法三个方面进行了探讨。他认为："关于汉语口语规范的标准和要求，有两层意思：一层是指口语本身规范的标准和要求，另一层是指口语表达的规范和要求。"① 就第一层含义来说，他对口语的特点进行了逐条分析，认为对口语的规范，总的标准可以比书面语的规范标准稍低一些。但这种要求只适用于人与人之间的交际活动，而不适用于人机对话以及其他技术设备方面。他指出："在使用汉语口语的人们当中，由于民族、年龄、职业、文化程度、所操语言或方言以及语言修养等的不同，他们的口语水平也是很不相同的。"② 从语言使用者的角度和语言实际使用的情况出发，可对汉语口语本身的规范初步提出三个等级的要求③。第一级的要求是，说标准或基本标准的普通话，此等级为普通话的最高水平，为大家树立榜样。第二级的要求是，说大体标准或比较标准的普通话，此等级为普通话的中间水平，给人自信，继续努力。第三级的要求是，说不很标准或是合格的普通话，这是普通话的入门水平，促进达标人要多加努力，提高水平。他对三个级别的具体表现都做了大体说明④。

第一级是，在语音方面，所发的音素都比较准确，声母、韵母、声调及其拼合合乎《汉语拼音方案》所规定的标准。至于轻声、儿化、变调和语调等，除有明显区别意义的应当掌握以外，一般不应作为标准去要求。在词汇方面，应当使用普通话词汇，一般不用别人不懂的古语词、方言词、外来词或其他方面的词，更不能使用生造词。对于新造的词语，除意义比较明确，使用比较普遍，或为了表达的需要外，一般不用或少用。在语法方面，无论是句子或句群，语序或词语搭配，都应当符合普通话的语法习惯。至于语气、停顿

①陈章太《略论汉语口语的规范》，陈章太著《语言规划研究》，商务印书馆 2007 年版，第 234 页。

②同上，第 240 页。

③陈章太后来几次撰文讨论三个等级的特征，对三个等级的描述略有修改，经过整理，一并列在这里。

④三个等级的具体描述内容均引自陈章太《略论汉语口语的规范》，陈章太著《语言规划研究》，商务印书馆 2007 年版，第 240～241 页。

等，可以不必严格要求。

第二级是，发音大体正确，声母、韵母、声调及其拼合大体符合《汉语拼音方案》所规定的标准。允许有些差误，如尖团音掌握不稳，n和l分不大清，f和h有时不分，zh、ch、sh和z、c、s，j、q、x有时相混，没有撮口呼，ü和i相混，没有介音，iao和ao不分，前后鼻音相混，an和ang不分，in和ing不分，调值不够标准，阴平念成中平，阳平扬得不够高，上声拐弯不够明显，去声降得不够低等。这些差误不能全有，一般不应超过五项。大体使用普通话词汇，允许出现一些方言词或其他方面的词，方言词或其他方面的词占所用词汇总数一般不应超过4%。用词、造句等大体合乎普通话的语法习惯，不规范的句子只能偶尔出现，一般不应超过所说句子总数的3%。

第三级是，这种普通话带有浓厚的方言色彩或其他语言的色彩，即现在所说的某某地方普通话，如四川普通话、上海普通话、广东普通话、福建普通话、台湾普通话等。在语音方面，声母、韵母、声调等不合《汉语拼音方案》规定的标准的一般不应超过六项。尽可能说普通话词汇，方言词或其他方面的词汇一般不应超过所用词汇总数的7%。用词、造句尽可能符合普通话的语法习惯，不规范的句子一般不应超过所说句子总数的6%。这一级的普通话尽管不很标准，但说出来，不同方言区或各地区的人彼此都能听懂，能够互相交际。

对于如何界定方言区特别是南方方言区人群在学习普通话过程中的语言水平，普通话水平分级并没有特殊的考虑，这在当时引起了一些争论。在陈章太发表的多篇论文中都曾经提到，在这三级之外，可再增设一级，那就是说很不标准或不标准的普通话。“这种普通话的方言色彩或其他语言的色彩相当浓厚。说这种普通话，不同方言区或各地区的人有时只能连猜带蒙，交谈时困难较大。这恐怕只能算是学说普通话。”① “具体描述是：语音不标准，词汇不规范，

①陈章太《略论汉语口语的规范》，陈章太著《语言规划研究》，商务印书馆2007年版，第241页。

语法不正确，语调不自然，言语不流畅，方言色彩较浓。测试总失分率不超过 50％。”①

由于普通话水平等级的颁布是在全国范围内进行的，所以最终普通话水平分级的正式文件只分为三级，三级水平以下统称为“不入级”，即三级以下的分类比如预备级并没有被设立。也正因为如此，一些学者在等级标准颁布后对在三级以下等级的设立问题进行了后续的探讨和研究②。

三、普通话水平分级的作用与意义

1. 普通话水平的分级提供了一种衡量人们普通话水平的有效手段。在这个基础上，国家可以依据普通话水平的级别对不同行业人群提出不同的准入要求，从而强有力地促进全社会普通话水平的提高；对于社会和个体而言，他人可以从个体的普通话水平级别来判断一个人普通话水平的高低，个体也可以从自己的普通话水平级别上找到提高普通话水平的方向。

2. 普通话水平的分级充分反映了国内汉语使用的整体状况。从一级到不入级，涵盖了不同方言区人们学习和使用普通话的水平。对于某些北方方言区的应试人来说，比如黑龙江省，即使不经过任何训练，普通话水平也可能达到三级以上的水平，经过专门训练，较容易地达到二级以上水平；而对于南方方言区的人来说，比如粤方言区，必须经过专业培训，才能达到三级以上的水平。

3. 普通话水平的分级准确把握了口语测量的实质，通过模糊分类的方法，确定了普通话水平的衡量标准，从而奠定了国家普通话水平测试的基础。后期的实践证明，用分级的方式来测量普通话水平，有效保证了普通话水平测试的信度。

---

①陈章太《论普通话水平测试等级标准》，陈章太著《语言规划研究》，商务印书馆 2007 年版，第 313 页。

②参见本书第六章第四节第二部分。

第三节 普通话水平测试的酝酿

有了普通话水平的分级之后，人们自然会考虑该如何确定一个说话人的普通话水平，也就是普通话水平的测量问题。事实上，在国家语委正式提出普通话水平分级前后，伴随着推广普通话的大潮，一些省、自治区、直辖市和高等师范院校也提出了自己的普通话水平测量标准，而且根据自定标准，在特定人群中，施行了自己研制的普通话水平考试或者测试。这些工作在当时都促进了本地的普通话推广和提高，有些还为国家语委最终推出国家普通话水平测试做出了重要贡献。区别于传统的主要针对书面语的语文考试，普通话水平考试或者测试更强调对说普通话的规范程度以及能力的考察。作为一项专门的测量手段，它的研制不可避免地受到当时语言测试理论特别是口语测试理论的影响。这些测试理论是普通话水平测试在酝酿研制期间的重要理论来源。

一、语言测试理论的发展

中国是考试的发源地。公元 606 年，隋炀帝开科取士，选拔人才，科举考试诞生。在唐朝，为了选拔有才能的官员，唐政府设立了选拔考试，这一做法远播至海外，英国、印度最先开始仿效。18 世纪后，英国、法国、美国等许多发达国家开始仿效中国的考试方法。19 世纪末 20 世纪初，实验心理学和心理测验的发展推动了教育测量的发展。后来，西方国家受到启发，在 20 世纪开始研究语言测试，发展了一系列的研究理论，建立了理论和方法体系，影响很大。语言测试，多指外语测试或第二语言测试，是随着招收外国学生、开展外语教学、培养外语人才而出现的。语言测试的发展不平衡，外语教学和测试领先发展的地区以欧洲和北美为代表，我国的研究者大都也以这两处的学术成果作为研究依据和参考对象。普通话相对于母语为地方方言的人群来说，存在某种程度的第二语言特性，因此，在研制过程中，大都参考和借鉴了国外语言测试的研究成果。

一般来说，国内外的语言学界把语言测试的发展过程分为三个阶段①，具体的分段时间节点，并没有一个公认的说法。一般来说，第一个阶段，大约在第二次世界大战结束以前，当时的语言测试以经验主义为理论基础，题量少，覆盖面窄，评分标准不一，缺少科学的定量分析，难以保证测试的准确性和科学性，以测试语言形式系统的知识为主，因而这一阶段一般被称为前科学阶段或传统时期。第二阶段，大约在二战结束后到 20 世纪 70 年代以前，这段时间被称为心理测量—结构主义测试时期，以结构主义语言学和教育测量学为理论基础，以心理实验为手段，利用数理统计原理，进行定量分析。由于注意测试的精确性和测试标准，心理测量—结构主义语言测试排除了试题编制的片面性和评分的主观经验性，使语言测试进入客观测试的新阶段，以后又进一步发展为标准化考试。人们通常理解的语文考试、外语考试都属于这一阶段。机械化是心理测量—结构主义测试的最大弱点，它违反了语言使用的社会性、灵活性，以测试掌握语言形式系统的技能为主。第三阶段，大约开始于 20 世纪 70 年代，被称为心理语言学—社会语言学或后现代时期，以现代语言学中的社会语言学、应用语言学、语用学等为理论基础，以测试语言的使用能力为目的，以尽可能真实的语言环境和交际活动为测试手段，强调语言的整体综合测试。简单地说，第三阶段相对于第二阶段，更加侧重于能力测试。

在语言测试的发展过程中，口语测试的发展相对滞后。口语测试属于主观测试。主观测试在评分过程中，必须依靠测试人员来进行主观评分，主观评判的分数稳定性、可靠性较低，评分标准难以做到完全一致。所以，一般来说，口语测试的信度不高；而且，测试的操作难度和组织难度都比较大。

从组织形式来看，口语测试分为直接式和半直接式②。直接式指评分员与应试人直接面对面交流，评分员根据应试人的现场表现

---

①参见王渝光《普通话水平测试理论探究》，戴梅芳主编《普通话水平测试研究》，语文出版社 1997 年版，第 23～24 页；李筱菊《语言测试科学与艺术》，湖南教育出版社 2001 年版，第 2～6 页。

②参见王佶旻《外语口语测验的历史发展综述》，《中国考试》2010 年第 3 期，第 54 页。

进行评分，可以分为一对一、多对一（多名评分员对一名应试人）和多对多等各种类型，测试成本较高，对评分员的要求也较高，组织大规模考试相对困难；半直接式指测试员与应试人没有互动，测试员主要通过听应试人的录音进行评分，测试成本相对较低，适用于大规模考试。注重测试真实性的英国语言测试界大多采用直接方式，而注重客观性和公平性的美国语言测试界则更倾向于采用半直接方式。无论是直接方式，还是半直接方式，都与传统的客观测试有本质的区别，都是采用主观评分的方法来得出应试人的成绩，属于主观测试。

国际语言测试理论的发展对国内的语言测试产生了很大影响。到了20世纪80年代，在国内的学校语文考试以及外语考试中，比如大学英语水平考试（CET），外国人学汉语的汉语水平考试（HSK）等，心理测量—结构主义测试占据了越来越大的比例。但是，对于普通话水平考试或者测试来说，因其属于国家通用语的口语规范程度的测试，与那些第二语言测试或外语考试都不尽相同，究竟采用哪种测试理论指导它，在当时还没有公认的说法。

正是因为缺乏明确的理论依据，在对普通话水平测试的前期研究中，走了很多弯路，出现了种种问题。许多语言学者针对这些问题，做了大量探索性工作，从试制到试测，再到反馈修正。虽然很多方案最终没能成为国家标准，但是毫无疑问，这些工作在普通话水平测试的研制过程中做出了重要的贡献。

二、普通话水平测试的前期探索

从20世纪80年代初开始，社会经济发展势头强劲，为适应各方面的迫切需要，国家加大了语言文字工作力度。在这种背景下，语言学界对普通话水平测试和等级标准进行了积极探讨和研究，陆续提出一些具体方案①。

1985年5月，由香港中国语文学会发起，香港多所大学、学院的语文研习所、文学院联合举办了“普通话教学与测试研讨会”，国

①参见本书第三章第二节“普通话水平的分级”第一部分。

内外 200 多名学者、普通话教师和语文研究者参会。会上，多位学者就水平测试提出比较具体的论述和设计，学者们还分别介绍了我国广东省、台湾和香港地区以及新加坡、马来西亚等国家的普通话（国语、华语）的推行和教学情况。之后，《语文建设》杂志陆续刊登了一些论述普通话水平测试的文章，把对普通话标准和测试的研究提到了一个新的水平。

在 1986 年普通话水平分级被政府正式提出前后，部分省市先行制订了本省市推广普通话的规划，明确规定了对普通话水平的要求及测试范围。其中有代表性的，如：云南省制订的《普通话标准问题考试大纲》，辽宁省制订的《教师汉语拼音及普通话等级考核方案》，黑龙江省制订的《中师普通话考核标准和办法》。这些省在制定本省《普通话测试大纲》的同时，编制了测前培训教材，并在中等师范学校开始了普通话水平测试的探索和试验。1985 年，河南省教育厅和省文字改革办公室给 448 名中等师范学校的教师颁发普通话合格证书，并印发光荣榜。1986 年，湖北省文改会、教育厅对全省师范院校（文理科）和教育学院、教师进修学院（文科）应届毕业生一万余人进行普通话语音统考。1986 年，辽宁省对全省教师的普通话水平进行等级考核，在丹东凤城县和锦州凌河区中小学教师中率先开展普通话考核试点。

与此同时，香港也启动了普通话考试的相关研究。1986 年，由香港普通话研习社、教育专业人员协会、中国语文学会和社工总工会组成的普通话测试委员会，联络了两大教育学院，并邀请内地学者做顾问，积极开展工作，准备在两年内拟定出一套科学化、系统化的标准，用以在公开考试中测试应试者的普通话程度①。

各地的实践探索，为国家制订统一的普通话水平测试标准和大纲奠定了重要基础，积累了宝贵经验。由于篇幅限制，本研究无法对所有省份早期开展的普通话水平测试工作进行描述分析。这里，

---

①教育部语言文字应用管理司、中国语文现代化学会组编《新时期语言文字工作记事（1978—2003）》，语文出版社 2005 年版，第 64 页。

仅以普通话水平测试先行者的代表——云南省为例①，管窥地方省市在普通话水平测试前期探索中的重要贡献，以及普通话水平测试本身的发展过程。

（一）云南省语言状况

在回顾云南省早期开展普通话水平测试的工作之前，我们需要了解在20世纪80年代后期云南省的基本情况，也就是云南省积极开展普通话水平测试的历史背景。

云南省在我国西南边陲，是一个集山区、边疆、民族三种特点于一身的经济相对落后的省份。全省90%以上的土地面积是山地；周边与老挝、越南、缅甸等国接壤；全省有52个少数民族，世居民族24个，少数民族人口有1234万，占全省总人口的三分之一。同时，云南又是一个多语种的省份。除回族已通用汉语外，其他23个民族都有自己的语言。全省语言使用情况大致可分成三类：（1）民语型。即在民族聚居区，少数民族绝大多数以本民族语言作为主要交际用语，基本不通汉语，人口约700万，占少数民族人口总数的一半以上。（2）双语型或多语型。即在民族杂居地区的集镇或交通沿线的少数民族，既使用自己的语言，又使用汉语或其他民族语言，人口约300万。（3）汉语型。即少数民族与汉族长期杂居在一起，交往频繁，这类地区的少数民族用汉语作为交际工具。不过，即便在通用汉语的地区，基本使用的还是云南方言，普通话的使用范围是极小的。可以说，云南省这种特殊的地理、民族、语言状况，加大了云南推普工作的特殊性，同时也决定了云南省普及普通话工作（包括测试工作）的广度和深度②。

（二）云南省普通话水平测试的发展

和其他开展普通话水平测试较早的省份一样，云南省的语言文

①这一部分内容主要参见云南省普通话水平测试中心编著《普通话水平测试工作文集》，语文出版社1996年版；戴梅芳主编《普通话水平测试研究》，语文出版社1997年版。限于篇幅，具体文章不一一列出。

②参见李翔、陈丽娟《浅谈行政手段在普通话水平测试中的保证作用》，云南省普通话水平测试中心编著《普通话水平测试工作文集》，语文出版社1996年版，第33页。

字工作者认为，要想在全社会推广普通话，首先要抓好学校的工作；在学校推广普通话，主体是学生，关键在教师；要提高教师的普通话水平，则要提高师范院校普通话的教学水平。确定了以师范院校为龙头、以学校为基地后，云南省从1980年起，明确提出高师、中师分别根据自身特点，制订计划，做到年年有活动、有考核、有检查、有表彰。而重中之重，是对毕业生的普通话考核。

云南省以考促教、以考促学、以考促口语水平的提高，不断改革普通话考核办法。1980年，全省第一次实行全省师范院校毕业生普通话笔试统考，采用纸笔作答的方式，进行普通话语音知识与注音能力的考试。纸笔测试的效果并不理想，出现了高分低能的现象。有的少数民族学生，笔试得到90分以上的好成绩，口语水平却很不理想。“纸笔测验不能测量出被试在真实生活中的口语表达能力，原先那种以纸笔测验代替口语测验的方法只是建立在相关理论基础上的一种推断，即如果纸笔测验和口语测验存在较高的相关，则可以推断它们测的是同一种能力，但这种推断过于想当然。”① 1982年，云南省开始在全省师范院校范围内实行普通话统一考试。1986年，云南省普通话考试的形式包括笔试和口试两种。“笔试由省统一命题，主要考查掌握汉语拼音的熟练程度；口试由各校自己进行，主要考察普通话的运用能力。这一时期各师范院校普通话的研究重点都偏于教学方面，侧重于探求本地方言和普通话的对应规律，帮助学生正确掌握汉语拼音，应用汉语拼音知识纠正发音，说好普通话。”②

1986年国家语委召开全国语言文字工作会议，会议提出普通话水平划分“三级”标准的设想引起了刚刚成立的云南省语言文字工作委员会办公室（简称“语委办”）的极大兴趣。此后，云南省语委

①Kaulfer，W. V.“War-time developments in modern language tests”，*Modern Language Journal*，70（4）. 1944；转引自王佶旻《外语口语测验的历史发展综述》，《中国考试》2010年第3期，第51页。

②张弗《云南省普通话水平测试科研述评》，云南省普通话水平测试中心编著《普通话水平测试工作文集》，语文出版社1996年版，第40页。

办与国家语委的领导和有关同志一直保持着密切的沟通联系，这对云南省的普通话水平测试工作的开展有着深远影响。1986 年秋，云南省在普通话考核方面，根据国家语委提出的“三级”标准，省语委办组织研制了“普通话三级六等量化评分标准”，并对全省大、中、小、幼教师和师范院校学生进行了普通话笔试和口语统测①。云南省语委办统一命题，由各级教育行政部门组织实施。共计 16 万人报名，14 万人参加测试，12 万人获得等级证书。这次普通话统考规模空前，对云南省各级各类学校普及普通话起到了积极的推动作用。不过，经复查和抽查，发现部分获得较高分数、被评定为二级以上的师生，普通话的实际水平并未完全符合等级标准要求。“高分低能”的迹象再次引起研究者的注意，他们认为普通话考核是语言能力的测试，他们对语言测试的规律和特点研究不够，亟须寻求既有科学性，又有可操作性的普通话测试的标准和办法。经过近一年的探索，1987 年，云南师范大学的现代汉语教师在云南省语委副主任吴积才教授的指导下，进行“普通话标准化测试”实验，出版了《普通话训练和标准化测试手册》，将标准化考试引入普通话测试。考试内容分为笔试和口试两部分：笔试考 100 个词语，每条词语下列汉语拼音，让应试者选择其中正确的一个；口试包括四项内容：（1）限时 3 分钟，读 100 个音节；（2）限时 3 分钟，读 100 个词语；（3）3 分钟话题选题说话；（4）3 分钟短文朗读。根据笔试和口试的综合成绩，给考生按一、二、三级标准定级②。云南省语委办对云南师大的这一改革予以支持，不仅向全省师范院校推荐了他们的教材，而且采用了他们的试卷和考试方法对全省师范院校毕业生试行了两年的统一测试。

1989 年 4 月，云南省语委和云南省教委在云南师大召开了全省普通话教学和考核研讨会，着重对试行了两年的普通话标准化水平

①戴梅芳《普通话水平测试研究述略》，戴梅芳主编《普通话水平测试研究》，语文出版社 1997 年版，第 6 页。

②张苐《云南省普通话水平测试科研述评》，云南省普通话水平测试中心编著《普通话水平测试工作文集》，语文出版社 1996 年版，第 41 页。

测试进行研讨和充分肯定。形成了两点意见：一是继续进行普通话标准化水平考试，在内容方面进行一些调整和补充；二是重知识、轻训练，重理论、轻实践的问题仍然是普通话教学中迫切需要解决的问题，必须充分发挥普通话考试的导向作用，使学生在提高普通话应用的能力上下功夫。因为"普通话水平"是反映应试者"说"普通话的水平，考试内容应当排除"非普通话因素"，汉语拼音是帮助学习普通话的注音工具，不是普通话因素①。因此，以后的普通话考核只考口试，不考笔试。5月，吴积才主编的《标准化水平考试普通话教材》出版。1990年4月，侧重口语训练的《标准化水平考试普通话教材（续编）》出版。这套教材标志着云南省普通话考试和教学达到了一个新的高度。

为加强口语训练，提高普通话水平，探索口语测试的途径，在继续改进标准化测试的同时，1989年6月云南省语委办在总结经验、认真研究的基础上，拟定了普通话口语考核的标准、测评大纲、量化评分定级标准及口语测试操作规程，并进行了测评试验。12月，对10所师范院校、教师进修院校的毕业生试行普通话口语会考。考试由各校语音教师主持，全部录音带、试卷集中送到省语委办，由省语委办组织参测学校和部分专家教师，按统一标准集中评分定级，初步建立了普通话水平按三级六等评定的体系，使普通话考核向标准化、科学化迈进了一步。根据口语测试的内容，编写出版了《普通话口语训练手册》，供师范院校普通话训练课选用。从1990年起，普通话口语测试在云南省全部师范院校中试行。

1991年夏，国家语委《普通话水平测试标准》课题组负责人孙修章到云南省指导工作，就普通话水平测试内容、题型和评分标准问题与云南省语言文字工作者进行了较为充分的探讨，帮助草拟了《云南省普通话水平测试大纲》（草案），并对评分定级标准和操作规程给予了具体指导。1992年初，云南省语委草拟了《云南省普通话

①张茀《云南省普通话水平测试科研述评》，云南省普通话水平测试中心编著《普通话水平测试工作文集》，语文出版社1996年版，第41～42页。

水平测试大纲》《云南省普通话水平测试评分定级标准》《云南省普通话水平测试操作规程》，在全国教育领域率先开展普通话培训测试工作，为全国范围内开展普通话水平测试做了大量探索性、准备性和开创性的工作。1992年，云南省召开“首期测评员培训班”，孙修章亲自授课，讲解了如何使用打点法评判语音错误及缺陷等问题。

云南省普通话水平测试的发展，展示了普通话水平测试从笔试到口试笔试相结合，最终发展到口试的过程。由最初的拼音考试转变为水平测试，由注重知识考查转向注重能力考查，云南省的例子充分展现了普通话水平测试属于主观口语测试这一本质。通过将测试成绩与人们的主观感觉进行对比，来对普通话水平测试进行修正，最终使得普通话水平测试成为有实践支撑的科学的语言测试。

三、普通话水平测试前期探索的意义

从云南省对普通话水平测试的探索过程中，可以看出：

1. 因为多民族、多方言地区语言使用情况相对复杂，所以推行普通话水平测试的积极性相对较高，这些地区因而成为推行普通话水平测试的先行军，这也说明了社会发展需要才是语言测试产生发展的基本动力。只有契合社会发展需要，语言测试才有生命力，才能够得到人民群众的参与和支持。

2. 一种语言测试的产生和发展必须要符合测试目标的内在规律。对于普通话水平测试而言，正由于它主要是测量人们日常生活中使用普通话的水平，所以单纯的标准化考试很难满足普通话水平测试的需要，口试成为最终的测试形式。普通话水平测试的发展，在借鉴了语言测试理论发展成果的同时，也促进了语言测试理论的发展。

3. 中央和地方的互动在普通话水平测试的探索过程中起到非常重要的作用。国家语委的专家对地方研制普通话水平测试进行全面指导，提高了地方的学术水平；同时，地方的普通话水平测试结果也向上反馈，作为实践的例子，用来反馈、修正国家级的普通话水平测试。这个双向互助过程，加速了全国范围内的普通话水平测试方案的产生。

第四节　普通话水平测试的研制

尽管普通话水平测试的分级契合了人们的主观感受，普通话水平测试也注定是一种主观口语测试，但只要是测试，必然要有客观依据，也就是应试人和测试员共同遵守的准则，即测试模型，它主要包括测试内容和测试规则。通过标准参照，比如，来自审音委员会的标准语音，或者中央人民广播电台、中央人民电视台播音员的新闻播报，人们有能力判断出一个人的普通话说得好还是不好。但是，即便是最有经验的评判者，也很难通过听他人的任意一段讲话就准确稳定地评判出这个人的普通话成绩是多少分。对普通话水平进行测试，需要对应试人的讲话内容进行限制，建立一个样本集，在保证测试点（主要是语音特征点）均匀分布的同时，方便测试员进行评分；测试规则界定了测试员评分的依据，什么地方需要给分，什么地方需要扣分。所以，对于普通话水平测试而言，要保证其科学性，需建立一个由样本集、评分规则、测试员决定的普通话水平与人们通常感受的普通话水平之间的正确映射。要形成这样的正确映射，需要根据试测结果和人们的主观感觉，对测试内容及测试规则进行修订，以达到最终吻合的目的。当然，绝对的吻合是不可能实现的，我们强调的是一个趋近的过程。

由于不同方言区的方言相对普通话的偏误各不相同，由个别方言区的测试数据修订建立的测试模型，很难被应用到其他方言区。这样，建立一个全国统一标准的普通话水平测试就迫在眉睫。

一、普通话水平测试研制小组

为了积极贯彻国务院关于推广普通话工作的最新指示和新时期推广普通话的方针，尽快实施全国统一、科学规范的普通话水平测试，1988年底，教育部推广普通话办公室和国家语委语言文字应用研究所的有关人员，在孙修章、于根元的主持下组成“普通话水平测试标准研究”课题组，并获得国家社会科学基金（93BYY010）的资助。

普通话水平测试的研制过程并不是孤立的。课题组在研制《普通话水平测试标准》和《普通话水平测试大纲》时，为了扩大视野，更多地借鉴国内外汉语及外语水平测试、等级水平资料，使课题研究能在已有成果的基础上进行，课题组通过各种渠道，汇集了约50件资料，其中参考价值较强的在15件以上。在制订研究工作计划以后，课题组拜访了周有光、徐世荣、王均等专家，就研究工作中应注意的问题及研究方法等广泛听取意见。课题组进行了课题意义的论证，计划用三年时间研制出“普通话水平测试标准”“普通话测试大纲”及“测试题的编制与题型”三个项目，并进行课题实验，写出实验报告①。课题组做了大量开创性的工作，并且把研究成果与地方一些省份（比如云南省）进行了共享。同时，还在河北省石家庄市、广东省一些地方的学校和窗口行业进行了试测，对地方试测的数据结果进行了认真分析，在此基础上拟定了《普通话水平测试等级标准》。

课题组研究拟定了普通话“三级六等”的等级标准，提出了与等级标准相对应的每个等级的量化评分办法，并确定了制订标准和大纲的五条原则②：(1) 等级标准是全国统一标准；(2) 等级标准级中套等；(3) 主观评级与客观评级相结合，以客观评级为主；(4) 口试与笔试相结合，以口试为主；(5) 语音、词汇、语法全面考核，以语音为主。这些既是原则，也是等级标准和测试大纲的特征。

1991年，课题组研制的《普通话水平测试等级标准》通过了国家语委组织的专家鉴定。1992年，由国家语委普通话推广司印发各省、自治区、直辖市试用（国语普［1992］4号文件）。

普通话水平测试是考查语言规范程度的测试。当时普通话水平测试研制小组的组成人员，既包括语言学家，也包括语音方面的专家，比如中央普通话进修班（改革开放前称“普通话语音研究班”）的主讲教师，普通话审音委员会的委员等。语音专家的加入，保障

①孙修章《“普通话水平测试标准”研制与实践》，《语言文字应用》1992年第1期，第12页。

②同上，第13页。

了普通话标准参照的权威性。其中，研制小组的主要成员，曾任国务院文字改革委员会推广组组长、1982年国家普通话审音委员会委员的孙修章，作为课题组主要负责人，在研制普通话水平测试的初始阶段，做出了重要贡献。

二、《普通话水平测试大纲》的颁布

为了贯彻落实普通话水平测试的实施工作，进一步明确测试评分办法、测试要求，划定测试内容，1992年底，国家语委组织以国家语委原副主任王均为主任的专门学术委员会，并建立以国家语委普通话推广司司长刘照雄为负责人的课题组。课题组以当时普通话推广司的业务人员为基本力量，同时聘请了全国语言学和方言学的知名学者共同合作，在原课题组拟定的《普通话水平测试大纲》（简称《大纲》）的基础上，抓紧论证并编写《大纲》。几个月之后，在原有研究基础上，课题组提出了《大纲》的编写框架和基本词表，报请国家语委组织《大纲》学术委员会，给予论证、审定和研制工作的指导。1993年3月，《大纲》学术委员会正式成立，王均担任委员会主任。委员会对普通话水平测试工作的必要性和可行性、对课题组提交审议的编写框架和基础词表都进行了进一步的论证和研讨。到会的学术委员（王均、林焘、陈章太、于根元、詹伯慧、张颂、仲哲明、刘照雄），原则同意《大纲》的编写内容框架，肯定了基础词表作为词语基础测试部分的作用①，并对《大纲》的名称、词语表、方言词语对照选点等问题进行了讨论。委员会指出②：（1）基础词汇表是根据国家对外汉语教学领导小组办公室汉语水平考试部公布的《汉语水平词汇与汉字等级大纲》编制而成的，离大致覆盖普通话（口语和书面语）常用词语有较大差距，须作大幅度补充；（2）同意基础词汇表作为普通话与方言常用词语对照的范围，确定以吴方言（上海）、闽南话（厦门）、闽北话（福州）、粤方言（广州）、客家方言（梅州）五个方言点与普通话的常用词语进行对比

①刘照雄《〈普通话水平测试大纲〉的编制和修订》，《语言文字应用》1997年第3期，第16页。

②同上。

(学术委员会在1994年审稿会上，因为只用汉字表示无法看出闽南和闽北的差异，决定撤销福州点，增加湘方言（长沙）为新的对比点）；（3）同意研制组参照《汉语水平词汇与汉字等级大纲》的命名，将成书命名为《普通话水平测试大纲》。

1994年11月，《普通话水平测试大纲》① 正式出版。全书近100万字，详细规定了测试目的、测试性质和测试方法，明确了测试内容、测试范畴和测试题型，说明了应试人员的行业范围以及测试的规范要求。《大纲》收录了一些文件和标准，并具体列出了测试内容和测试题型。具体内容分成八个部分：（1）《关于开展普通话水平测试工作的决定》及两个附件——《普通话水平测试实施办法（试行)》和《普通话水平测试等级标准（试行)》；（2）普通话水平测试总论，包括导语、试题编制和评分办法以及试卷的分型和样卷；（3）普通话语音分析，包括声母、韵母、声调、普通话音节表、变调、轻声、儿化；（4）普通话（口语和书面语）常用词语，包括“表一”和“表二”；（5）普通话与方言常用词语对照表；（6）普通话与方言常见的语法差异以及常用量词的选择；（7）朗读作品（1—50号）和谈话题目（50则）；（8）附录，包括《汉语拼音方案》《普通话异读词审音表》《汉语拼音正词法基本规则》和《国际音标表》。

《大纲》的出版发行，是普通话水平测试从研究和实验阶段转入大规模实施阶段的关键转折点。《大纲》落实了普通话培训测试的内容要素，具有明确性、可操作性等优点，在全国大规模开展普通话水平测试的工作中发挥了不可替代的重要作用。

（一）普通话水平测试的等级标准

普通话水平测试分为三个等级标准，参考了“美国外语水平测试”的等级划分：一级相当于双语水平；二级相当于专业水平；三

---

①刘照雄主编《普通话水平测试大纲》，吉林人民出版社1994年版。在《普通话水平测试大纲》正式修订以前，编者曾对《大纲》出现的一些失误进行过小范围的修订，因此，社会上多见版本为《普通话水平测试大纲（修订本)》，版本是1994年，但是具体印刷次数不同。

级为初级水平[①]。

《普通话水平测试大纲》是依据普通话水平测试三级六等的等级标准编制的。"级下有等，等隶属于级；等既是独立的，又是互相联系的。"[②] 普通话水平测试的等级标准[③]明确了等级的具体特征和分界：

一级：甲等，朗读和自由交谈时，语音准确，词汇、语法正确无误，语调自然，表达流畅。测试总失分率在3%以内。乙等，朗读和自由交谈时，语音准确，词汇、语法正确无误，语调自然，表达流畅。偶然有字音、字调失误。测试总失分率在8%以内。

二级：甲等，朗读和自由交谈时，声韵调发音基本标准，语调自然，表达流畅。少数难点音（平翘舌音、前后鼻尾音、边鼻音等）有时出现失误。词汇、语法极少有误。测试总失分率在13%以内。乙等，朗读和自由交谈时，个别调值不准，声韵母发音有不到位现象。难点音较多（平翘舌音、前后鼻尾音、边鼻音、fu—hu、z—zh—j、送气不送气、i—ü不分、保留浊塞音、浊塞擦音、丢介音、复韵母单音化等），失误较多。方言语调不明显。有使用方言词、方言语法的情况。测试总失分率在20%以内。

三级：甲等，朗读和自由交谈时，声韵调发音失误较多，难点音超出常见范围，声调调值多不准。方言语调较明显。词汇、语法有失误。测试总失分率在30%以内。乙等，朗读和自由交谈时，声韵调发音失误多，方音特征突出。方言语调明显。词汇、语法失误较多。外地人听其谈话有听不懂的情况。测试总失分率在40%以内。

课题组在最初设立各等级分数线时，并不是《大纲》里的这个分数界定。为了尽量使等级特征与等级分数线相吻合，进一步提高

①孙修章《"普通话水平测试"标准研制与实践》，《语言文字应用》1992年第1期，第13页。

②同上。

③见国家语言文字工作委员会、国家教育委员会、广播电影电视部于1994年10月30日联合下发的《关于开展普通话水平测试工作的决定》附件二《普通话水平测试等级标准（试行）》。

等级标准的可信度和可靠度，评出公正、合理的等级，课题组经过多次试测和反复修订后，才有了现在所实施的这一标准。

普通话水平测试的等级标准是否作为全国统一的标准，曾经也存在着不同的观点和意见。经过反复商讨，课题组最终议定，实施普通话水平测试时，需要配套制定针对不同方言区和不同从业人员在应达到的普通话等级上的不同要求和规定。对不同人员的普通话要求不能做统一规定，但是普通话水平测试的标准必须统一执行。全国各地的普通话水平测试须按照同一标准进行严格评测，维持较好的信度和效度，唯有如此，才能持续深入地开展全国普通话水平测试工作。普通话水平测试的三级六等，其实反映的是人们学习普通话所达到的不同阶段，也是社会上客观存在的真实的普通话面貌。

（二）普通话水平测试的项目内容

1. 测试项目的设置

课题组在对普通话水平测试进行设计之初，曾经有意将普通话水平测试分成笔试和口试两部分，口试分成读单字、读词语、读文章和说话四个部分，笔试则以词语和语法为主。后来，经过反复验证和试测比对，课题组最终确定了普通话水平测试是以口试方式进行的语言测试，具体分为读单音节字词 100 个、读双音节词语 50 个、朗读、判断、说话五个测试单元。五个测试项目可以从不同方面全面地了解、评定应试人的普通话水平，为评定等级提供可靠数据。

读单音节字词与读双音节词语都是单项考核。读单音节字词是考查应试人普通话的声母、韵母及声调的发音。读双音节词语除了考查应试人声母、韵母及声调的发音外，还要考查上声变调、儿化韵和轻声的读音。

朗读和说话是综合性考查，两项测试有共性也各有特性。朗读是考查应试人用普通话朗读书面材料的水平，重点考查语音、连续音变（上声、“一”、“不”）、语调（语气）等项目。说话则是考查应试人在没有文字凭借的情况下，说普通话的能力和所能达到的规范程度。这项测试以单向说话为主，必要时才辅以主试人和应试人的双向对话。说话是测试中难度较大的一项，是测试的核心项目，其难点在于没有书面材料凭借，还要言之有物，符合标准，语言规范。这样的测试特点正是口语测试的价值所在，它能够最大限度地呈现出应试人真实的语言水平。

这五个测试项目组成了一个测试整体，从简到繁，音节逐步扩展，项目承担的内涵逐步丰富、完整。这给评定应试人的普通话水平提供了科学、客观、可量化的依据。

2. 评分比例和记分法

普通话水平测试的评分方法几经商议，最终确定采用百分制，这是因为对于教师和学生来说，百分制比较熟悉，容易接受，应用起来较为方便。最初课题组设定的评分比例是，口试占80%，笔试占20%。口试中四个部分的比例是，说话50%，读文章25%，读词语15%，读单字10%。经过试测和研讨后，采取纯口试方式，《大纲》将口试项目增至五项，最终确定的评分比例如下：

读单音节字词的成绩占总分的10%，即10分。读双音节词语的成绩占总分的20%，即20分。朗读的成绩占总分的30%，即30分。判断测试成绩占总分的10%，即10分。说话项成绩占总分的30%，即30分。

各项测试的评分采用最基本的记分法。最初的设计包括笔试和口试，具体的评分方法如下：笔试题量为50题，错一题扣2分，错一小题扣1分。口试有两种记分法。一种是定量扣分，如读单字、读词语，题量各为100个音节，错读一个音节扣1分；音节读音有缺陷扣0.5分，每个音节最多扣1分。另一种是搜索扣分，如读文章和说话，读文章题量为500字，读音有错误或有缺陷，一个音节扣0.5分；说话5分钟大约要说500至700个音节，语音有错误或缺陷，一个音节扣0.5分。两项测试除音节扣分外，还有语调扣分等。

经过试测和讨论后，《大纲》对评分方法做出明确规定：读单音节字词100个，读错一个字的声母、韵母或声调扣0.1分；读音有缺陷每个字扣0.05分。读双音节词语50个，读错一个音节的声母、韵母或声调扣 0.2 分；读音有明显缺陷每次扣 0.1 分。朗读对每篇材料的前 400 字做累积计算，每次语音错误扣 0.1 分，漏读一个字扣 0.1 分；不同程度地存在方言语调一次性扣分（问题突出，扣 3 分；比较明显，扣 2 分；略有反映，扣 1.5 分）；停顿、断句不当每次扣 1 分；语速过快或过慢一次性扣 2 分。判断测试的第一部分选错一组扣 0.25 分；第二部分和第三部分选错一组扣 0.5 分。如果在回答时，选对的答案里面出现读音错误，每次扣 0.1 分。说话项包括语音面貌 20 分，词汇语法规范程度 5 分，自然流畅程度 5 分。语音面貌从一档 20 分到六档 8 分不等，词汇语法和自然流畅都是从一档 5 分到三档 3 分不等。

3. 测试时间

课题组最初测算每个应试人完成 5 个测试项目约需 30 分钟，其中笔试约需 15 分钟，口试 4 项约需 12 至 15 分钟。《大纲》明确采用口试的方式进行后，时间就更加准确了，而且明显简短了，整个测试的规定时间只有 17 至 18 分钟，便于操作。除了说话是规定至少说满的时间外，其他测试项目都对超时完成做出严格的扣分规定，这些规定有助于科学地衡量应试者的普通话水平。

读单音节字词限时 3 分钟完成，超时扣分（3 至 4 分钟扣 0.5 分，4 分钟以上扣 0.8 分）。读双音节词语限时 3 分钟完成，超时扣分（3 至 4 分钟扣 1 分，4 分钟以上扣 1.6 分）。朗读限时 4 分钟完成（超过 4 分 30 秒以上扣 1 分）。判断测试限时 3 分钟完成，超时扣 0.5 分。说话不得少于 3 分钟，说满 4 分钟主试人应请应试人停止。

4. 测试分型

《大纲》对应试对象进行了划分，并以此设计出不同的试卷——Ⅰ型卷和Ⅱ型卷。

Ⅱ型卷是一般范围内普遍使用的试卷。Ⅰ型卷则主要供通过汉语水平考试（HSK）申请进行普通话水平测试的外籍或外族人员使用。比如，国家语委普通话培训测试中心在 1996 年对参加国家级普通话水平测试员资格培训的香港学员进行普通话水平测试时就采用了Ⅰ型卷。Ⅰ型卷的出题范围与Ⅱ型卷有所不同。朗读材料的投签限制在 40 个之内，依字数的多少减去字数较多的 10 篇；测试字词时，测试范围只限于“表一”，相应降低了读词语的难度。

由于普通话水平测试处于试行阶段，同时考虑到学校负担，所以在 1996 年 12 月底以前，对中等师范学校和中等职业学校有关专业的学生以及小学教师进行普通话水平测试时，也采用Ⅰ型卷。

（三）《普通话水平测试大纲》词语表

《普通话水平测试大纲》的主体内容是为了满足测试需要而编制的一些基本素材，包括词语表、方言词语对照表、语法差异列举、常用量词、朗读作品。其中，词语表所占比例最大，在测试和培训过程中占据了基础地位。词语表提供了大量的词语条目，标注规范读音，对于提高普通话水平起到一定的作用。《大纲》词语表分为“表一”和“表二”两个部分。其中，“表一”词语分为带两个星号的和带一个星号的两类。

《大纲》对词语表的选词来源和用法做了详细说明①。（1）“表一”是根据国家对外汉语教学领导小组办公室和汉语水平考试部刊布的《汉语水平词汇与汉字等级大纲》（简称《等级大纲》）第 174 至 319 页按音序排列的词汇等级大纲编制。（2）“表二”的全部词语（15467 条）选自中国社会科学院语言研究所词典编辑室编《现代汉语词典》（不含补编）。读音根据《普通话异读词审音表》核定，释义以《现代汉语词典》为准。（3）对外汉语教学进行普通话水平评定时，根据“表一”所列的词语（8454 条）进行测试。测试题应选 60％带两个星号的词语，40％带一个星号的词语。（4）国内普通话水平测试以“表一”和“表二”词语为测试范围。测试题选用词语的比例是“表一”里带两个星号的词语占 40％，带一个星号的词语占 30％，“表二”里的词语占 30％。

从这些说明可以看出，由于《大纲》是在《汉语水平词汇与汉

①刘照雄主编《普通话水平测试大纲（修订本）》，吉林人民出版社 1994 年版，第 36 页，第 148 页。

字等级大纲》的基础上，稍作删选，制定了“表一”，所以，正如学术委员会在1993年讨论时所提出的，近8500条的词语对于以汉语为母语、知识层面较高、并以普通话为职业语言或工作语言的人员来说是远远不够的[①]。为此，课题组根据学术委员会提出的意见进行了词语增补工作。课题组以《现代汉语词典》为基础，将方言词语、文言字词以及罕见罕用的词语删掉后，编制出有15496条（这是第一版成书的编号）的“表二”。除了排版自动编号的跳号、重号和原稿里两个表的重复条目，实际收录词语约有15400条[②]。最终，《大纲》编制了两个词语表，供测试使用。

“表一”的基础是用于对外汉语教学的《汉语水平词汇与汉字等级大纲》，虽然这个等级大纲比较成熟，但其目的是用于对外汉语教学，其中某些词语用来做普通话的常用词语，未必恰当。另外，“表二”从《现代汉语词典》中选词，考虑到常用字和常用词的问题时，更多地受到了用字方面的限制。此外，还有极个别的方言色彩浓的词语收进了词表[③]。显然，具有开创性的《普通话水平测试大纲》在较短的时间内编制完成，必然会存在一些不尽如人意之处，不过，也不能够因为这些不足而否定《大纲》的学术价值和重要作用。正如《大纲》课题组的负责人刘照雄所言：“普通话水平测试虽然经过五六年的准备，先后在一些省市进行了实验，但毕竟是一项全新的工作，我们不但缺乏经验，也没有可资借鉴的成果参考。对《大纲》进行质与量的权衡，应该说是一个长期的课题。同时，从宏观上认识，语言的标准和规范在相对稳定的大环境中，又是不断变化的。这种变化表现为：尚未形成公认规范的语言现象如何向公认的规范发展；已经成为公认规范的语言现象，会由于各种因素突破原来的规范形成新的规范……以上两个方面比较深层的问题，决定了《大纲》必须不断地研究、修订，以使它逐步地更加完善，更加符合语

①刘照雄《〈普通话水平测试大纲〉的编制和修订》，《语言文字应用》1997年第3期，第17页。

②同上，第17页。

③同上，第17页。

言实际和发展的方向。”①

第五节　普通话水平测试的性质

普通话水平测试的研制过程虽然受到了语言测试理论的影响，但它并不是一个非常理论化的测试，它的研制和发展并不是与语言测试理论的发展同步的，也没有经过语言测试理论的严格检验。从某种意义上来说，它更是一项实践工程。这是与酝酿它产生的土壤分不开的。可以说，是中国的多民族多方言、形同音异的语言结构决定了普通话水平测试的特殊性。但是，作为一项从实践出发的，经过大量研究、实践、修正的测试，它在很多方面还是相当符合语言测试理论原则的。

首先，普通话水平测试目标明确、清晰，测试内容具体；第二，从它对单音节字、多音节词、朗读段落的分项测试来看，它符合第二代结构主义测试的特点；第三，由于它对测试对象也就是国内各方言区人民群众的语言状况进行了分析，提出了三级六等的测试分级，并且以测试说话人的口语标准程度和使用普通话的能力为出发点，这些都符合第三代心理语言学—社会语言学测试的特点。下面，本研究结合语言测试理论进一步分析普通话水平测试的性质。

一、普通话水平测试是标准参照型测试

普通话水平测试的参照就是标准普通话。如何判定一个人普通话说得好与不好、标准不标准，是由他说的普通话与标准参照的某些特征差异决定的。标准普通话的语音来源于普通话审音工作，国家普通话审音委员会在确定汉语标准发音后，结合语言学家或播音员的示范读音，这些读音就是最早的标准参照。经过不同个体对标准参照中涉及准确度、流畅度的特征进行学习，作为判定他人普通话水平的特征参照。与准确性、流畅度无关的特征，比如音质，并

①刘照雄《〈普通话水平测试大纲〉的编制和修订》，《语言文字应用》1997年第3期，第16～17页。

不在特征参照的范围内。

由于每个个体对语音的敏感程度不同，即便经过培训，个体对语音问题及语音缺陷的理解仍会有差异。被公认的差异较小的人群，就构成了权威测试员的基础。由于普通话水平测试的标准参照特性，不同的人在学习标准参照时不可避免地存在着理解上的差异，这也决定了测试员的队伍建设对普通话水平测试的信度有至关重要的影响。

二、普通话水平测试是汉语母语测试

普通话水平测试对于大部分中国人来说，是第一语言测试，是母语测试。也就是说，普通话水平测试是对以汉语为第一语言的汉语方言使用者进行的汉语标准语——普通话掌握程度的测试。它是对方言区人群的母语测试，这决定了普通话水平测试的对象相当广泛，适用于不同性别、年龄、文化水平、职业、阶层、社会地位的相关人员。与全国大学英语等级考试（CET）主要针对大学生、职业汉语测试（ZHC）主要针对特定职业的求职者不同，普通话水平测试对象的文化背景可以千差万别，这一特点使得普通话水平测试的可测试对象的数量远远超过其他考试。

由于它是一种特殊的母语测试，主要研究第二语言测试的语言测试理论不能被照搬到普通话水平测试中来。普通话与方言之间，究竟是被称为双语还是双言，在学习普通话的过程中，存在什么样的普通话与方言的中介语形式，学术界还有很多争论。普通话水平测试的目标以语音为主，汉字、词汇、语法虽然作为必要的基础存在，但是不作为测试的主要测量依据。从这一点看，它与国内国际的很多语言测试，如针对学汉语的外国人设立的汉语水平考试（HSK）、针对非英语母语者的托福考试（TOEFL）等都不相同。

三、普通话水平测试是主观、半直接式口语测试

目前，国内推行的全国大学英语等级考试（CET）、职业汉语测试（ZHC）、少数民族汉语水平等级考试（MSK）等，都以笔试为主。普通话水平测试是完全的口语测试，对测试成绩的判断依据就是应试人的语音内容。语音信号是个时域连续变量，不能像大多数笔试一样，可以按照不正确即错误的简单评分方式进行评测。普通话水平测试采用模糊处理的办法，对发音特征的准确度进行三级分类：正确、缺陷和错误，加上流畅性的判断，构成了普通话水平测试的评分依据。发音正确是指应试人的发音是否能被评分员所辨认。由于普通话的声母、韵母和声调都有区别意义的作用，因此，“可辨认性包括发音在音段特征（声母、韵母）和超音段特征（声调）三部分上清晰可辨”[①]。具体实施上，由于是口语测试，采用一对一或者多对一的方式，测试时效性要求高，为了让测试员能够快速跟上应试人的连续说话进行评分，所以采用减分的快速评分方式。

客观考试与主观考试的区别在于评分方法的不同[②]。客观考试是完全按照给定的标准来评判应试人的答案，不需要测评人员做其他判断；主观考试主要由测评人员自行决定并评判应试人的答案，这种判断是建立在测评人员对评分标准的主观解释上的。在对评分标准的解释上，客观考试的解释是唯一的、确定的，主观考试的解释则视每个测评人员理解的差异而有所不同。要保证评分的客观性，提高评分的准确性和可靠性，就必须最大限度地保证对评分标准解释的确定性和一致性，减少测评人员主观判断的成分。普通话水平测试是由测试员人工进行评判的口语测试，这决定了其主观测试的本质。测试员对标准特征参照理解的差异，以及对语音缺陷、语音错误、语音类型反应快慢的不同，导致不同测试员对评判尺度把握程度不一，导致普通话水平测试信度的下降。对于前一种情况，可以通过加强培训，采用集体审听，对语音缺陷、错误和类型进行公开研讨的方式来弥合差异，统一尺度；对于后一种情况，常用的解决办法是采用多对一的方式，一次测试有 2 至 3 名测试员，在选择测试员的时候，把“偏严”和“偏松”的测试员进行配伍，最后成

①王佶旻《三类口语考试题型的评分研究》，张凯主编《语言测试理论及汉语测试研究》，商务印书馆 2006 年版，第 422 页。

②Bachman，L. F. *Fundamental Considerations in Language Testing*，Oxford University Press. 1990. 转引自王佶旻《三类口语考试题型的评分研究》，张凯主编《语言测试理论及汉语测试研究》，商务印书馆 2006 年版，第 417 页。

绩（在同一等级内的）进行算术平均，这样做能够有效提高测试的信度，减少测试员的主观影响。

就组织方式来说，口语测试一般分为直接式和半直接式两种。过去曾经出现过间接式纸笔作答方式，因被实践证明不完全可靠，现在已经很少被采用了。就直接式和半直接式的口语测试来说，主要差别在于测评人员是否在场，以及与应试人的互动状态。半直接式测试采用的方式有试卷、录音带或其他手段，测评人员不出现，应试人自行完成所有指定任务。直接式测试要求测评人员出现在考试现场，并与应试人交谈或者让几名应试人互相交谈等，目的在于由测评人员控制话题，在规定好的情境下进行会话。普通话水平测试虽然有测试员在场评判，但他们与应试人之间并无实质性的交流互动，应试人还是要自行独立完成所有题目内容。因此，普通话水平测试属于半直接方式。正如前文（第三节第一部分）所说，相对于有互动的直接方式，半直接方式更加注重客观和公平。

四、普通话水平测试是水平测试

李筱菊在《语言测试的科学与艺术》中指出①，语言表现的评估标准有三个：准确性（correctness）、流利程度（fluency）、得体性（appropriateness）。准确性指语言符合语法（广义的语法，包括语音、语法、词汇）规则；流利不是速度的问题，而是效率的问题，指能用语言熟练地、不受拖延、不受阻滞地达到要达到的目的；得体性，指所用语言适合于具体的语境和情景，直接运用的是语篇能力和语用能力。就普通话水平测试而言，主要考查的是准确性，其次考查的是流利性，对于得体性，主要是语体方面的得体性，而对于内容方面的得体性，并没有涉及。可以说，普通话水平测试并不是一种直接的交际能力测试。就“人说话”这一过程而言，它测试的是“人”的口语表达能力与“话”的标准程度，这些都可以间接促进人的语言交际能力，与语言交际能力测试的考查范围有交叉部分。

1994年版的《普通话水平测试大纲》对全国普通话培训测试战

①李筱菊《语言测试的科学与艺术》，湖南教育出版社2001年版，第18页。

线的工作者影响重大。在其“总论”部分，刘照雄指出：“普通话水平测试不是普通话系统知识的考试，不是文化水平的考核，也不是口才的评估，是应试人运用普通话所达到的标准程度的检测和评定。”① 他对普通话水平测试性质的定位在测试二十年的实践中，起到了核心的指导作用。

1997 年，仲哲明撰文对普通话水平测试的性质做了比较充分深刻的阐述②，认为普通话水平测试是应试人的母语标准语水平测试，不是外语测试；是语言能力的测试，主要侧重在语言形式规范程度，不是语言知识的测试，不是表达技巧的测试，也不是文化考试；应试人都是有一定文化的成年人，一般都已经掌握全国统一的普通话书面语；普通话水平测试实际上也是一种资格证书考试。归根结底，普通话水平测试是以普通话语音、语汇、语法规范（即普通话水平等级标准的一级甲等）为参照标准的标准参照性测试。

尤为重要的是，仲哲明提出了掌握知识、学习语言都是循序渐进、不断熟练的过程，应试人的成绩水平总是落在这个连续过程的某一点上，并显示在他完成某种测试的行为中。因此在评判方式上，普通话水平测试采用的是连续判断，而不是二分判断。连续判断的理论根据是中介语（interlanguage）学说。中介语理论来源于第二语言习得。根据这个理论，外语学习者在学习的过程中所使用的目标语，是一种过渡性的中介语，学习的过程是中介语接近目标语言的过程，这个过程是一个连续的过程。对于方言使用者学习普通话而言，学习的过程也具有类似中介语理论所描述的特性。2005 年，李宇明提出普通话水平测试的中介语理论依据，并对这一过程进行了详细的描述。他认为：“人们学习普通话有两种情形：第一种情形是生下来所习得的就是普通话，这种情形是近几十年随着普通话的推广才出现的；第二种情形是，生下来所习得的是汉语的某种方言或汉语之外的语言，在某一人生阶段才开始学习普通话，这在当前

① 刘照雄主编《普通话水平测试大纲（修订本）》，吉林人民出版社 1994 年版，第 6 页。
② 仲哲明《普通话水平测试若干问题的讨论》，《语言文字应用》1997 年第 3 期，第 5 页。

仍然是较普遍的现象。如果把普通话称为目标语言（L_t）的话，人们学习普通话的过程，就是从零起点（L_0，第一种情形）或以某种方言、某种语言为起点（L_1，第二种情形）向目标语言不断进发的过程。这个过程中人们使用的语言称为‘中介语’（interlanguage，记作 L_i）。理论上说，L_i 可以同 L_t 重合，但是在实际中任何人的普通话都是有缺陷的，即使是最优秀的语言学习者，他的 L_i 也只能无限地逼近 L_t，而不能达到与 L_t 重合的程度。照此说来，普通话水平测试实际上所测试的是 L_i 这种中介语。”“普通话本来是不能分级等的，普通话水平测试可以划分级等，是因为中介语具有不同阶段。”①

五、普通话水平测试是综合式测试

有的考试把语言分成一个个的要素，单独设立题型用来专门测查某项语言要素，这种考试方式被称作分立式考试。例如，在一些常见的外语考试（包括全国硕士研究生、博士研究生入学英语考试、大学英语等级考试等）和汉语水平考试（HSK）中，都有词汇测试、语法结构测试等项目。

与之相反的是综合式考试，考察应试人综合运用语言的能力，包括语音、词汇和语法等多种语言要素，而不是某种单个的语言要素。普通话水平测试虽然是口语测试，以测试全程中出现的口语面貌作为评分依据，但是从题型设计和内容来看，除了全面对语音进行考查以外，也包括了对词汇和语法等项目的考查。普通话水平测试在“读单音节字词”和“读多音节词语”部分，重点考查应试人对声母、韵母、声调以及轻声、儿化的掌握情况，这两项不仅反映出应试人掌握汉语语音的水平，同时也反映出应试人的识字、词汇水平。在“选择判断”部分，除了考查应试人的语音水平，更要考查其掌握普通话词汇、语法的水平。“朗读短文”部分，不仅考查应试人掌握汉语语音的水平，更要考查其综合运用各项语音要素，使用普通话进行朗读表达的能力。在“说话”部分，应试人须选择一个题目进行不少于 3 分钟的独白式说话。独白式说话与双方或多方

---

①李宇明《中国语言规划论》，东北师范大学出版社 2005 年版，第 211 页。

间的会话相比，真实性、自然性不足，但完整性、连续性和自足性（self-containedness）突出，在等量时间内，评测人员能够获得更多的信息量。这一过程考查的是个体运用普通话成段表达的能力，综合了对应试人词汇、语法、语音的全面考查，也是对应试人表达能力的综合考查。所以说，普通话水平测试是综合式测试。

六、普通话水平测试是适合中国国情的测试

普通话水平测试适合中国国情，主要体现在四个方面：

1. 普通话水平测试课题组在研制初期对测试对象进行了调查分析，根据社会语言状况，以及在对不同行业进行不同的规范要求的基础上，最终形成三级六等的等级标准。普通话水平测试从实用角度出发，针对各方言区人民学习使用普通话的过程中呈现出的语言状态进行测量。它不同于一般的母语考试，也不能简单地用第二语言测试理论来解释。它是一种符合我国语言状况的测试，它的测量对象是方言使用者学习使用普通话的时候出现的中介语特征。

2. 普通话水平测试从酝酿研制初期，就决定以测试内容明晰化为指导原则，制定测试大纲，厘定考试范围，依纲测试。应试人拿到《普通话水平测试大纲》后可以提前准备各项测试内容，包括单音节字词、多音节词语、方言词与普通话词语对照表、朗读篇目以及说话题目等。为什么要将测试内容全部公之于众？这是由普通话水平测试的目的决定的。

普通话水平测试除了用于选拔人才、区分水平之外，主要是让人们在准备考试的过程中，多读、多听、多练、多说，通过练习提高普通话水平。在语言学习尤其是口语学习的过程中，熟能生巧。说到底，语言测试与语言教学是分不开的。这样看来，普通话水平测试的目的与成绩测试的目的相仿。成绩测试一般用于学校检查学生学习某门知识的进度及效果，也称成绩测验，是大家都熟知的一种常用考试模式。成绩测试的目的在于，检查学生在某一个教学阶段，是否掌握了某门课程的教学大纲和教材所规定的教学内容。成绩测试具有检查学习效果、督促及帮助学生学习的作用。就这种考试而言，“考试准备的范围越明确，考试所起的正面作用就越大”[①]。普通话水平测试虽然不是成绩测试，但却达到了这种测试模式的效果，它从国家需要的推广普及普通话这一出发点，设计研制测试大纲，有效促进和帮助应试人提高普通话水平。

3. 普通话水平测试的依据——《普通话水平测试大纲》及试题题库。在国家语委正式颁布《大纲》以前，全国不同的省、自治区、直辖市进行了大量的相关试测、试验及探索性研究。国家语委根据试测、试验结果，对大纲和试题进行了多次修订。在国家语委和地方省市的密切互动过程中，课题组对测试大纲和试题不断进行论证与检验，最终形成了全国各方言区通用的普通话水平测试。

4. 语言测试界一般认为，口语测试虽然能够直接、有效地测量应试人的口语水平，但组织起来十分麻烦，操作性不强。如何在较短时间内，实现比较科学地考查应试人的口语水平这一任务，这在世界范围内来说，一直都是学界以及政界（比如国家的政府和军队要解决外交、工程等特定职业人员的语言交流与选拔等问题）讨论的焦点问题。在中国，普通话水平测试可以说是基本解决了这个难题。普通话水平测试的时间控制在15分钟左右，时间相对较短，测试效率较高，可操作性强，方便开展较大规模的测试实践，对在人口众多的中国推广口语测试有着非常现实的意义。

七、普通话水平测试是具有较好效度和信度的测试

普通话水平测试对应试人掌握普通话的能力进行评价，属于语言测试。信度和效度是评估语言测试的两个重要标准。信度指测试的可靠性，即反复测量后成绩的稳定性和一致性；效度指测试的有效性，即是否达到预设目的。

从效度来看，《普通话水平测试大纲》包含了需要考查的汉语基本音系和常用词汇，在题型设计上，除了满足规范化要求的单音节字词、多音节词语、选择判断、朗读以外，还特意设计了综合考查

---

①刘颂浩《口语测试的组织与实施探索》，张凯主编《语言测试理论及汉语测试研究》，商务印书馆2006年版，第375页。

口语表达能力的说话环节，说话环节在评分系统中占有相当大的比重，这些都提升了普通话水平测试的内容效度。在普通话水平测试的研制过程中，根据试测数据，课题组做了大量的反馈修正，这本身就是一个效标关联的过程，这种反馈过程保证了普通话水平测试的效标关联效度。

从信度来看，作为主观口语测试，信度是最难保证的。普通话水平测试依靠如下手段来提高它的信度：（1）以等级信度代替分数信度，测试成绩用等级来给出；（2）测试试题考查的语言点全面均衡；（3）多对一进行测试；（4）严格的测试员培训考核机制；（5）考试成绩的抽查、复审和修正制度。20 年的实践，证明普通话水平测试是一种具有良好信度的测试。

八、余论

普通话水平测试，作为一种特殊的母语能力测试，是一种主观口语测试，也是国家政府推广的权威语言测试，简便易行，与传统的客观笔试、第二语言测试都有显著区别。有人不禁会怀疑普通话水平测试的科学性。通过 15 分钟的测试来判断一个人的普通话水平，是如何做到的？

从历史记录以及对普通话水平测试性质的分析中，可以看到，普通话水平测试不但在研制过程中参考了当时国内外语言测试理论的优秀成果，而且它的很多要素的确契合语言测试理论的共时发展。评估一项语言测试的常用标准包括信度、效度、难易度、区分度、可行性、可重复性、有益的反拨作用、分数的可解释性、经济上的可承受性，等等。按此标准，一一对应，不难发现普通话水平测试具备很多优势，信度和效度良好，操作比较便捷，耗时短，可反复测量，可以对教学提出针对性反馈，测试成绩划分有理有据，而且费用较低。所以说，普通话水平测试不仅仅是一项覆盖面广、影响力大的实践工程，而且它还具有内在的科学性。这是它在全国范围内顺利推广的基本保证。

第六节　普通话水平测试研制目的和意义

一、普通话水平测试研制目的

（一）直接目的

研制实施普通话水平测试，出发点在于科学地评定应试人的普通话水平，客观地区分不同人的普通话面貌，满足不同职业的准入要求和各类相关人群的教学培训需求，做好科学衡量的配套服务。这是普通话水平测试的直接目的。普通话水平测试是为了贯彻执行普通话等级标准，逐步推行普通话等级证书制度，为各行业人群解决等级评定问题而采取的一个必要的配套手段。

（二）根本目的

研制实施普通话水平测试的根本目的，是要“更好地贯彻新时期推普工作方针，促进普通话的进一步普及，并在普及的基础上逐步提高全社会的普通话水平，提高现代汉语的规范化程度”①。测试只是一种手段，一种工具。通过测试，可以评价普通话水平，推动普通话的普及；通过测试，可以检测教学成绩，促进普通话水平的提高。在普及的基础上，进一步提高普通话水平，这是循序渐进的过程。只要坚持标准，严格监管，必定会大力推进社会推普的进程。

在推广普通话的各项工作中，相对而言，普通话水平测试是比较有力有效的抓手，它使推广普通话工作具有了刚性。任何考试都有及格线，普通话水平测试不仅有及格线，还设有不同的等级，来满足不同行业的上岗要求。因此，社会上不同行业的人群在参加普通话水平测试时，一般都会有自己的目标。为了达标，应试人会努力地学习普通话，积极性和自觉性都会随之增强，从而调动应试人的积极性，产生教学反拨的正面作用。

此外，以数据为支撑的普通话水平测试，也是实现推普工作“目标管理、量化评估”的重要基础。总之，普通话水平测试的最终

① 仲哲明《普通话水平测试若干问题的讨论》，《语言文字应用》1997 年第 3 期，第 5 页。

目的是要促进推普工作进一步制度化、规范化、科学化，以测促训，大力加快推广普及普通话的进程。

二、普通话水平测试研制意义

普通话水平测试作为一项语言测试，与其他语言测试相比，具有明显的特殊意义。

从微观角度看，普通话水平测试测量的是人们的口语水平。从识字、组词、造句到朗读文章、论述观点，一系列的语言表达，全面考查人们的口语规范水平以及语言表达能力。语言是人们思维的工具，是人们表达思想、体现自我综合文化素质的重要媒介，同时也是人们综合文化素质的重要表征。普通话水平测试的研制初衷，正是基于这一出发点，为有效推动人们在语言规范方面的进步、提升其文化修养而设立的。

从宏观角度看，普通话水平测试的测量内容是我国的汉民族共同语，汉民族共同语是汉民族的文化象征，在历史文化的传承中起到了重要的作用。我国自古以来，疆域辽阔，方言复杂，汉民族共同语作为华夏文明的纽带，维系了祖国的团结统一，维系了各民族之间的手足情意。作为语言规划中的重要一环，普通话水平测试以测试带动教学，以测试推动汉语口语规范的统一，适应了国内20世纪80年代以来迅猛发展的改革开放形势，满足了国家现代化建设的根本需要。

（一）进一步推广普通话

普通话水平测试是推广普通话发展的必然结果，提高普通话水平必然涉及普通话水平的测量问题，普通话水平测试的推出给普通话推广注入了新的活力。

新时期新阶段，推广普通话工作的地位得到进一步的提高，意义也更加明确。1982年12月4日，第五届全国人民代表大会第五次会议通过了新的《中华人民共和国宪法》。《宪法》第十九条规定："国家推广全国通用的普通话。"推广普通话在我国历史上第一次载入国家法律。这不仅表明，普通话是国家通用语言，推广普通话是一项国家任务，更说明国家政府充分认识到了语言政策的重要性。

这为新时期推广、普及普通话提供了充分的法律依据。

任何一个国家，只有制定与社会发展相适应的语言规划并认真执行，才能进一步促进社会的全面进步，推动信息化进程，构建安定和谐的社会生活。推广和普及普通话是现代汉语规范化的重要组成部分，现代汉语规范化把民族共同语的发展和建设推向了一个全新的、更高的阶段。“语文规范是国家文化建设的基础工程，它关系到国家的统一、民族的团结和社会的文明进步，只有将其纳入政府的行政运作，贯穿于文教之中，把官方的自觉规范和社会的自发规范即约定俗成结合起来，语文规范才会卓有成效。”① 在中国，制定语言规划的机构是国家语言文字工作委员会（前身为“中国文字改革委员会”）。在新时期，中国语言规划的首要任务是推广和普及普通话。

为适应国内迅猛发展的改革开放形势，适应国际文化交流的频繁需求，适应现代汉语规范化的必然趋势，国家别无选择，必须下大力气解决全国各地区方言隔阂、语言不通的问题，必须落实措施，加强宣传，真正提高人民的语言文化素质，推广标准规范的普通话。普通话水平测试就是在这种社会背景下应运而生的。普通话水平测试是促进语言规范化、标准化的具体举措，是科学衡量通用语言水平的工具，是为国家社会、经济、文化建设服务的重要手段。在推广普通话的进程中，普通话水平测试的诞生和推行，无疑是推普工作的重要实施手段，它“标志着我国推广、普及普通话工作开始向纵深发展，逐步走上制度化、规范化、科学化的新阶段”②。

（二）提高人们的口语水平

普通话水平测试强调以测促训、以训保测，采用科学的测量手段，帮助人民群众提高语言水平特别是口语水平。

口语能力是语言能力的重要组成部分。书面语源于口语，口语

①李建国《汉语规范史略》，语文出版社 2000 年版，第 199 页。

②仲哲明《普通话水平测试若干问题的讨论》，《语言文字应用》1997 年第 3 期，第 3 页。

是书面语的基础，口语和书面语共同的句式占 85%左右[①]。口语表达比较快，具有瞬时性特征，条理性相对不足，短句较多，结构简单，用词范围有限。书面语的逻辑性、条理性相对较强，句式结构相对完整。一般认为，“口语表达较好的人，写出来的文章大体上是通顺的，因为口语能力和思维敏捷度、条理化、精密化是密切相关的”[②]。判断一个人是否掌握一门语言，以他说得好不好为准，而不是看他写得好不好，因为口语水平代表了一个人的语言能力。叶圣陶曾说，在语言文字的训练“听、说、读、写”四个字中，“说”字最基本，说的功夫差不多，听、读、写三项就容易办了。

加强口语训练，除对提高个人写作水平有现实意义之外，对加速现代化建设也有实际意义。中国进入改革开放新时期，各地方言的复杂情况给全国人民的经济建设、学习、工作、文化交流都带来了不同程度的影响和制约，这是客观存在的事实。要使语言真正成为人民大众的交际工具，使我们每个人的思想感情在任何场合中都能够充分正确地表达出来，又使大家能够充分正确地彼此了解，只有国家通用语——普通话才能担负起这个重任。

普通话水平测试给学习普通话的人群提供了一个衡量自己普通话水平的工具，通过测试，应试人可以了解自己的普通话水平，还可以根据失分情况进行有针对性的练习。普通话水平测试的等级与行业准入要求挂钩，通过测试，可以促使不同人群加强对普通话的学习训练。普通话水平测试大纲的内容涵盖了普通话学习的常用语言点，测前训练成为常规普通话训练的重要组成部分。

（三）丰富语言测试理论与实践

普通话水平测试的研制是语言学和应用语言学学科的一项重要进展，作为一项实用的主观口语测试，它的推出给语言测试理论和

---

①陈建民《汉语口语》，北京出版社 1984 年版；转引自李海燕、蔡云凌、刘颂浩《口语分布测试题型研究》，张凯主编《语言测试理论及汉语测试研究》，商务印书馆 2006 年版，第 403 页。

②陈章太《略论汉语口语的规范》，陈章太著《语言规划研究》，商务印书馆 2007 年版，第 207 页。

实践带来了新的启示。

在语言测试的发展史上，口语测试的发展是相对滞后的。以美国为例，20世纪以来，现代语言测试多偏重于客观性测试，重视测试信度。因为口语测试是主观测试，测评人员在测试中起到主导作用，应试人在口语测试中难以得到稳定的分数，因而被认为是缺乏信度的测试。加之，口语测试操作性较差，组织难度大。在这些思想的主导下，口语测试长期得不到重视。直到第二次世界大战爆发之后，因为军队需要大量外语人才，听说教学法迅速推广，口语测试才受到关注，得到快速发展，并逐渐从军事领域转至教育领域。从50年代到70年代，由于经济社会发展的需要，美国公务员委员会（Civil Service Commission）、美国外交学院（Foreign Service Institute，FSI）、美国教育测验服务中心（Educational Testing Service，ETS）和美国外语教学委员会（American Council for the Teaching of Foreign Language，ACTFL）等教育领域、政府部门的多家机构，相继研制开发了一些测量外语口语能力的测试，设计了一些配套的口语等级量表，以口语能力测试OPI（Oral Proficiency Interview）为代表。权威语言测试——托福（TOFEL）迫于竞争对手剑桥大学地方考试委员会的雅思考试（International English Language Testing System，IELTS）开设口语测试的压力，在20世纪90年代才推出选择性的口语考试TSE（Test of Spoken English）①。

在国内，很长一段时期内，无论是作为第一语言的普通语文考试，还是作为第二语言的大学英语水平考试（CET），外国人学汉语的汉语水平考试（HSK）等考试，一直没有口语测试的部分。可以说，普通话水平测试是国内第一个正式推广的主观口语测试，这样大范围大规模进行的口语测试，在世界范围内也是很少见的。普通话水平测试考查了一个人说普通话的能力，它属于语言能力测试的范畴，它的成功实践，给心理语言学—社会语言学测试体系提供了一个很好的案例。普通话水平测试的研制过程，充分展现了一个语

①参见王佶旻《外语口语测验的历史发展综述》，《中国考试》2010第3期，第53页。

言能力测试是如何推出，并在实践中不断修正的过程，为以后推出类似的口语测试提供了很好的借鉴。普通话水平测试针对的是汉语方言使用者的普通话，这样一种特殊的语言形态，给传统的、以第二语言测试为主的测试理论带来了新的启示。由普通话水平测试带动的有关普通话与方言之间的中介语研究，也对传统的针对第二语言习得的中介语理论进行了扩展。

总的来看，普通话水平测试是当代语言规划的必然产物。它顺应时代发展需要，经过学界的多方探讨与精心研制，并且历经不同地方、不同人群的测量检验。普通话水平测试的诞生，浸透着陈章太、孙修章、刘照雄等一代学者的心血，它产自科学的沃土，有语言测试理论与社会实践的双重滋养，同时它也对语言测试理论和实践提供了新的启示和借鉴。普通话水平测试作为一项具有显著社会性的语言测试，为国家推广普通话工作做出了历史贡献。

第四章　普通话水平测试的组织实施阶段（1994—2001年）

第一节　引言

从20世纪80年代开始，普通话的推广普及工作随着社会经济的发展，取得了相当大的进展。首先，无论是在普通话培训测试行政机构的建设方面，还是在学校普通话教学与教师普通话考核方面，普通话推广工作的力度都大大得到了加强。其次，随着商品经济、市场经济的发展，人员流动的增强，在社会生活中，能运用普通话进行交流沟通的人越来越多了。《普通话水平测试大纲》于1994年11月正式出版，标志着国家普通话水平测试的研制取得了突破性进展。

《普通话水平测试大纲》的正式颁布，解决了“测什么”和“怎么测”的问题，但是要在全国范围内开展普通话水平测试，就必须解决怎样将测试真正实施起来的问题，这牵涉到制度、机构、人员、经费等方方面面的问题。对于普通话水平测试事业来说，一切才刚刚开始。

第二节　普通话推广工作的主要情况

在普通话水平测试酝酿研制阶段，学术讨论与课题研究是主要内容与主要成果。但不可忽视的是，在20世纪80年代后期到90年代初期，即从1986年国家语委正式提出普通话水平的分级思想到1994年国家普通话水平测试成功研制这一时期，语言文字工作尤其是普通话推广工作也取得了很大进展。这些工作进展是普通话水平测试组织实施的基础和起点。因此，本章首先对这段时期的工作情况做一个总结与梳理。

工作进展的具体表现包括语言文字工作的机构建设、各有关行业提出的对语言文字的规范要求、部分省（自治区、直辖市）开展普通话测试的实践工作等几个方面。由于国家在1994年以前还未正式出台统一的普通话水平测试的要求，各地在试行有关普通话测试的实践中难免会出现各种各样的问题。

一、工作机构建设情况

1985年12月16日，中国文字改革委员会正式改名为国家语言文字工作委员会，属于国务院直属机构。随后，在各省、直辖市、自治区，已有的文字改革委员会随之进行了更名，没有文改会的省份相继成立了负责协调语言文字工作的省级语言文字工作委员会（简称“省语委”）或者民族语言文字工作委员会（简称“民语委”），具体办事机构一般为语委办公室（简称“语委办”）或语言文字工作处（简称“语工处”），多设在省（自治区、直辖市）教育厅。比如，1986年4月16日，北京市语言文字工作委员会成立，第一任语委主任为当时北京市副市长陈昊苏。随后，类似的机构形式渐渐扩展至地市一级，在全国范围内逐步形成了从事语言文字工作的树状组织网络。

机构建设有力保障了语言文字工作的顺利开展，到1994年，各级语委已逐渐成为推广普通话的中坚力量和主要协调机构。1994年，国务院批准的《国家语言文字工作委员会“三定”方案》规定，国家语言文字工作委员会为国家教育委员会管理的国家局，这为国家语委在教育系统开展工作创造了良好条件。

二、相关行业要求

1986年9月，国家语委和国家教育委员会（简称“国家教委”）在北京召开“七五”期间语言文字工作规划会议。会议明确提出，推广普通话要根据各地区经济文化发展的实际需要和已有工作基础，对不同行业和不同年龄的人提出不同的要求。到本世纪末，要按普及普通话的三级要求，在全国范围内使普通话成为“教学语言”“工作语言”“宣传语言”和公共场合的“交际语言”。实现《“七五”期间语言文字工作规划》，重要措施在于建立健全各级语言文字工作机构和培养工作骨干，加强领导，不断扩大语文工作者的队伍。

1987 年 9 月 25 日，国家语委、国家教委联合发出《关于加强高等师范院校推广普通话工作的通知》。《通知》指出：（1）推广普通话是一件大事，它关系到社会主义两个文明建设，是国家统一、民族昌盛的需要；（2）普通话是教师的职业语言，使用普通话教学是师范院校合格毕业生的必备条件。同日，国家语委、国家教委向各省、自治区、直辖市语委、教委（教育厅、局）联合发出《关于做好中等师范学校普通话普及、巩固、提高工作的几点意见》，主要内容有：（1）当前中等师范学校推广普通话工作的任务；（2）中等师范学校普及普通话的要求和检查验收；（3）对中等师范学校学生掌握普通话和汉语拼音的要求及测试；（4）加强普通话的教学和训练；（5）提高教师使用普通话的水平。

1992 年，《全国语言文字工作十年规划和“八五”计划》确定了到 20 世纪末推广和普及普通话的工作目标：要使普通话成为城市幼儿园和乡中心小学以上以汉语授课为主的各级各类学校的教学用语，成为师范学校、初等和中等学校的校园语言。县级以上机关、团体、企事业单位的干部，解放军指战员，公安干警，武警指战员，检察院、法院的工作人员等应当把普通话作为工作语言；为生产和生活服务的窗口行业职工要把普通话作为服务用语。广播、电视、电影、话剧以及音像制品等在语言使用上具有很强的示范作用，必须使用标准的普通话。

从 1986 年起至 20 世纪末，国家语委与国家教委（后称教育部）累计发出 10 份关于加强各级各类学校的普通话推广普及工作的通知，“要求第一步做到普通话成为教学语言，师生在课堂上都说普通话；第二步做到普通话成为校园语言，师生员工在教学、会议、宣传和集体活动中都说普通话；对师范专业及其他与口语表达密切相关专业的学生实行普通话不合格暂不发给毕业证书的制度。”① 国家语委与国家教委发布了面向师范院校、普通中小学和职业中学普及普通话工作的评估指导标准，并于90年代初启动对各类师范学校推广普通话工作的检查评估。检查结果显示，师范学校的推广普通话工作成果显著。各类师范院校普遍开设了教师口语课，普通话已经成为学校的教学语言。

除了中央部委发文以外，这一时期，地方省份也对各行业的普通话水平提出了一些地方性要求。1986年，北京市语委第一次会议提出：5年内，各级各类学校教师一般要力争达到国家语委规定的普通话一级水平；党政机关和企事业单位的干部，交通、商业、公安、旅游、服务等部门的工作人员要努力达到普通话二级水平；少数远郊县要努力达到普通话三级水平。

对普通话水平的要求主要集中在公共领域，包括教学用语、媒体用语、行政用语、公共服务用语等几个方面。对于交际用语，只是提倡不同方言区的人能互相用普通话沟通，并没有明确的强制性要求。但由于教学用语和媒体用语影响力大、覆盖面广，因此，这两种用语成为普通话推广的主要突破口。

三、普通话测试实践情况

（一）普通话测试主要进展

在这段时期，中央下发了一系列文件，要求提高师范院校学生和中小学教师的普通话水平，大力推行普通话教学，这对开展普通话的相关考试做了很好的铺垫和准备工作。1991年，国家语委推普司颁布了《普通话水平测试等级标准》，一些推广普通话比较积极的省份，率先开展了省内的普通话水平测试的实践。

1992年年初，云南省语委草拟了《云南省普通话水平测试大纲》《云南省普通话水平测试评分定级标准》和《云南省普通话水平测试操作规程》。12月起，对全省师范院校学生开展普通话水平测试。在

①袁钟瑞《话说推普》，语文出版社2004年版，第30页。

教育领域，云南省早于国家率先开展普通话培训测试工作，到1994年国家正式开展普通话测试工作时，云南省已经测试了45000余人次。

辽宁省在部分地区试点的基础上，于1993年也正式开展了大规模的普通话水平测试。1993年3月，辽宁省教委和语委印发了《辽宁省普通话水平测试方案（试行稿）》，并联合下发了《关于建立辽宁省教师普通话等级证书制度的意见》（辽语委字［1993］5号），决定从1994年起，建立教师普通话水平测试等级证书制度。

（二）普通话测试工作主要问题

在国家语委正式推出国家级普通话水平测试以前，各地普通话推广的机构网络已经初步形成，不同行业对普通话的等级要求逐步清晰，普通话的测试或考核在一些省份的教育系统陆续展开。但是，由于缺少全国性统一的普通话水平测试，各地在开展普通话测试的过程中，依然存在着不少问题。

1. 各地普通话测试工作发展不均衡

一些普通话推广工作开展较好的省份，在上世纪90年代初已经开展了全省范围内的普通话水平测试，并且组建了测试业务管理的专门机构。例如，1992年，云南省率先成立了普通话水平测试中心，负责全省普通话的科研、培训、测试等业务工作。普通话水平测试中心的成立，意味着把普通话水平测试作为一项重要工作单列出来，使学校和社会各行业的普通话测试走向了制度化、科学化、正规化的轨道。到1994年，上海市、山东省、江西省九江市都成立了测试中心。而且，云南省到1993年3月时，已在全省成立了16个地市级的普通话测试站。

不过，对于大部分省份而言，普通话水平测试工作还没有开始，对于面向所有人群的测试而言，如何建立全国范围的测试网络成为急需解决的问题。

2. 缺乏对普通话水平行业准入的统一标准

虽然国家语委和相关部委对人们的普通话水平提出过一些指导性要求，但是这些要求都不够清晰，并没有统一的行业准入标准。

对于各地区而言，由于各自所处方言区不同，人们学习使用普通话的难度也不同，所以提出的行业要求也不可能相同。这就需要从国家层面加以指导，针对不同行业、不同地区提出既能满足推广普通话需要，又符合当地语言实际情况的要求。

3. 已开展测试的地区测试依据不一致

各地进行的普通话水平测试，基本上依照国家语委推普司颁布的《普通话水平测试等级标准》，但是在具体实施中，却有各自的测试方案或大纲，这就导致各地实施的测试实际上是不同的测试。因此，也就必然会出现在一个地方测试取得了成绩，但在其他地方得不到承认的问题。另外，各地测试方案不同，也给国家出台统一的行业准入标准造成了一定障碍。

4. 余论

国家语委的普通话水平测试研制成功以后，为了尽早解决当时在普通话测试工作中出现的一些问题，尽快在全国范围内推行全国统一的普通话水平测试，国家语委做了许多卓有成效的工作。1994 年 10 月 30 日，国家语委、国家教委和广播电影电视部联合发布《关于开展普通话水平测试工作的决定》（国语［1994］43 号），简称为“三部委决定”或“43 号文件”，这是普通话水平测试正式实施的标志性事件。

第三节　关于开展普通话水平测试工作的决定

一、三部委决定

1992 年 11 月，国务院下发了《国务院批转国家语委关于当前语言文字工作请示的通知》（国发［1992］63 号），简称“63 号文件”。《通知》明确了当前语言文字工作的主要任务，对加强普通话推广工作做出了清楚的指示，是当时语言文字工作法制化的纲领性文件。

《关于开展普通话水平测试工作的决定》（以下简称《决定》）就是在这个文件基础上下发的。《决定》的主要内容是：普通话是以汉语授课的各级各类学校的教学语言；是以汉语传送各级广播电台、电视台的规范语言，是汉语电影、电视剧、话剧必须使用的规范语言；是全国党政机关、团体、企事业单位干部在公务活动中必须使用的工作语言；是不同方言区及国内不同民族之间的通用语言。掌握并使用一定水平的普通话是社会各行各业人员，特别是教师、播音员、节目主持人、演员等专业人员必备的职业素质。因此，有必要在一定范围内对某些岗位人员进行普通话水平测试，并从1995年起逐步实行持普通话等级证书上岗制度。现阶段的主要测试对象和他们应达到的普通话等级要求是：中小学教师、师范院校的教师和毕业生应达到二级或一级水平，专门教授普通话语音的教师应达到一级水平；电影、电视剧演员和配音演员，以及相关专业的院校毕业生应达到一级水平。《决定》指出，普通话水平测试工作按照《决定》的附件一《普通话水平测试实施办法（试行）》和附件二《普通话水平测试等级标准（试行）》的规定进行。

三部委联合下发的《决定》解决了推行普通话水平测试亟须明确的几个核心问题：（1）要求使用普通话的领域；（2）现阶段普通话水平测试对象的范围；（3）行业准入的具体等级要求以及普通话等级证书制度；（4）普通话水平测试的执行机构——测试中心，以及执行机构的性质、经费来源。

二、三部委决定的决策过程

在三部委决定最终出台以前，关于如何在全国范围内推行普通话水平测试，国家语委做了大量细致的工作。限于史料，现在已经很难完全重现当时的工作情况。下面从有记载的一次重要会议谈起，回顾一下当时的决策过程。

1994年5月12日，在国家语委第二会议室，召开了关于讨论研究普及普通话测试有关问题的会议。会议由国家语委常务副主任的仲哲明主持，参加者有傅永和（时任国家语委副主任）、刘照雄（后来担任国家语委普通话培训测试中心第一任主任）、张颖（后来担任国家语委普通话培训测试中心第二任主任）等人。会议召开的背景是，普通话测试工作在全国部分地区已经开始，国家语委拟定的关于普通话水平测试的规定已经和广电部、教委商议过，对部分内容还要进行修改。而这次会议就是对三部委将要联合下发的文件（《决定》或《通知》）进行集中讨论。与会者主要讨论了如下几个问题：

1. 文件名称和依据。针对文件的名称用“决定”还是“通知”，与会者大都认同“决定”的称呼，认为“决定”的力度更大一些。针对文件的依据，除了《中华人民共和国宪法》以外，与会者认为还应把 1992 年国务院第 63 号文件（即《国务院批转国家语委关于当前语言文字工作请示的通知》）写进去，写明“决定”是落实 63 号文件的要求。因为 63 号文件不但提到了要大力推广普通话，而且第一次在国务院正式文件中提及对具体行业人员的普通话要求。

2. 下发文件的主体。国家教育委员会和国家广播电影电视总局当时已经确定参与，对于文化部要不要也加入进来，大家进行了讨论。结论是，暂时先不请文化部加入发文主体。与会者的意见是，刚开始实施普通话水平测试时，范围小一点，工作逐步推行，先试行，以后再逐步扩大范围，加快步骤。这涉及普通话水平测试的对象，包括播音员、节目主持人、语文教师、师范生、职业学校的教师和学生，也要包括话剧演员、导演等，测试范围要逐步扩大。

3. 关于测试机构建设。既然该文件是“决定”，作为三部委发文，要说明三部委在什么地方开展普通话测试工作，即测试机构问题。与会者建议成立国家级的测试委员会和测试中心，最好也要求各地成立测试组织。鉴于目前各地都在精简机构，在地方行政部门成立测试机构的可能性不大，可能要放在事业单位。在这个问题上，个别省市在前期实践中进行了积极探索，除了已经成立的测试中心外，北京市、辽宁省、河南省、广东省、浙江省杭州市也要成立中心，这些中心的性质已确定将属于事业单位。与会者认为，最终是否成立测试中心，还要征求三部委的意见，中心的组成、性质与经费来源都要说明，可注明自收自支等具体条款。

4. 关于测试员队伍建设。一般来说，普通话水平测试是由三个测试员测试一个应试人，每个应试人的测试时间需 15 分钟。考虑到全国的教师、播音员等 45 岁以下的有 675 万多人，测试的工作量还是很大的。因此，与会者一致认为，开展普通话水平测试，首先要在全国范围内抓紧开展大规模的测试员培训工作。

5. 关于测试对象持证上岗问题。与会者的意见是，文件要写清楚当前、现阶段普通话的测试范围。总的要求是，三部委联合发文协调起来不容易，要写明测试对象范围，明确以普通话为职业语言的人群，以及每类人员应达到的标准，并注明逐步实行持证上岗。例如，杭州下城区的测试结果显示，有26%的教师不够三级水平。但是，教师的普通话如果不合格，就不能上岗。所以，在制定此项工作标准时，需要考虑教师队伍的稳定问题。对持证上岗问题，广电总局已经表明态度，将来势必要在广电系统执行持普通话等级证书上岗的制度。

6. 关于普通话培训问题。与会者认为，要提高普通话培训工作的可操作性，在文件中需明确政策说法，作为中央、国家级的机构不能把培训都承担起来，虽然可能会影响测试质量，但是不能理想化，要把培训工作交给各地，为地方提供培训的动力。

最后，会议决定对文件做进一步的修改完善，提交三部委审阅。会议认为，普通话水平测试是一项重大举措，如何实施要谨慎，需要做进一步的协调工作。与会者认为，广电总局相对来说比较好准备，而国家教委涉及的部门比较多，如何测试，意见未必统一。师范学校的问题不大，中小学对语文教师的要求问题也不大，但是对其他科目教师的要求不容易处理。针对这一问题，与会者提出，教委系统的工作要认真做，主要是师范司、基教司、人事司等。文件修改好以后，先请柳斌同志（时任国家教委副主任，曾于1989年12月至1994年4月担任国家语委主任）阅改，重点做好教委协调工作。

作为国务院直属的专门语言文字工作机构，国家语委具有协调各部委的有利条件。但是，由于直属职能部门力量相对较弱，开展工作的时候必须依靠其他相关部门的大力配合。从1994年5月的会议记录可以看出，为了在全国范围内推行普通话水平测试，国家语委做了精心的准备，在测试机构、测试人员、测试范围、培训等各个方面都进行了深入的探讨，在协调其他部委时也做了细致的工作。

最终的工作成果体现为三部委下发的《决定》，其中，附件一《普通话水平测试实施办法（试行）》，对测试机构、测试依据、测试主体（测试员）、测试对象（应试人员）、等级证书做出具体规定；附件二《普通话水平测试等级标准（试行）》，对 1992 年印发的等级标准进行了文字修订，具体描述了每一等级的语音特点和对应的要求。这些明确规定对普通话水平测试的具体实施大有益处。

第四节　普通话水平测试的组织实施

《关于开展普通话水平测试工作的决定》发布后，普通话水平测试正式进入实施阶段，在这个过程中，各级语言文字工作机关、新成立的各级测试中心、广大语言文字工作者做了大量工作，有力推动了普通话水平测试在全国范围内开展。具体来说，可以分为六个方面：（1）组建机构，开展测试；（2）培养队伍，保障测试；（3）建立制度，规范测试；（4）修订大纲，完善测试；（5）开展研究，支撑测试；（6）明确范围，实施测试。

一、组建机构，开展测试

1993 年 12 月，国家语言文字工作委员会在福建省厦门市召开 1993—1994 年度全国语言文字工作会议，会议总结了 1993 年全国语言文字工作，指出 1994 年的工作主要有：（1）进一步健全各级语言文字工作机构，充分发挥政府职能部门的作用；（2）加强宣传教育，提高全社会的语言文字规范意识，逐步形成讲普通话、用规范字的社会风尚；（3）加强语言文字管理的法规建设，进行语言文字立法工作，各省（自治区、直辖市）语委要积极推动地方立法机构制定、颁布有关语言文字的地方性法规；（4）进一步做好语言文字管理工作，加大管理力度；（5）加强培训工作，建设一支合格的语言文字工作队伍。可见，机构建设成为 1994 年工作的首要任务。

1994 年 2 月 14 日，国务院批准的《国家语言文字工作委员会“三定”方案》规定：国家语言文字工作委员会为国家教育委员会管理的国家局（副部级）。机关行政编制 52 人，机关设：办公室、普通话推广司、文字应用管理司和机关党委。7月1日，中央机构编制委员会办公室对《国家语委关于核定所属事业单位机构编制的请示》（国语［1994］18号）做出批复①，同意成立国家测试实施机构“国家语委普通话培训测试中心”，事业编制15人，经费实行差额补贴。刘照雄任国家语委普通话培训测试中心（简称“国家测试中心”）主任。国家测试中心的成立，标志着普通话水平测试的机构建设迈出了关键一步。

国家测试中心成立的直接原因，在于普通话水平测试是新兴事物，原先国家语委并没有专门负责普通话水平测试的部门，成立测试中心有利于协调其他部委的普通话水平测试工作。而内在原因在于普通话培训测试工作的复杂性，它包含了行政、业务、学术等不同方面的工作。具体而言，既需要从事组织开展测试、管理测试员、管理等级证书等行政性工作，还需要进行测试成绩复审、测试员培训、测试员考核、普通话培训等业务类工作，还得针对普通话水平测试中出现的种种问题，进行科学研究，提出解决的办法。如此复杂的工作性质，单靠政府行政部门是很难完成的。后期的实践表明，各级测试中心和测试负责机构在开展普通话水平测试的过程中，起到了核心的支撑作用。

1998年，国家语委并入教育部，原属国家语委的事业单位随之划归教育部领导。原属国家语委领导的普通话培训测试中心、语文出版社、语言文字应用研究所随之成为教育部直属事业单位，各自职能保持不变。

《关于开展普通话水平测试工作的决定》印发后，从1995年1月开始，广播电视界的播音员、节目主持人和教育系统的教师等岗位人员，逐步实行普通话等级证书上岗制度。根据需要，许多省、自治区、直辖市相继成立普通话测试委员会和培训测试中心，负责此项工作的评估、考核与发证工作。有的省级培训测试中心是独立

①见《关于调整国家语言文字工作委员会部分所属事业单位机构编制的批复》（中编办［1994］142号），1994年7月1日。

建制，有的则是语委办公室同时承担测试机构的职能。另外，许多地市（地区、州、盟）、院校也成立了测试站。这样，就形成了国家、省级、地市或高校三级测试机构网络的基本架构。各级测试机构在同级语言文字工作部门的领导下，按照国家主管部门规定的职责开展工作，从组织上保证了普通话水平测试工作的正常运行。

以福建省①为例。1996年，福建省教育委员会把省语委办从原师范处内划出，成为一个独立处室，承担全省普通话培训、测试的组织和管理工作。1997年，福建省广播电视厅、福建省语言文字工作委员会下发《关于成立福建省广播电视系统普通话水平测试工作领导小组和测试站的通知》（闽广人［1997］122号），成立了福建省第一个测试机构。再如，2000年四川省交通系统成立普通话水平测试站②，对全省车站、码头、收费站的窗口人员进行培训测试，并在2001年与省语委、省教育电视台联合开办《四川人说普通话》电视教学栏目，对普通话培训、测试、宣传工作提供了有力的支持。

二、培养队伍，保障测试

开展普通话水平测试工作，首先要培养建立一支具有较高业务素质的测试员（评分员）队伍。《普通话水平测试实施办法（试行）》（1994年）要求：测试员应熟悉和拥护国家语言文字工作方针、政策，热心语言文字工作，熟练掌握汉语拼音，普通话水平达到一级乙等以上，具有大专毕业文化程度和三年以上工作实践，并有较高的语音分辨能力。其中，对于测试员的普通话要求主要有两点：（1）普通话水平达到一级乙等以上；（2）具有较高的语音分辨能力。语音分辨能力是测评的基本能力。虽然语音分辨能力与普通话水平没有必然联系，但是在普通话水平测试研制的过程中，人们发现，如

①参见《全国各省（自治区、直辖市）普通话培训测试现状调研活动自我调研汇编》中《福建省普通话培训测试现状自我调研报告》，2011年。此次调研活动从2009年进行至2011年，自我调研报告汇编成册是在2011年，因此本书中所有参考、引用调研报告及调研数据的文献均统一注明为2011年，且仅标注“某地区普通话培训测试现状自我调研报告”，以下不再说明。

②参见《四川省普通话培训测试现状自我调研报告》，2011年。

果一个人自己普通话水平达不到一级的话，他对普通话错误及缺陷的语音分辨能力也达不到预期的要求，所以测试员自身具备较高的普通话水平也成为必要条件。

针对测试员培养工作，国家语委普通话培训测试中心借鉴了中央普通话进修班的培养模式。事实上，普通话培训测试中心成立时的部分教研人员，就是先前中央普通话进修班（改革开放前称为“普通话语音研究班”）的业务骨干，具有较强的普通话教学能力和丰富的教学经验。培养测试员的具体流程是，由国家语委普通话培训测试中心对各省选派的人员进行培训，考核通过者成为国家级普通话水平测试员，然后，由优秀的国家级测试员依此模式在省内进行培训。

1994 年 12 月 5 日，为了贯彻落实三部委《关于开展普通话水平测试工作的决定》，做好国家级普通话水平测试员的培训、考核工作，国家语委普通话培训测试中心在北京广播学院（“中国传媒大学”的前身）培训中心一起举办首期国家级普通话水平测试员资格考核培训班。培训、考核的内容包括：（1）学习《关于开展普通话水平测试工作的决定》和《实施办法》；（2）《普通话水平测试大纲》介绍；（3）普通话水平测试的操作；（4）普通话语音系统简介；（5）朗读与口语训练要领；（6）国家级普通话水平测试员考核。国家级水平测试员培训班的课程设置为各省普通话水平测试员的培训考核提供了示范。

北京广播学院当时是国家广电总局直属高校，播音主持专业更是培养国家级主持人、播音员的摇篮。时任北京广播学院播音系主任的姚喜双与其他老师一起，积极参与了对普通话水平测试员的培训和普通话水平的试测工作。北京广播学院累计参与了 7 期国家级普通话水平测试员资格考核培训班的培训和测试工作①。作为广播电视界的权威高校，北京广播学院的积极参与，巩固了国家语委普通话水平测试的权威性，为普通话水平测试在广播电视领域的顺利推行创造了良好条件。

---

①李钢、王宇红主编《汉语通用语史研究》，中国广播电视出版社 2007 年版，第 225 页。

随着普通话水平测试在各地的广泛开展，测试工作队伍不断壮大。由国家语委普通话培训测试中心培训考核国家级测试员（简称“国测员”），由各省级测试机构参考国家培训模式，培训考核省级测试员（简称“省测员”）。如同接力棒的传送一般，广大基层测试员们逐步承担起普通话的推广宣传、培训、测试和科研任务。测试员队伍遍布全国各个地区，大部分为兼职人员，并且多数是教师。他们敬职敬业，一般都是牺牲个人周末或假期时间参加测试工作。在测试初期（1995—2000年），为了完成大量的教师资格认证工作，各地的测试员们大都要送测上门，跋山涉水，连续工作，在部分边远地区，测试员们往往要连续测试10余天至20余天。这种热爱事业、团结协作、精益求精、不辞辛苦的精神在全国各地的测试员身上都能看到。他们如同金字塔的基座，是我国普通话推广事业的骨干和中坚力量，是保障普通话水平测试得以大规模实施的重要基础。

在普通话培训测试的工作规模日益扩大之际，为了维护测试信誉，保障测试质量，各省、自治区、直辖市从本地相继聘任了一定数量的测试视导员。这些视导员一般由骨干国测员和专家组成，承担着对测试工作的指导和监督职能，也是各省、自治区、直辖市普通话培训测试工作的核心力量。1993年，为加强质量监控，辽宁省开始组建全国第一支视导员队伍。1995年，云南省①设立“测评指导”队伍，参与各测试站和省中心的测试成绩复审、业务指导和协助管理监督工作。同时，云南省中心制定了《云南省普通话测评指导工作暂行规定》，后修订为《云南省普通话测评指导工作职责》，规定了测评指导的条件、职责和聘任管理办法。每届聘期为3年。首批聘任的50名测评指导，由业务能力较强、理论功底较好、具有一定学术水平的专家和教师组成。测评指导的设立，对促进云南省普通话培训测试工作的规范开展起到重要保障作用。2000年，云南省就“测评指导”换届之际，将其更名为“视导员”。聘请语言学家骆小所，担任云南省普通话视导组组长。

①参见《云南省普通话培训测试现状自我调研报告》，2011年。

此外，部分省（自治区、直辖市）组建了普通话水平测试讲师团。以上海市[①]为例。1995 年以来，上海市中心以师范院校的普通话教学骨干为基础，通过系统的培训和考核，组建了普通话水平测试培训师资队伍。这支队伍已成为上海市普通话培训测试的中坚力量。各区县高校的测前辅导大课、小课、广电系统的培训班、师范院校的口语课、暑期强化培训班、自发测试单位的培训等，都由讲师团成员进行授课。从对参加过普通话水平测试的应试人调查反馈看，75％以上的应试人参加过不同类型的测前培训。讲师团为各区县、高校举办普通话辅导师资培训班，开设语言文字政策法规、普通话水平测试指导、普通话语音基础知识、听音辨音训练、普通话辅导技能等课程，对学员进行较为系统的训练和考核。这支基层辅导员队伍为普通话水平测试培训工作做出了很大贡献。

三、建立制度，规范测试

（一）国家制度

在普通话水平测试组织实施的实践过程中，作为《决定》的附件一的《普通话水平测试实施办法（试行）》，成为开展普通话水平测试的指导性文件，它包括了测试机构、测试员和等级证书的管理制度。但是在各地具体实施的过程中，还是出现了一些问题。比如，《实施办法》中提及的三部委建立的普通话水平测试委员会在实际工作中并未组建，在实际操作过程中，由于种种原因，从国家到地方，都是由各级语言文字工作机构负责协调和组织各有关部门和行业开展测试工作；在选拔、培训、聘用各级测试员的制度上也不够完善。更为重要的是，作为《决定》的附件，其法律效力相对较弱，难以承担指导、规范全国普通话水平测试的任务。针对这些问题，国家语委在征得国家教委和广播电影电视部同意的基础上，于 1997 年 6 月 26 日出台了《国家语言文字工作委员会关于普通话水平测试管理工作的若干规定（试行）》（以下简称《规定》），进一步规范全国普通话水平测试的管理工作。

①参见《上海市普通话培训测试现状自我调研报告》，2011 年。

从测试机构来看，《规定》明确了普通话水平测试的宏观管理机构是国家语言文字工作委员会，而非《决定》和《实施办法》中提及的三部委联合组建的普通话水平测试委员会。这一调整符合客观事实。而且，《规定》还进一步明确了各级测试实施机构的工作职能。从测试主体来看，《规定》进一步完善了国家级和省级测试员的选拔要求、评聘任用要求，建立了考核机制，提出了队伍建设规划，明确了职责纪律。此外，《规定》首次提出建立视导员队伍，明确指出对视导员的选拔、聘任及职责的要求，开展视导工作。从测试依据来看，《规定》明确了全国开展普通话水平测试的统一标准和统一大纲，并首次说明了试卷和题库的相关问题。从测试对象来看，《规定》进一步完善了对各类应试人群的测试范围和等级要求。从测试流程来看，《规定》对测试成绩的认定机制和复审、抽查制度进一步做出说明，并首次提出测试证书的有效期为五年。此外，《规定》就测试的属地管理、财务制度、科研等工作都提出了明确要求。

《规定》是在《实施办法》试用了两年半多的时间后出台的，它建立在实践操作的基础上，涵盖内容比较全面，对开展测试活动的各个方面提出了明确、系统的要求。《规定》的及时出台对普通话水平测试在全国范围内的规范管理和科学实施起到了关键的作用，为各级测试机构的制度建设奠定了基础，受到地方普通话培训测试战线的普遍认可。

（二）地方制度

除了国家出台一些规章制度以外，上海市和云南省等地也出台了一些适用于本地区普通话培训测试情况的法规，具有地区特色，在某些方面形成了对国家制度的补充。

1. 上海市相关制度

上海市教委和市语委在开展普通话培训测试工作之初，遵循积极、稳妥、逐步的工作思路，加强协调与沟通，在 1995—1996 年期间，教育系统与广电、人事等其他政府相关部门联合下发了三个文件，明确相关人群普通话水平测试的要求[①]：

(1) 1995 年 8 月，上海市语言文字工作委员会、上海市教育委员会联合印发《关于在本市师范院校学生中开展普通话水平测试工作的通知》（沪语委［1995］第 2 号)，规定师范院校普通话水平测试对象为在校学生（含委培生)。具体要求是，中师毕业生、高师中文系毕业生应达到二级甲等（87 分）及以上水平；高师其他专业的毕业生应达到二级乙等（80 分）及以上水平。通过测试者，均可获得上海市普通话培训测试中心颁发的相应的普通话等级证书。

(2) 1996 年 5 月，上海市语言文字工作委员会、上海市教育委员会、上海市广播电影电视局联合下发《关于在本市广电系统开展普通话水平测试工作的通知》（沪语委［1996］第 5 号)，规定现阶段上海市广电系统普通话水平测试对象为：1946 年 1 月 1 日以后出生的，上海市（区、县）的电台、电视台的播音员、节目主持人、出声像的记者、编辑和电影、电视剧、话剧演员、配音演员以及相关学校的毕业生。具体要求是，播音系列的播音员、节目主持人和艺术系列的演员、配音演员及相关学校的毕业生都应达到普通话一级乙等（92 分）及以上水平，出声像的记者、编辑应达到普通话二级甲等（87 分）及以上水平。

(3) 1996 年 5 月，上海市语言文字工作委员会、上海市教育委员会联合下发《关于在本市中小学教师中开展普通话水平测试工作的通知》（沪语委［1996］第 6 号)。要求在上海市中小学教师中开展普通话水平测试，现阶段的测试对象为：1946 年 1 月 1 日以后出生的本市中小学、幼儿园和中高等师范院校教师，中等专业学校、职业技术学校基础课教师，校外教育机构、特殊教育的任课教师。普通话合格标准为：语文教师（含高师中文系教师)、幼儿园教师应达到普通话二级甲等（87 分）及以上水平；非语文教师应达到普通话二级乙等（80 分）及以上水平；师范院校教授语音的教师应达到一级乙等（92 分）及以上水平。通过测试者，均可获得上海市普通

①参见《上海市普通话培训测试现状自我调研报告》，2011 年。

话培训测试中心颁发的相应的普通话等级证书。

2. 云南省相关制度

云南省是全国开展普通话水平测试最早的省份之一，早在 1992 年就启动了相关法规制度建设。截至 2000 年底，云南省语言文字工作部门出台了 12 项与普通话水平测试有关的法规、规定和文件，如《云南省普通话水平测试中心章程》（1992 年制订实施，1995 年修订，云教语字［1995］第 006 号）、《云南省普通话水平测试操作规程》（1992 年制订实施，1995 年修订，云教语字［1995］第 006 号）、《云南省普通话水平测试评分标准正误界定》（云教语字［1995］第 006 号）、《普通中学初、高中学生逐步开展普通话水平测试的意见》（云教语字［1996］002 号）等。

《云南省普通话水平测试中心章程》明确了省中心（省级测试机构）的性质、任务、测试标准、测试办法和经费收支等相关内容。《云南省普通话水平测试大纲》规定了普通话水平测试的任务、测试对象、测试范围、量化评分办法、评定等极标准和题型示例。《普通话水平测试实施规程》对测试组织、程序、测评员职责、录音（语音档案）、复查、巡视员及复审员职责等方面做出了具体要求。

2001 年，云南省教育厅、云南省语言文字工作委员会印发《云南省语言文字工作“十五”计划》（云教语［2001］第 008 号），总结“九五”期间语言文字工作实施情况，制定“十五”期间语言文字工作主要任务。

这些文件除了对国家文件中的相关内容进行强调以外，还针对本省实际，制定了一些操作性较强的条款内容。

（三）相关配套要求

2000 年 2 月，教育部、国家语委联合发出《关于进一步加强学校普及普通话和用字规范化工作的通知》（教语用［2000］1 号），提出学校普及普通话工作的目标是：“到 2005 年教师和学生的普通话水平基本达到规定的要求；普通话基本成为各级各类学校及幼儿园的教学语言，成为城镇学校及幼儿园的校园语言。有条件的大中城市和经济发达地区的学校，应争取提前实现上述目标；已达标的学校要巩固成绩，不断提高规范化水平。工作难度较大的地区、偏远乡村可适当推迟达标时限，但最迟应在2010年以前达标。”《通知》再次强调有关人员普通话的水平要求：“教育行政部门公务员和学校管理人员的普通话水平应不低于三级甲等。”“教师应达到《教师资格条例实施办法》规定的普通话等级标准：各级各类学校和幼儿园以及其他教育机构的教师应不低于二级乙等，其中语文教师和对外汉语教师不低于二级甲等，语音教师不低于一级乙等。”《通知》指出，“说好普通话是学生应具备的基本能力之一，经过义务教育阶段教育的学生应能说比较标准的普通话。非义务教育阶段的学生应在已有基础上继续巩固提高；师范专业和其他与口语表达关系密切的专业的学生的普通话水平应经测试达到规定的等级。以少数民族语言授课为主的民族学校，其中汉语课教师的普通话水平应不低于三级甲等。”

2000年9月，时任教育部部长陈至立签发第10号教育部令，发布《〈教师资格条例〉实施办法》。《实施办法》第八条规定，申请认定教师资格者的教育教学能力应当符合的要求中包括：“普通话水平应当达到国家语言文字工作委员会颁布的《普通话水平测试等级标准》二级乙等以上标准。少数方言复杂地区的普通话水平应当达到三级甲等以上标准；使用汉语和当地民族语言教学的少数民族自治地区的普通话水平，由省级人民政府教育行政部门规定标准。”第十四条规定：“普通话水平测试由教育行政部门和语言文字工作部门共同组织实施，对合格者颁发由国务院教育行政部门统一印制的《普通话水平测试等级证书》。”

四、修订大纲，完善测试

制定《普通话水平测试大纲》是开展普通话水平测试工作的前提。《大纲》公布后，经过两年多的试测，各地都积累了很多实践经验，在充分肯定《大纲》的同时，也发现了一些问题。而《大纲》颁布后不久，国家语委便已经开始酝酿对其进行修订。这主要有三方面原因：一是《大纲》从体现形式上应是国家语委文件，而原《大纲》虽有百万字之巨，但学术色彩较重，作为国家语委政令文件的特点不够鲜明，规范性和权威性不足，对全国测试工作的指导意义显得不够突出[①]；二是开展普通话水平测试是首开汉语口语考试先河，并无先例可供借鉴，需要实际的测试实践来不断检验、完善；三是语言的标准和规范在社会发展的进程中，也是不断发生变化的。这种变化表现为，“尚未形成公认规范的语言现象如何向公认的规范发展；已经成为公认规范的语言现象，会由于各种因素突破原来的规范形成新的规范”[②]。与事物发展的一般规律一样，《大纲》自诞生之日起，就必须不断地研究、修订，以使它逐步地完善，更加符合语言实际和发展的方向。如何对《大纲》进行质与量（定性与定量）的权衡，这是一个长期的课题[③]。

1996年初，国家语委新一届领导布置修订《大纲》的任务，成立了以国家语委原主任为首的“修订《普通话水平测试大纲》领导小组”，研究修订《大纲》。国家语委主要提出两点基本要求：（1）把普通话水平测试的性质、目的、要求，工作原则和依据，测试方式和范围，评分系统和方法等，研制成题为《普通话水平测试大纲》的文件，以国家语言文字主管部门的名义作为部颁大纲发布[④]。把1994年版《大纲》的主体，即具体的测试内容，语音、词汇、语法的规范等，从原《大纲》中分离出来，按照课程大纲的形式，另行研制出版，列为新《大纲》的附件；（2）反复权衡原《大纲》各测试项及相关部分的测试内容、范围的作用和分量[⑤]。

为满足这两点要求，国家语委分别开展了相应工作[⑥]。仲哲明、陈章太、刘照雄担任文件起草任务。国家语委普通话培训测试中心

①王晖《〈普通话水平测试大纲〉修订的若干问题》，《澳门语言学刊》2004年第28期，第343页。

②刘照雄《〈普通话水平测试大纲〉的编制和修订》，《语言文字应用》1997年第3期，第17页。

③同上。

④王晖《〈普通话水平测试大纲〉修订的若干问题》，《澳门语言学刊》2004年第28期，第343页。

⑤刘照雄《〈普通话水平测试大纲〉的编制和修订》，《语言文字应用》1997年第3期，第17页。

⑥这段内容参见王晖《〈普通话水平测试大纲〉修订的若干问题》，《澳门语言学刊》2004年第28期，第343页。

业务人员进行《大纲》修订工作。1999年，国家测试中心成立了“PSC评分标准对比实验课题组”，刘照雄任组长，课题组对测试项目和评分标准的调整进行了可行性研究。1996年6月和1999年1月，语言文字应用管理司分别下发了两次征求意见稿，在地方语委系统和有关专家范围内征求意见。不过，因为当时测试尚未在全国范围内普遍开展，测试实践不够丰富，且受到人员调整的影响，工作并没有取得突破性进展。但这项工作一直受到历届语委领导的重视，从1996年开始，修订工作从未中断，语用司和国家语委普通话培训测试中心多次组织专家讨论会，进行专题调研。

从1997年初开始，课题组开始修订《大纲》。经过征求各地意见和召开两次专家论证会，大家一致认为[①]原定的测试项（单音节字词、双音节字词、朗读、判断、说话）都是必要的。除了对原来的说话命题有不同的意见以外，对跟各测试项相关的测试内容和范围（包括词表、常用词语对照表、常见语法差异和常用量词的选择、朗读作品），没有原则性不同意见。涉及具体的编选内容条目等问题，课题组进行了细致的研究和讨论。

首先，针对《大纲》两个词语表存在的不协调性进行了一定的调整。《大纲》中的“表一”和“表二”选词来源不同。“表一”以用在对外汉语教学的《汉语水平词汇与汉字等级大纲》为主体，稍作删选而成，目的是为了吸取对外汉语教学在字词考试方面的成果，并使普通话水平测试与对外汉语水平考试衔接[②]，用于普通话水平测试方面并不完全适用。“表二”以《现代汉语词典》为选词来源，《现代汉语词典》是为推广普通话、促进汉语规范化服务的，以它为词表编制的基础更为合理，只是“表二”在编制过程中，人工干预主观性较强，未能充分利用语料库语言学的成果，存在一些缺憾。鉴于这种情况，课题组对普通话常用词语的编选数量和具体条目展

①刘照雄《〈普通话水平测试大纲〉的编制和修订》，《语言文字应用》1997年第3期，第17页。

②言实《关于普通话水平测试用普通话词语表的编制》，《语言文字应用》2004第3期，第16页。

开了分析研究。以能基本满足一般口语交际和正确朗读一般书面材料的需要为度，对原《大纲》常用词语“表一”和“表二”进行了不同程度的筛选和调整，进一步区分了常用词和常用字这两个不同的范畴，剔除了偏重书面语或者过于生僻的字词。

在普通话与方言常用词语对照表的编制方面，课题组经过不断地对照统计，明确了两点：一是分别选定2500条方言与普通话的词语用作差异对比，这将为教学训练提供重要价值；二是尽管有的方言在语音、词汇、语法几个方面与普通话都存在一定程度的差异，但毕竟是同一语言的不同方言，它们之间的共同点是主要的。普通话的教与学都务必要认清和把握好这两点[①]。

在普通话与方言常见语法差异的归纳整理上，课题组在修订时突出了语法分析的分量，对语法问题的提示更加明确，并进一步提高了普通话与方言常用语法差异对比的针对性。

总体而言，《大纲》在修订时，进一步定量和定性分析，逐步调整、强化各个测试项的测试内容，把指导和落实培训作为公布《大纲》的主要目的；进一步明确了以测促训、以训保测的宗旨，希望能够以此切实提高人们掌握普通话的规范程度。这是编写《大纲》总的指导原则，也是权衡普通话水平测试定量和定性关系的根本依据。此次修订《大纲》的成果，就是2002年出版的《普通话水平测试大纲（新修订本）》[②]。

五、开展研究，支撑测试

普通话水平测试建立在科学研究的基础上。从1982年的酝酿研制，到1994年《大纲》的正式出版，分级思想、等级标准、测试大纲，还有大量的探索性工作，所有成绩都凝聚着广大语言文字科研工作者的心血。现代语言学、教育测量学以及认知心理学、统计学、实验语音学等学科构成了普通话水平测试的科学基础，诸多学科的交叉性，决定了普通话水平测试研究的复杂性。同时，普通话水平

---

①刘照雄《〈普通话水平测试大纲〉的编制和修订》，《语言文字应用》1997年第3期，第18页。

②刘照雄主编《普通话水平测试大纲（新修订本）》，吉林人民出版社2002年版。

测试又是一门实践性很强的学问，在正式推出以前，虽然根据研制要求在一些省份进行了一定规模的试测，但是就当时的条件和形势来看，还有很多相关的科学研究并没有来得及开展。1994 年，三部委联合下发《决定》，普通话水平测试在全国范围内逐渐开展起来，这给普通话水平测试的科学研究创造了新的条件。

据不完全统计，到 2000 年末的时候，普通话水平测试相关的学术论文已经有 150 余篇。除此以外，国家测试中心出版的《普通话水平测试的理论与实践》①，云南省测试中心编写出版的《普通话水平测试工作文集》②，上海市测试中心编写的《普通话水平测试手册》③，云南省测试中心主任戴梅芳主编的《普通话水平测试研究》④，都是这一时期的成果。可以说，在这一时期，普通话水平测试的科学研究有了一个良好的开端。

从基础理论研究来看，陈章太的《论普通话水平测试等级标准》⑤、仲哲明的《普通话水平测试若干问题的讨论》⑥ 都对普通话水平测试本身的特点和性质进行了深入的探讨。除此以外，针对普通话水平测试在实践中出现的问题，科研人员也进行了一些开拓性的研究，比如，宋欣桥⑦对普通话水平测试评分实践中出现的一些问题进行了分析，杨绍林⑧对普通话水平测试试卷的拟制提出了一

---

①国家语言文字工作委员会普通话培训测试中心、《语言文字应用》编辑部编《普通话水平测试的理论与实践》，商务印书馆 1998 年版。

②云南省普通话培训测试中心编《普通话水平测试工作文集》，语文出版社 1996 年版。

③上海市普通话培训测试中心编《普通话水平测试手册》，上海教育出版社 1998 年版。

④戴梅芳主编《普通话水平测试研究》，语文出版社 1997 年版。

⑤陈章太《论普通话水平测试等级标准》，《语言文字应用》1997 年第 3 期，第 10～15 页。

⑥仲哲明《普通话水平测试若干问题的讨论》，《语言文字应用》1997 年第 3 期，第 3～9 页。

⑦宋欣桥《普通话水平测试评分中的几个问题》，《语言文字应用》1997 年第 3 期，第 32～37 页。

⑧杨绍林《谈谈普通话水平测试试卷的拟制》，《成都师范高等专科学校学报》1996 年第 2 期，第 80～82 页。

些原则和方法，王渝光、陈典红[1]对普通话水平测试测试员的信度进行了专题研究，蔡玉芝[2]对普通话水平测试应试者的心理影响进行了分析，等等。

通过开展普通话水平测试的实践研究，解决了普通话水平测试实践过程中出现的种种问题，为测试的顺利开展提供了学术保障。

六、明确范围，实施测试

普通话水平测试在研制初期就设定了适用于全体社会成员的目标，但是在实际操作中，由于测试资源有限，需要重点满足国家急需的某些特定行业、领域、地区人员普及提高普通话的客观要求。1992 年，国务院下发的《国务院批转国家语委关于当前语言文字工作请示的通知》（国发［1992］63 号）指出，推广普通话要结合实际工作需要，区分重点地域、重点领域、重点行业和重点人群，并提出了明确的目标和要求。《关于开展普通话水平测试工作的决定》规定现阶段主要测试对象包括：中小学教师、师范院校的教师和毕业生，县级以上（含县级）广播电台和电视台的播音员、节目主持人，电影、电视剧演员和配音演员，以及外语、旅游等相关专业的院校毕业生。

普通话水平测试实施之际，正值国家实行教师资格认证制度。1993 年 10 月，国家颁布《教师法》。第十条规定："国家实行教师资格制度。" 1995 年，国务院颁布《教师资格条例》。1998 年，教育部在上海、江苏等 6 个省市进行教师资格认定试点工作。

以北京市[3]为例。1994 年，北京市普通话培训中心（北京市语言文字测试中心的前身）成立，立即开展了普通话培训测试工作。当时的普通话培训测试主要服务于教师资格过渡工作。到 1996 年，累计测试 25638 人次，年均 8546 人次。其中，中小学在职教师和师

①王渝光、陈典红《普通话水平测试测评员信度研究》，戴梅芳主编《普通话水平测试研究》，语文出版社 1997 年版，第 127～138 页。

②蔡玉芝《试析普通话水平测试中应试者的心理作用》，《河南大学学报》1997 年第 6 期，第 78～79 页。

③参见《北京市普通话培训测试现状自我调研报告》，2011 年。

范类在校生占绝大多数，达总测试量的95%以上。随着教师资格认定政策的逐步确立，在服务于教师资格过渡工作的基础上，北京市普通话培训测试工作在这一阶段实现了测试范围和测试总量的双突破。测试范围方面，由较为单一的教师、师范类学生不断向其他领域拓展。至2000年，应试人员基本涵盖了教师、播音员（主持人）、公务员、学生等多个行业、群体，虽然其他群体总量较小（仅占该阶段测试总量的5.34%），但为后续培训测试工作的开展奠定了良好的基础。

再以河北省①为例。河北省学生的普通话培训测试工作启动较早。从1996年开始，对中师毕业生开始测试，1997年扩大到高师毕业生，2000年扩大到非师范类院校中与口语表达密切相关的25个专业，有效提高了相关专业学生的普通话水平及其专业素养。

由此可见，普通话水平测试与其他语言测试不同的地方在于，它是跟国家社会工作的实际需要紧密结合的。测试首先要在急需开展的行业、部门或系统中进行，根据需要和可能再逐步扩大测试范围，这个工作需适度，不能过急，从小到大，由点及面，逐步进行。从研制阶段到实施阶段推行的普通话水平测试的方案，主要还是针对那些在工作岗位上普通话运用具有示范作用的人员而制定的。

在1992年《国务院批转国家语委关于当前语言文字工作请示的通知》中有这样一段话："社会推广普通话的工作，重点是抓好城市（首先是大城市、计划单列市、沿海开放城市、经济特区、经济开发区、重点旅游城市），特别是党政机关、部队和为生产和生活服务的'窗口'行业。到本世纪末，县级以上机关、团体、企事业单位的干部，解放军指战员，公安干警，武警指战员，检察院、法院的工作人员等应当把普通话作为工作用语；为生产和生活服务的'窗口'行业的职工要把普通话作为服务用语。"② 这具体指明了普通话水平测试逐步扩大测试对象、测试范围的方向。在20世纪末期，国家推

①参见《河北省普通话培训测试现状自我调研报告》，2011年。

②教育部语言文字应用管理司编《新时期语言文字法规政策文件汇编》，语文出版社2005年版，第34页。

普的重点区域是城市，重点人群是公务员和公共服务行业人群。

总而言之，普通话水平测试的测试对象就是那些所从事的职业要求他们具备能说标准的或比较标准的普通话的能力的人群。

《普通话水平测试实施办法（试行）》规定，凡1946年1月1日以后出生至1995年年满18岁的下列人员应接受普通话水平测试：（1）中小学教师；（2）中等师范学校教师和高等院校文科教师；（3）师范院校毕业生（高等师范院校首先是文科类毕业生）；（4）广播、电视、电影、戏剧，以及外语、旅游等高等院校和中等职业学校相关专业的教师和毕业生；（5）各级广播电台、电视台的播音员、节目主持人；（6）从事电影、电视剧、话剧表演和影视配音的专业人员；（7）其他应当接受普通话水平测试的人员和自愿申请接受普通话水平测试的人员。《实施办法》对这些岗位和专业人员也提出了相应的普通话等级要求：教师和师范院校毕业生应达到二级或一级水平；专门从事普通话语音教学的教师和从事播音、电影、电视剧、话剧表演、配音的专业人员，以及相关专业的毕业生应达到一级甲等或一级乙等水平。

1997年，国家广播电影电视部颁布了《播音员主持人上岗暂行规定》（广发人字［1997］322号）①，其中第八条规定，播音员主持人上岗的基本条件之一是普通话水平须达到国家《普通话水平测试实施办法》规定的标准。1998年，福建省广播电视厅发布《关于在全省系统开展播音员、主持人普通话水平测试工作的通知》（闽广函［1998］49号），在全省广电系统开展播音员、主持人普通话水平测试。

再如，1998年，广西壮族自治区②广播电视主管部门根据国家广电部有关文件精神，结合广西实际，印发了《关于在全区广播电视系统开展普通话培训测试工作的通知》（桂广发字［1998］64号），对各级广播、电视台（站）的播音员、节目主持人的普通话水平等

①广播电影电视部总编室编《广播影视语言要标准化规范化》，中国广播电视出版社1997年版，第142页。

②参见《广西壮族自治区普通话培训测试现状自我调研报告》，2011年。

级提出了具体要求，有力地推动了广电系统普通话培训测试工作的开展。

事实上，随着经济、文化、社会的迅猛发展，普通话水平测试的范围在不断扩大。1999 年 3 月，教育部语言文字应用管理司与人事部公务员管理司就公务员讲普通话的要求进行协商，这些要求包括对新录用的公务员提出普通话要求，并将在公务中说普通话的要求纳入《公务员行为规范》等。5 月 7 日，最高人民检察院办公室发出《关于在检察系统做好推广普通话工作的通知》，要求检察干警在诉讼活动中，特别是在庭审活动中尽可能说普通话；不断规范诉讼活动中的用语；逐步在检察系统形成说普通话的良好风气（在少数民族聚居或多民族杂居地区使用当地通用的语言进行诉讼）；积极开展检察人员的普通话培训测试工作。5 月 12 日，人事部、教育部、国家语委联合发出《关于开展国家公务员普通话培训的通知》。《通知》规定：1954 年 1 月以后出生的公务员，其普通话要达到三级甲等以上水平；对 1954 年 1 月 1 日以前出生的公务员不作达标的硬性要求，但鼓励努力提高普通话水平。对公务员的普通话培训，由各级人事部门组织实施，语言文字工作部门协助，具备条件的地方可以进行普通话水平测试。《通知》要求国家公务员在公务活动中自觉使用普通话，各地各部门要逐步将普通话作为考核公务员能力水平的内容之一。

以云南省①为例。云南省普通话培训测试工作一直受到领导的重视。1993 年，云南省省长的和志强（纳西族）提出在云南省推广普通话工作的重要性和必要性，要求政府机关带头使用普通话，树立新形象。其后，当时的代理省长徐荣凯专门在省政府办公会议上，明确提出机关工作人员必须使用普通话的要求。1996 年 2 月，云南省语委副主任、省教委副主任的杨崇龙，召开全委动员大会，要求全体干部职工参加普通话水平测试，并率先带头参加测试。9 月，昆明市中级人民法院集中法警、法官进行了 3 个月的普通话培训，并

①参见《云南省普通话培训测试现状自我调研报告》，2011 年。

全员参加测试。昆明市中级人民法院成为全国首家开展普通话培训测试的司法部门。1999年3月，云南省副省长的梁公卿带领办公厅干部率先接受普通话水平测试，成为全国首位接受普通话水平测试的省领导。同年，玉溪市委、市政府五套班子的领导带头参加普通话水平测试。而后，不少地州市学习效仿，积极开展公务员测试。

后来，部分地区根据社会发展需求，相继对窗口服务行业人员、普通高校大学生等也提出了相应的等级要求，测试的范围进一步扩大。例如，在1998年5月13日，河南省语言文字工作委员会印发《关于河南省“窗口”行业推广普通话工作计划的通知》（豫语办字［1998］7号），对“窗口”行业普通话的培训与测试、测试对象、测试工作时限都做了明确规定，使“窗口”行业的测试工作有了依据。

第五节　普通话水平测试实施的作用与意义

普通话水平测试实施的作用和意义集中体现在以下两个方面。

一、进一步促进普通话教学和研究工作的开展

随着普通话水平测试的组织实施，除了原有各级学校以外，地方各级普通话培训测试机构逐渐成为普通话培训工作的重要推动力量，特别是针对社会人员的普通话培训。以测促学，以测促训，以测试带动教学的效果比较突出。语言测试是语言教学中的最后一个环节，它可以为教学提供反馈信息，检验教学质量，发现教学的不足。

《普通话水平测试大纲》是全国通用的指导教材。《大纲》涵盖普通话语音知识、常用词语、普通话与方言的词汇语法对照，以及文质兼美的短文作品等大量内容，对应试人进行针对性的测前培训成为提高普通话水平的重要手段。但是，就各个方言区来讲，每个方言区由于语言特点不同，与标准普通话的差异也不尽相同。在普通话学习过程中，只有全国统一的教材，是远远不能满足学习需要的。

普通话水平测试实施以后，一些测试机构和科研工作者针对考生在测试中出现的语音问题进行调查、分析、归纳等系统性研究，集中出版了一批具有针对性的教材和研究成果。比如，1994 年，云南省教委、省语委和省民语委测试中心①联合组织了“云南少数民族双语教学研究”课题组，专门进行少数民族学习普通话的探索研究。按照所选民族种类分成 12 个子课题组，各选取 50 名学生进行普通话水平测试，探索少数民族学生从母语直接学习普通话和以当地汉语方言为中介语学习普通话的规律，研究成果《云南少数民族双语教学研究》于 1995 年出版。再如，《四川师范学院学报（哲学社会科学版）》② 曾于 1997—2000 年连续登载“从普通话水平测试情况谈普通话教学对策”系列文章。再如，上海市专门针对本方言区的语言特点编写了适用于中师学生测试用的教材《普通话水平测试练习册》（1995 年），又结合上海人学习普通话的难点和重点，编写了《普通话水平测试手册》（1999 年）。

二、扩展了普通话推广工作的内涵与外延

从队伍建设看，从事普通话水平测试工作的队伍同时也是普通话推广队伍，所以，普通话水平测试的实施使从事推广普通话的机构和人员力量有所增强；从工作力度看，普通话水平测试的实施给普通话推广工作带来了刚性，以前说普通话推广，更多的是采用宣传、动员、提倡的方式，有了普通话水平测试和等级行业准入制度，普通话的推广就有了一定程度的强制力；从工作方法看，普通话水平测试的实施给普通话推广工作带来了科学性，针对不同行业、不

①陈典红《普通话水平测试与云南少数民族普通话教学》，戴梅芳主编《普通话水平测试研究》，语文出版社 1997 年版，第 245 页。

②兰霞、唐韵、康健、朱成勇《纠正方音，发好标准音——从普通话水平测试的情况谈普通话教学的对策（一）》，《四川师范学院学报（哲学社会科学版）》，1997 年第 6 期，第 36～45 页；康健、唐韵《努力克服方言障碍，说好普通话——从普通话水平测试的情况谈普通话教学的对策（二）》，《四川师范学院学报（哲学社会科学版）》，1998 年第 6 期，第 52～60 页；兰霞《准确、规范、恰当、流畅地朗读作品——从普通话水平测试的情况谈普通话教学的对策（三）》，《四川师范学院学报（哲学社会科学版）》，1999 年第 2 期，第 59～64 页；康健《谈谈“轻声”教学的几个问题——从普通话水平测试看“轻声”的教学》，《四川师范学院学报（哲学社会科学版）》，2000 年第 1 期，第 17～21 页。

同地域、不同发展程度，提出有针对性的普通话水平等级要求，有利于普通话推广事业渐进、连续、可持续的发展。普通话水平测试的实施也给普通话推广工作的效果提供了判断依据，普通话水平测试的队伍建设情况、覆盖面以及总体成绩成为考核普通话推广工作的重要依据，它的推行改变了考核普通话推广工作缺乏客观依据的情况。

从社会影响看，普通话水平测试工作的实施，成为宣传普通话的重要渠道。测试涉及测试人员和以教师、媒体工作者、学生为主体的测试对象。通过接触普通话水平测试，增强了这些人群学习、使用普通话的意识。普通话水平测试影响力的提高，也促进了普通话社会影响力的提高。

从语言环境看，通过对教师群体、广播电视媒体工作者实行行业准入制度，切实改善了普通话的学习使用环境，营造了良好的学习氛围。教师群体面向的是青少年，通过对教师群体普通话水平进行要求，改善了青少年在接受教育时的语言环境，从源头上促进了普通话推广事业的发展；媒体工作者面向社会大众，他们的一言一行都要接受大众的检验，提高他们的普通话水平，给广大人民群众学习、使用普通话树立了榜样，创造了良好的社会环境。

第六节 余论

作为一项面向所有人群的、在拥有十几亿人口的大国中推出的国家级语言测试，无论从政治、经济、文化还是科学研究方面，无论对于国家、民族还是个体，普通话水平测试的研制与实施必定会产生深远的影响。决定普通话水平测试影响力的具体因素，在于它是否能够科学测量人们的普通话水平，能不能在发展的过程中被完善，能不能得到很好的推广，能不能紧跟社会发展的需要、适应社会语言生活的变化，进一步满足社会需求。

到 20 世纪末，大部分省、自治区、直辖市成立了专门的测试机构，国家普通话水平测试在全国开展起来，原先自行制定测试标准的省份，在《普通话水平测试大纲》颁布后，也全部改为实施国家普通话水平测试。截至20世纪末，据不完全统计，普通话水平测试的规模已经超过490万人次，取得了不小的成绩。

在1997年12月，第二次全国语言文字工作会议上，时任国家语委主任的许嘉璐对普通话水平测试工作给以充分肯定。他指出，制定了《普通话水平测试等级标准》，使普通话水平有了相对客观的可以操作的衡量尺度，为逐步提高人们的普通话水平提供了较为科学的量化手段；对教师、广播电视的播音员和节目主持人等专业人员以及师范院校毕业生明确提出了普通话等级要求，并开展了普通话水平测试工作，这些措施使推广普通话工作落到了实处，迈上了一个新台阶。

这次会议总结过去，展望未来，提出了21世纪推广普通话的工作目标①：2010年以前，普通话在全国范围内初步普及，交际中的方言隔阂基本消除，受过中等或中等以上教育的公民具备普通话的应用能力，并在必要的场合自觉地使用普通话，与口语表达关系密切行业的工作人员，其普通话水平达到相应的要求；21世纪中叶以前，普通话在全国范围内普及，交际中没有方言隔阂。我国国民语文素质将大幅度提高，语言文字的社会应用更加适应社会主义经济、政治、文化建设需要，形成与中等发达国家水平相适应的良好的语言文字环境。

这些目标能否按时完成？普通话水平测试在新世纪之后能否发展壮大？这依赖于普通话水平测试所处的外在社会环境，更取决于测试本身的内在基础和条件。

①许嘉璐《开拓语言文字工作新局面，为把社会主义现代化建设事业全面推向21世纪服务——国家语委主任许嘉璐在全国语言文字工作会议上的讲话》，教育部语言文字应用管理司编《新时期语言文字工作法规政策文件汇编》，语文出版社2005年版，第309～310页。

第五章　普通话水平测试的发展创新阶段（2001 年至今）

第一节　引言

随着国家经济建设的发展，城市化进程不断加快。2000 年，国家的城市化率出现了跳跃式发展，激增到 36.22%，2001 年，继续增长至 37.66%。相应地，普通话的普及率也持续提高，始终领先城市化率大约十几个百分点[①]。城市化率与普通话普及率成正相关。

普通话水平测试作为国家推广普通话最富有成效的手段，自实施以来，无论从制度建设、测试机构建设、测试员队伍培训来说，还是从测试大纲的修订、相关科学研究的开展、测试范围的逐步扩大、测试量的逐渐增长来说，普通话水平测试经历了一个从起步到逐渐发展壮大的过程。到 2000 年底，普通话水平测试在全国大多数的省份开展起来。但是，由于种种原因，在普通话水平测试的组织实施上，还存在很多不足。具体可以归纳为两大问题：一是普通话水平测试在全国的开展并不均衡，一些西部省份和偏远地区，比如宁夏回族自治区、西藏藏族自治区、海南省等，还没有正式开展普通话水平测试；二是对行业准入的要求执行得并不严格，大部分已经开展测试的省份，由于机构、人员、经费的种种限制，普通话水平测试的覆盖面还远远不够。比如，在一个省内对所有符合规定的

①李宇明“当前广播电视语言问题与对策座谈会”发言，北京，2012 年 2 月 24 日。

教师全面实施普通话水平测试，需要大量人力物力，很难在短时间内完成，这导致该省对教师持相应的普通话等级证书上岗的要求在很长一段时间内难以贯彻。

新世纪，中国历史上第一部语言文字的专项法律——《中华人民共和国国家通用语言文字法》（简称《国家通用语言文字法》）于2001年1月1日起正式实施。《国家通用语言文字法》对普通话水平测试的地位、作用及实施机构予以明确说明，这给解决长期困扰普通话水平测试事业发展的问题带来了巨大的推动力。普通话水平测试第一次以国家法律的形式而不是以部门规章制度的形式展现出来，这体现了国家政府对普通话水平测试工作的高度重视。作为一项语言测试，在国家层面予以立法说明，在国内外尚不多见。在国家法律的推动下，普通话水平测试在全国范围内的发展得到了质的飞跃。《国家通用语言文字法》的实施，标志着普通话水平测试进入新的历史阶段——发展创新阶段。

这一时期对于普通话水平测试事业而言，贯彻《国家通用语言文字法》，加强培训测试基础建设，适应国家信息化发展和现代化建设的需要是其主要发展目标和工作着眼点。因此，法律制度建设、机构建设、测试员队伍建设、管理信息化建设、经费投入等都有了很大的进展。与此相应的是，测试覆盖的地域范围、测试覆盖的行业范围、测试规模都有了显著扩大。对于普通话水平测试的学术研究而言，《普通话水平测试实施纲要》的成功编制，普通话水平测试学术研究的不断深入拓展，普通话水平测试学科建设的良好开局，普通话水平测试手段的日新月异，都是这一时期发展创新的重要事件。

作为推广普通话工作的重要载体，普通话水平测试把各行各业的人群与学习掌握普通话联系在了一起。从学校教育入手，从媒体传播开始，伴随经济社会的发展，全国民众接触普通话的机会越来越多，对于国家通用语的认同感明显增强，普通话推广工作取得了长足进展。从另一方面看，由于国内政治的、经济的、民族的、地区的种种问题，由于历史的、现实的种种局限性，社会上依然存在着一些制约普通话水平测试全面健康发展的因素，这给测试的各级管理和实施机构依法推进测试带来了许多挑战。

第二节　普通话水平测试的学术研究

纵观普通话水平测试的发展，2001 年以前，普通话水平测试的实践比较多，进入新世纪以后，普通话水平测试的研究领域不断向纵深拓展，研究成果“井喷式”涌现。根据中国知网（CNKI）的数据资料以及在此基础上进行的统计①，2000—2011 年 11 年间在知网上可检索到的学术论文累计达 1191 篇，是 1980—1999 年近 20 年间发表论文（144 篇）数量的 8.3 倍。而且，包括不同民族地区的测试界域、现代化的测试手段以及对测试评价等创新性、交叉性的研究也相继开展起来，并日益丰富。普通话水平测试科学研究的发展是推动普通话水平测试事业科学、良性发展的重要保障，二者相辅相成，互相推动。

这一时期普通话水平测试学术研究活动的重要事件，包括修订《普通话水平测试大纲》，研制《普通话水平测试实施纲要》，普通话水平测试的学科建设，普通话水平测试的学术活动，普通话水平测试的相关研究情况，以及计算机辅助普通话水平测试的研制等几个方面。

一、修订《普通话水平测试大纲》与研制《普通话水平测试实施纲要》

（一）修订研制的背景

普通话水平测试自开展以来，全国统一指导用书为《普通话水平测试大纲》②（以下简称原《大纲》）。这本《大纲》是以学术著作的身份登上历史舞台的，是新世纪以前普通话水平测试最重要的科

---

①在聂丹统计数字的基础上进行分段统计。参见姚喜双、韩玉华、聂丹、黄霆玮、孟晖《普通话水平测试概论》，高等教育出版社 2011 年版，第 148～149 页。

②刘照雄编《普通话水平测试大纲》，吉林人民出版社 1994 年版。

研成果[1]。全书近100万字的内容，不仅有对普通话水平测试的目的、性质、方法、题型的具体论述，也规定了测试内容、范畴以及应试人员的范围，在指导全国性大规模的普通话水平测试的过程中起到了宏观导向和实施依据的双重作用。然而，随着测试规模的不断拓展，测试实践的不断积累，根据实际工作需求，重新修订《大纲》的呼声日益强烈，修订《大纲》的条件也日益成熟，各地培训测试战线的工作者以及相关领导、专家、学者都提出了具体的修订建议。

修订《大纲》工作始于1996年，由于种种原因，2001年修订工作才真正加快了脚步。当然，在1996年到2000年这四年里有关部门和机构进行了一系列准备工作，包括专题会议、科学试验与调查研究[2]，形成了《大纲》修订版的基本样态，为完成新的《普通话水平测试大纲》奠定了基础[3]。2001年1月1日《国家通用语言文字法》正式实施，该法对普通话水平测试做出明确规定，提出了更高的要求，这为《普通话水平测试大纲》修订工作提供了有利条件。同年，时任教育部副部长、国家语委主任袁贵仁明确指示相关部门成立课题组，以科研方式加快《大纲》研制工作。

“修订《大纲》”是在国家语委内部一种比较概括的说法，其实，它是将原《大纲》所具有的双重作用——宏观要求与微观内容分离成两个载体。所以，这里包含了两项工作：一是以国家部委颁发文件的形式发布《普通话水平测试大纲》，用来指导全国普通话水平测试工作，阐明普通话水平测试的名称、性质、目的、要求、测试方式、测试范围、测试题型以及评分标准等；二是出版发行普通话水平测试的指导用书，包括具体的测试内容以及关于普通话语音、词

---

①“原《大纲》可以说是目前为止普通话水平测试研究最重要的成果。”见王晖《1994年以来普通话水平测试研究概述》，《语言文字应用》2003年第2期，第129页。

②详见第四章第四节第四部分“修订大纲，完善测试”，成立对比实验课题组和组织专家讨论会，进行专题调研等内容，参见王晖《〈普通话水平测试大纲〉修订的若干问题》，《澳门语言学刊》2004年第28期，第343页。

③“应该说‘送审稿’为《普通话水平测试大纲》打下了基础。”见刘照雄《〈普通话水平测试实施纲要〉概述》，《语言文字应用》2004年第3期，第11页。

汇、语法规范的详细说明，这本书就是后来发行的《普通话水平测试实施纲要》。前者是后者的基础，后者以前者为纲，在其框架下进行研制。因此，修订《大纲》工作也相应地划分成两个阶段，第一阶段重点修订《大纲》，第二阶段集中研制指导用书。

2001 年底，国家语委普通话培训测试中心制定了修订《普通话水平测试大纲》的方案，经教育部语言文字应用研究所报送袁贵仁主任。根据袁贵仁主任的批示，2002 年初《普通话水平测试大纲》学术委员会正式成立。时任教育部语言文字应用管理司司长杨光、教育部语言信息管理司司长李宇明担任顾问，时任国家语委普通话培训测试中心主任姚喜双和国家语委普通话培训测试中心第一任主任、原《大纲》主编刘照雄为召集人。委员有国内外知名的语言学家、国家语委的资深专家以及广播电视领域的著名学者，他们是（按音序排列）：陈章太、方明、傅永和、侯精一、李如龙、厉兵、林焘、陆俭明、毛世桢、宋欣桥、佟乐泉、王均、邢福义、于根元、詹伯慧、张颂、仲哲明等。国家语委普通话培训测试中心刘新珍、王晖为秘书[①]。同时，以国家语委普通话培训测试中心科研人员为主，成立了《普通话水平测试大纲》修订课题组。该课题是国家语委“十五”科研规划重点项目（ZDI105－18－34），姚喜双、刘照雄为课题负责人，王晖、刘新珍为课题核心组成员[②]。

（二）《普通话水平测试大纲》的修订

修订《大纲》工作自 1996 年算起前后历时 7 年，国家语委历任领导都很重视这项工作，教育部语言文字应用管理司和国家语委普通话培训测试中心具体承办修订研制工作，多次组织召开各种形式的研讨会[③]。在课题工作正式启动后，课题组对重新修订的《普通话水平测试大纲》字斟句酌，九易其稿，广泛听取各方面意见：专

①人员名单及排序，见姚喜双《〈大纲〉修订和〈纲要〉研制的思考》，《语言文字应用》2004 年第 3 期，第 4 页。

②同上。

③“《大纲》的研制历时 7 年，为此召开的各种形式的研讨会、审定会不胜列举。”见刘照雄《〈普通话水平测试实施纲要〉概述》，《语言文字应用》2004 年第 3 期，第 12 页。

门听取教育部语言文字应用研究所研究人员、语委部分老专家的意见；在首届全国普通话水平测试学术研讨会（2002 年 5 月，扬州）上听取会议代表的意见；8 月，提交《大纲》修改稿给学术委员会，听取委员意见；11 月，召开全国普通话培训测试业务骨干《大纲》修订专题研讨会，广泛征求来自全国测试第一线工作者的意见。2002 年年底，经反复修订后，课题组完成《大纲》送审稿。2003 年 1 月 21 日，课题组将研制的《普通话水平测试大纲》以规范（标准）文本形式上报国家语委规范（标准）审定委员会，通过后以文件形式上报教育部语言文字应用管理司。10 月 14 日，教育部和国家语委联合发布《关于印发〈普通话水平测试大纲〉的通知》，正式颁布《普通话水平测试大纲》（教语用［2003］2 号，简称新《大纲》）。《通知》指出，"《普通话水平测试大纲》是国家实施普通话水平测试的依据，各级测试机构和普通话水平测试员要严格执行，以确保测试质量。"

作为纲领性文件，《普通话水平测试大纲》主要内容有四点：（1）测试的名称、性质、方式；（2）测试内容和范围；（3）试卷构成和评分；（4）应试人普通话水平等级的确定。新《大纲》以文件形式确定了测试名称为"普通话水平测试（PUTONGHUA SHUIPING CESHI）"，缩写形式是 PSC；确定了普通话水平测试的性质是标准参照性考试，"测查应试人的普通话规范程度、熟练程度，认定其普通话水平等级"；确定了普通话水平测试的方式，"以口试方式进行"；规定了测试的内容，包括普通话语音、词汇和语法；明确了测试范围是国家测试机构编制的《普通话水平测试用普通话词语表》《普通话水平测试用普通话与方言词语对照表》《普通话水平测试用普通话与方言常见语法差异对照表》《普通话水平测试用朗读作品》《普通话水平测试用话题》；规定了试卷构成，分成五个部分，即读单音节字词（100 个音节，不含轻声、儿化音节），读多音节词语（100 个音节），选择判断，朗读短文（1 篇，400 个音节），命题说话；明确了评分体系和标准，采用百分制和扣分体系，并对时间和个别项目做出评分调整；明确了应试人的普通话水平等级，由测试机构根据应试人的测试成绩确定。新《大纲》内容全面，语言简明，指导意义清晰，且以部颁文件形式颁发，具有权威性。

与原《大纲》相比，新《大纲》在认真总结普通话水平测试近九年的测试实践后，吸取教学与测试中的经验，针对实际教学和测试工作中存在的问题，做出了比较科学的引导与明确的规定。

首先，针对在测试实践中出现的一些混乱称名（如“普通话考试”“普通话测试”“三级六等试”等），《大纲》在第一部分以“定名”方式，明确了该测试的名称为“普通话水平测试”，并且配有大写拼音的标准写法以及缩写形式“PSC”。

其次，基于从现代汉语语言事实出发、切实提高民众普通话水平的考虑，新《大纲》将三音节、四音节词语收录在测试范围内，并将原《大纲》第二项“读双音节词语50个”改为“读多音节词语（100个音节）”。

第三，新《大纲》基于测试实践经验，对具体测试项的限时要求做出不同程度的调整，延长了“读单音节字词”的限制时间，缩短了“读多音节词语”的限制时间，对前四项逐项的超时扣分予以详细规定，对“命题说话”项则提出缺时扣分的具体要求。

第四，新《大纲》对“朗读短文”评分进行了几个方面的调整：对增读音节予以明确扣分；增加声母或韵母系统性语音缺陷的扣分；增加朗读不流畅的扣分；取消语速过快或过慢一次性扣分的规定；借鉴中介语理论，将“方言语调”的说法调整为“语调偏误”；调整停顿和断句的扣分方式；在评分系统中引入“视程度”一词，较原《大纲》单纯量化计次扣分的做法，更显柔性及人性化。

第五，在等级确定方面，新《大纲》删掉了原《大纲》的部分不甚恰切的规定，包括：读单音节字词和读双音节词语有一项或两项分别失分在10%的，即读单音节字词扣1分，读双音节词语扣2分，判定其等级不能进入一级；读音有比较明显的读音缺陷，即使总分达到一级甲等，也要降等，评为一级乙等；说话项中，语音面貌定为二档及以下（即扣1分及以上者）时，即使总积分在96分以上，也不能入一级甲等，做降等评定；语音面貌定为五档者，即使总积分在87分以上，也不能入二级甲等，做降等评定。

第六，新《大纲》对测试项目由五项减少至四项（即免测“选择判断”一项）的评分变化做出明确规定，将“选择判断”的10分加至“命题说话”项（即30分增至40分），用以平均分配到“语音标准”和“词汇语法”两部分的分值上，这种调整有利于统一和规范全国各地的测试标准。

（三）《普通话水平测试实施纲要》的研制

2002年下半年，随着《大纲》送审稿基本完成，第二阶段编写普通话水平测试指导用书的工作适时启动。在原课题组的基础上，科研力量进一步加强，成立了《普通话水平测试实施纲要》研制课题组，参与课题工作的人员包括知名的语言学家（语音学家、方言学家、语法学家）、国家语委普通话培训测试中心科研人员、经验丰富的国家级测试员等，共计20余人，负责人是姚喜双和刘照雄。课题组在原有人员分工的基础上①增设了统筹人员，他们是：韩其洲、王晖（执行）、刘新珍、侯玉茹。课题组所有成员都进行了明确分工，每一个项目都有专门的审定专家负责指导和把关②。2004年1月，国家语委普通话培训测试中心研制、教育部语言文字应用管理司审定的《普通话水平测试实施纲要》（简称《纲要》）出版发行。

《普通话水平测试大纲》规定了普通话水平测试的具体要求，《普通话水平测试实施纲要》（以下简称《纲要》）则具体落实了普通话水平测试的内容。为应试人适当提供测试的内容，这是普通话水平测试一贯的要求和精神，这与普通话水平测试为推广普通话而服务的目的密切相关。“用尽可能有限的词、语、句、篇的训练和测试（训练和测试的要求是一致的），实现尽可能理想的效果，这是多年来普通话教研的重要课题”③，也是编写《纲要》的主要任务。

《纲要》在原《大纲》的基础上，对原有的几项测试内容和测试

①顾问是杨光、李宇明；负责人是姚喜双、刘照雄。

②具体分工和人员名单详见《普通话水平测试实施纲要》内页：“《普通话水平测试实施纲要》课题参与人员及分工”。

③刘照雄《〈普通话水平测试实施纲要〉概述》，《语言文字应用》2004第3期，第12页。

范围进行了认真的调整，最终形成《普通话水平测试用普通话词语表》（以下简称《词表》）《普通话水平测试用普通话与方言词语对照表》《普通话水平测试用普通话与方言常见语法差异对照表》《普通话水平测试用朗读作品》（以下简称《朗读作品》）《普通话水平测试用话题》这样几个部分的内容，不过，这几部分调整的程度不一。以《词表》和《朗读作品》为例。

1.《普通话水平测试用普通话词语表》

首先，《词表》在选词来源方面与原《大纲》不同，不再以《汉语水平词汇与汉字等级大纲》和《现代汉语词典》为选词基础，而是运用语料库语言学的先进成果，从当时我国建成的各种现代汉语语料库中选择了国家语委现代汉语语料库作为《词表》的基础语料。这一语料库是当时“我国乃至世界最大的汉语语料库之一”①，语料包括从 1919 年至当代的现代汉语 7000 万字，熟语料有 2000 万字。课题组把熟语料中的全部词语按照词频统计，并按降序排列，排名前 30000 的词语，入选形成测试用的基础词表。

其次，《词表》在词语数量上进行了调控。课题组综合考虑了陈章太②、林杏光③的研究，从学习普通话和满足测试实际需要出发，最后收词 17055 条。

第三，《词表》保留了原《大纲》根据常用度区分“表一”和“表二”，并在“表一”中划分一级词语和二级词语的原则做法，“对词语进行了分级处理”，“为不同的应试者提供了可选择的训练材料，

①言实《关于普通话水平测试用普通话词语表的编制》，《语言文字应用》2004 第 3 期，第 17 页。

②陈章太认为：“如果制订现代汉语通用词表，大体可收词语五六万条，其中使用频率最高的 12000 条词语至 15000 条词语是测试内容应当包括的基本词汇。”见言实《关于普通话水平测试用普通话词语表的编制》，《语言文字应用》2004 年第 3 期，第 16 页。原文见陈章太《关于普通话水平测试的效度问题》，《中国语文测试》（香港）2002 年第 1 期。

③据林杏光研究：“一个以汉语为母语的人，知识全面发展的人，掌握汉语的词约 6000 到 9000。以汉语为母语的大作家所掌握的词汇，可以达到两万多。”见言实《关于普通话水平测试用普通话词语表的编制》，《语言文字应用》2004 第 3 期，第 17 页。原文见林杏光《词汇语义和计算语言学》，语文出版社 1999 年版，第 50 页。

同时有利于提高试题的区分度，从而保证测试的效度”①。

第四，《词表》收录了部分“既常用又有训练和测试价值”② 的三音节、四音节词语，并从规范性角度考虑，严格按照《汉语拼音正词法基本规则》《普通话异读词审音表》《第一批异体字整理表》《简化字总表》《现代汉语通用字表》和《现代汉语词典》处理注音、异读、字形等问题。

第五，《词表》对轻声和儿化词语的处理也比较严格，形成《普通话水平测试用必读轻声词语表》和《普通话水平测试用儿化词语表》，既方便应试人，也有利于后期的题库设计。值得一提的是，《词表》对轻声音节的处理③，既借鉴了《现代汉语词典》区分“必读轻声音节”和“一般轻读，间或重读的音节”的做法，又根据学理和语感，减少和调整了部分轻声词语，如“黄瓜、刺激、这里、北边”等④，形成了比较科学实用的轻声词语表。

此外，鉴于语料库多为书面语语料的局限，《词表》吸取了原《大纲》词表里容易误读的所有词语。这一做法从一定程度上弥补了新的《词表》从书面语语料库中选词的弊端。

2.《普通话水平测试用朗读作品》

朗读短文是“普通话水平测试中一项有文字凭借的综合性测试，主要测试应试人使用普通话朗读书面作品的水平”⑤。原《大纲》朗读篇目 50 篇，总训练量约在 25000 字（每篇约为 500 字），测试量为 20000 字（每篇测试前 400 字），训练的总量和测试量存在着一定的差异。研制《纲要》时，课题组从提高朗读项的要求出发，兼顾教学训练与测试题库的一致性，最终选定 60 篇朗读作品，每篇字数

---

①言实《关于普通话水平测试用普通话词语表的编制》，《语言文字应用》2004 第 3 期，第 17 页。

②同上，第 17 页。

③同上，第 18 页。

④《纲要》将这类词语称为“可轻读词语”，见《普通话水平测试实施纲要》“第一部分 普通话语音分析”第 41 页。

⑤刘彦《关于普通话水平测试用“朗读作品”的分析报告》，《语言文字应用》2004 年第 3 期，第 20 页。

均在450字以内。课题组在筛选朗读篇目时，根据测试和教学需求，在作品年代、作者、载体、体裁、内容、语言文字规范以及测试要素等几个方面进行了初选、复选、终选的复杂过程。对作品提出文质兼美、具有一定的思想性、知识性和艺术性的明确要求，用字量和语音（声母、韵母、声调、儿化）覆盖情况还需满足测试要求。课题组在选文过程中，组织上海、天津、重庆、湖北、湖南、江西、广西七个省、自治区、直辖市的语委办和测试中心①参与作品初选工作，包括对原《大纲》的朗读篇目进行删选，以及按照课题组的要求，选送30篇以上的朗读篇目。同时，课题组成员也进行同样的筛选工作，双管齐下，综合考虑。

为教学便利，课题组改变了原《大纲》个别标注难点读音的做法，依据《汉语拼音正词法基本规则》对全文进行标注。此外，课题组对复选之后的82篇入选作品，包括原《大纲》22篇和各省市以及课题组初选作品60篇，逐一进行了人工统计和计算机统计，涉及作品的用字量和具体的语音覆盖情况，并将具体报告以课题组的名义在《语言文字应用》② 上刊发。此外，课题组把针对每个篇目所作的单项统计数据放在中国语言文字网站③上发表。

其中，用字量是统计作品用了多少个不同的字，属于2500个常用字范围的数量，属于1000个次常用字的数量，属于3500个常用字以外但在7000个通用字以内的分别是哪些字，并列出超出通用字范围的字。根据作品中汉字所属范围的分布情况，划定作品的难易程度。语音覆盖，指的是短文中声母、韵母、声调的分布是否均衡，超出一定限度的不予采用。课题组最终根据统计结果，将82篇作品按照用字量和语音覆盖情况，分成四类：（1）用字偏易，语音覆盖比较均衡；（2）用字难度适中，语音覆盖比较均衡；（3）用字偏难，语音覆盖比较均衡；（4）用字难度适中，语音覆盖不够均衡。课题

①刘彦《关于普通话水平测试用“朗读作品”的分析报告》，《语言文字应用》2004年第3期，第21页。

②同上，第22页。

③中国语言文字网站地址：http://www.china-language.gov.cn。

组收录了第二类的全部作品和第一类、第三类的少量作品，测试篇目共计 60 篇。

根据课题组报告中的“1—60 篇用字和语音覆盖情况技术统计”部分的具体数字进行统计，就作品用字的难易程度可得出如下分布情况：超出 3500 常用字以上的用字数量为 0 的，共计 14 篇；为 1 或者 2 的，共计 25 篇；为 3 或者 4 的，共计 18 篇；为 5 或者 6 的，共计 3 篇。就用字的难易度来看，入选的作品还是比较合理的。

朗读短文项是有文字凭借的测试项目中分值比重最大的一项，对测试信度和效度具有直接影响。在评测过程中，因为朗读篇目不同，可能引起测试要素分布不均衡的问题，会给应试人带来一定程度上的不公平。原《大纲》的 50 篇短文在测试实践和科学研究中，一直是研究者关注的内容，包括屈哨兵、刘慧琼[①]、彭国安、杨益斌[②]、程明等[③]在内的很多学者和测试员对此进行了研究。课题组此次研制工作尽可能保留原《大纲》的优良做法，力求科学严谨，邀请部分省级测试机构参与朗读作品筛选，扩大了作品来源，研究过程较为公开、透明。课题组从思想内容、语言文字的规范应用以及测试要素的比重分布等方面进行了综合把关，虽然也存在着未能尽如人意之处，但较原《大纲》的朗读篇目而言，此次《朗读作品》的研制编选工作取得了长足的进步。

尤其要说明的是，普通话水平测试中的朗读一项，并不要求应试人做艺术性的渲染和加工。普通话水平测试的重点在于考查语言的规范运用。因此，在朗读过程中，应试人表现出平实、规范的发音、语调即可。在与《纲要》配套发行的语音光盘[④]中，朗读者对

---

①屈哨兵、刘慧琼《普通话水平测试（朗读部分）的一个群案调查及相关分析》，《语言文字应用》2004 年第 2 期，第 71～77 页。

②彭国安、杨益斌《普通话水平测试朗读作品语病摭谈》，《当代教育论坛》2003 年第 3 期，第 95 页。

③程明《对 50 篇朗读作品语音状况的分析和思考》，上海市普通话培训测试中心编《普通话水平测试研究》，上海教育出版社 2002 年版，第 55～63 页。

④由国家语委普通话培训测试中心姚喜双、侯玉茹朗读短文，播音员方明、于芳朗读《词表》。《纲要》光盘共 2 张，商务印书馆电子音像出版中心出版。

50 篇作品的处理，也是遵循“规范为先”这一原则，这与欣赏、聆听类的朗读不同。

（四）修订研制的原则

修订《大纲》和研制《纲要》是一脉相承的两项科研工作，对指导普通话水平测试工作规范、健康发展具有重要意义。课题组对此非常重视，在研制过程中制定了“三统一”的原则①，并在前后两个阶段的科研过程中一以贯之。

1. 科学性与可操作性的统一

普通话水平测试属于语言测试范畴，在酝酿研制之初是以国家社科基金的成果形式出现的，它是一项科学活动。课题组把科学性视为修订《大纲》和研制《纲要》的生命②，并不为过。作为课题组主要负责人，姚喜双在《纲要》发布之后，撰写论文阐明了修订《大纲》和研制《纲要》的原则问题，援引许嘉璐 1997 年 2 月 18 日《在普通话培训测试工作研讨会上的讲话》：“关于测试工作（中的一系列问题）只有通过科学研究才能得出准确的结果。”“全国的普通话培训测试工作应该在前几年工作的基础上有所前进，前进的重要环节是对已经认识的问题进行科学研究；其次，不断增加普通话培训测试工作中科学研究和现代技术的含量，绝不是对以前工作的否定，而是合乎逻辑的延伸；再次，事物是不断发展的，不能要求通过一次改进就做到十全十美。”“结合当前的情况，更自觉地进行多学科的综合研究，并不断把研究成果吸收到实际工作中去，其物化的表现，就是大纲、教材、辅助教材和培训手段的改进和管理工作逐步规范化、制度化和科学化。”③ 姚喜双明确指出科学性的首要地

①姚喜双《〈大纲〉修订和〈纲要〉研制的思考》，《语言文字应用》2004 年第 3 期，第 3 页。

②姚喜双《〈大纲〉修订和〈纲要〉研制的思考》，《语言文字应用》2004 年第 3 期，第 3 页。王晖《〈普通话水平测试大纲〉修订的若干问题》，《澳门语言学刊》2004 年第 28 期，第 344 页。

③姚喜双《〈大纲〉修订和〈纲要〉研制的思考》，《语言文字应用》2004 年第 3 期，第 2 页。原文见许嘉璐《未成集——论新时期语言文字工作》，语文出版社 2000 年版，第 356 页。

位，它凌驾于任何原则之上，是《大纲》和《纲要》生命之根本，也是修订和研制的目的所在。

课题组对于科学性的认识贯穿在修订和研制过程中，希望能够基于科学理论，秉承科学态度，运用科学方法，研制出科学成果（即《大纲》和《纲要》），该成果须能够反映普通话水平测试的规律①。普通话水平测试操作性强，这是其内在规律之一，在研制过程中，兼顾科学性与可操作性的统一，是课题组考虑的主要问题之一。科学性与可操作性之间的关系如同理论与实践的关系，既要秉持科学研制的方法态度，也要实现测试的简便易行，达到二者综合融会的最佳效果，这反映出普通话水平测试的政策性与学术性的两面。为此，课题组组建了学术委员会，聘请相关专家和学者，召开不同层面的研讨会，广纳群言；划分两个阶段，成立相关课题组，采用科研立项的形式，以科学研究保障研制工作的质量。

2. 连续性与前瞻性的统一

普通话水平测试自上世纪 80 年代开始酝酿研究，1994 年《普通话水平测试大纲》颁布实施，到《普通话水平测试实施纲要》出版时，已经正式开展了 10 年之久。在政策环境和学术积累上，都具备了较为良好的基础。因此，修订和研制工作不可能不考虑借鉴、参考和传承以往的工作，汲取实践中的有益经验，这是连续性的问题。另一方面，10 年之后的社会发展日新月异，与过去有了很大的分别，普通话水平测试工作必须适应新的形势需要，与时俱进，才能发挥更大的作用，这是前瞻性的问题。

在课题研制过程中，连续性主要体现在一些政策性较强的方面，包括三级六等的等级分数、测试项目、评分系统等内容。以一级甲等的分数（97 分及以上）为例。97 分这道门槛对部分从事播音主持工作的人员来说，很难逾越。因此，有人提出一级甲等降低 1 分，即 96 分及以上。课题组考虑了三级六等的等级标准从 1986 年提出

①姚喜双《〈大纲〉修订和〈纲要〉研制的思考》，《语言文字应用》2004 年第 3 期，第 4 页。

设想，1988年成立课题组，1991年通过专家论证，1992年试行，1994年发布决定，2001年国家立法认可，到2003年颁布新《大纲》，这是一个连续的历史的过程。10年间，普通话水平测试的发展速度较快，在社会上具有越来越大的影响，其等级证书已经成为有关职业的上岗条件之一。因此，从纵向历史的分数等值问题及测试本身的牵涉面和影响力来看，其等级标准宜保持稳定。此外，课题组就此问题征求了各方意见（包括一线测试员、专家、教师、测试机构管理者），普遍认为，“虽然是1分之差，但这1分，不是量的区别，而是质的不同。96分和97分，其语音面貌会有质的不同。测试员在实测的把握上心理也会有明确界限：97分是一个进入一级甲等质的分数，96分是一个在同一等级内量的增长的分数。一级甲等保持在97分及其以上不变，可以保持测试员评分信度的稳定性。”①

前瞻性，体现在对测试未来的发展做出一定的预测。包括测试形式（测试手段）、测试内容、测试对象等几个方面。在研制《纲要》的过程中，课题组将运用现代化信息手段建立测试题库的问题，一并统筹考虑。在朗读作品的选取方面，课题组对境外测试对象的未来拓展做出了适当的考虑，选取了部分港澳台地区作者、外籍华人、华侨作者的作品以及用中文翻译的外国作者的作品。此外，“法治化社会的健全，人们法律意识的增强，使得测试工作有法可依，测试管理有章可循，测试活动规范科学，同时《大纲》修订和《纲要》研制时，也必须增强法律意识，如选取朗读材料要解决版权的问题，设计说话题目避免涉及个人隐私的问题等等”②。

3. 规范性与服务性的统一

规范性强调课题的研制工作严谨，符合相关法律、政策的要求，其科研成果要符合测试工作的内在规律，符合语言文字规范，符合出版规格的要求。在规范性的基础上，课题组在研制过程中，要充分考虑如何为测试实践服务，为教学服务，为推广普通话的工作大

①姚喜双《〈大纲〉修订和〈纲要〉研制的思考》，《语言文字应用》2004年第3期，第6页。

②同上。

局服务。二者的统一主要体现在以下几个方面。

首先，将原《大纲》拆分成两个部分——规范性较强的新《大纲》和科学性较强的《纲要》。这样做的好处是，体例规范、科学、清晰，而且方便人们认识和把握这两部分内容。

其次，《纲要》对朗读作品全文注音，统一了作品中数字的书写方式，区分了作品中的必读轻声音节和可轻读音节的标注格式，区分了儿化音节的两类形式（一是书面上加“儿”，拼音基本形式后加r，二是书面上没有加“儿”，但在口语里一般儿化的音节，拼音也在基本形式后加r[①]），不仅规范严谨，而且方便应试人练习。

第三，为更方便地服务应试人，发挥教学示范作用，《纲要》首次尝试灌录语音光盘的做法。课题组聘请了广播电视领域两位资深播音员方明、于芳为《常用词语表》“表一”“表二”和《必读轻声词语表》《儿化词语表》录制朗读光盘；课题组主要负责人姚喜双和时任测试处处长侯玉茹[②]，为《朗读作品》灌录朗读示范光盘。这些光盘为普通话水平测试的教学与应试人自我练习提供了有声参考资料，也为测试员评判提供了标准语音的示范。

此外，新《大纲》对测试评分采取百分制的计分方式予以明确规定和规范要求，这一计分方式，不仅符合人们的日常记分习惯，也与教育测量中普遍采用的计分方式相一致。而且，新《大纲》统一了测试评分体系（原《大纲》中，除命题说话项是得分体系外，其他项均为扣分体系）全部为扣分，使整个测试过程协调一致、规范方便。

（五）余论

自《大纲》修订和《纲要》出版至今，十年的时间倏忽而逝。这些年来的测试实践证明，新《大纲》的颁布和《纲要》的出版受到业内人士的普遍欢迎与好评，对普通话水平测试科学化、规范化、标准化发展起到了重要作用。测试依据的变化必然引起测试主体的连锁反应。为了保障测试的平稳过渡，2002 年 12 月，国家语委普通

---

①姚喜双《〈大纲〉修订和〈纲要〉研制的思考》，《语言文字应用》2004 年第 3 期，第 5 页。

②姚喜双、侯玉茹均为原北京广播学院播音专业毕业生，并有从事播音工作的经历。

话培训测试中心依据新《大纲》和《纲要》，连续举办两期新《大纲》培训班，对各省（自治区、直辖市）选送的骨干国测员（共 225 名）进行集中培训。2004 年 4 月，国家语委普通话培训测试中心在香港理工大学举办港澳地区新《大纲》培训班，对港澳地区 73 名测试员提供专门培训。2005 年 1 月，国家语委普通话培训测试中心在中国传媒大学举办新《大纲》培训班，为广播电视系统的测试员以及部分教育部直属高校测试员提供专门培训。

各省（自治区、直辖市）测试机构结合当地实际情况，相继在 2005 年到 2009 年完成了对本省（自治区、直辖市）普通话水平测试员的轮训，部分省（自治区、直辖市）依据新《大纲》和《纲要》编写出版本省（自治区、直辖市）新的测试用培训教材。

新《大纲》和《纲要》的出台，使得全国到 2008 年时基本统一了《普通话水平测试评分细则》，统一了全国测试员的评分标准，对普通话水平测试工作的进一步规范发展是一个有利的契机。新《大纲》的培训在一定程度上对全国的骨干测试员和港澳地区的测试员进行了一次摸底排查。为保障普通话水平测试的质量，国家语委普通话培训测试中心在下发港澳地区新《大纲》培训班的通知里规定，未参加新《大纲》培训或者参加培训但未通过考核的测试员，将不能继续参加普通话水平测试工作。部分省级培训测试机构也对本省（自治区、直辖市）的测试员做出了类似要求。这些培训工作有效保证了普通话水平测试工作的顺利过渡。

二、普通话水平测试的学术活动

2001 年 5 月 30 日，时任教育部副部长、国家语委主任袁贵仁在语言文字应用研究“十五”科研规划论证会上，发表了题为《以规范标准建设为核心，开创语言文字应用研究新局面》的讲话。袁贵仁在讲话中强调：“语言文字应用研究必须坚持‘尊重规律，重在建设’的指导思想，以规范标准建设为核心，有计划、有步骤地开展科研工作；坚持面向语言文字工作战线和全社会开展研究，发挥好学科建设的基础作用、基地作用，使科研工作更好地为政府语言文字工作的科学决策服务，为两个文明建设服务。”① 这一指导思想对发展创新阶段的普通话水平测试学术研究具有重要意义。普通话水平测试的学术研究、学术活动紧紧围绕这一指导思想展开，修订《大纲》，研制《纲要》，在做好规范标准建设的基础上，开展面向社会应用的科学研究，搭建科研活动平台，创建普通话水平测试学科，培养研究队伍，取得了一系列的成就，为普通话水平测试事业的长远发展提供了坚实保障。

（一）科研课题

1. “十五”科研课题

“十五”科研课题是普通话水平测试发展历程中的重要一笔，与普通话水平测试相关的几个重要课题对普通话水平测试的发展具有深远影响。

2002 年 5 月，由国家语委普通话培训测试中心主办的首届全国普通话水平测试学术研讨会在江苏扬州召开，与会代表讨论了国家语委“十五”科研规划普通话水平测试研究的课题项目。之后，国家语委普通话培训测试中心组织、协调各地语委和有关高校积极申报，收到申报材料 96 份，经由国家语委普通话培训测试中心整合，于 8 月正式向国家语委科研规划领导小组申请立项。12 月，“汉语普通话水平测试研究”作为国家语言文字应用“十五”科研项目的重点项目获准立项，项目编号为 ZDI105－18，项目负责人是姚喜双。“十五”科研课题掀起了普通话水平测试以科学化、信息化为主要发展趋势的研究热潮。

这一课题是普通话水平测试自酝酿研制以来最大规模的科研项目，课题研究的总体目标是：构建和丰富普通话水平测试理论框架体系；完善普通话水平测试规范标准；促进普通话水平测试信息化建设和资源开发。课题内容包括：普通话水平测试理论与实践研究；普通话水平测试规范标准研究；计算机辅助普通话水平测试研究；

①袁贵仁《以规范标准建设为核心，开创语言文字应用研究新局面》，教育部语言文字应用管理司编《新时期语言文字法规政策文件汇编》，语文出版社 2005 年版，第 379 页。

普通话水平测试现代化管理及基础性资源库建设；基于网络的普通话培训测试研究等五个方面。

这一课题由于规模庞大，且具有一定的特殊性和复杂性，课题组实行分级管理和项目主管负责制。总课题组设在国家语委普通话培训测试中心，在项目负责人之外，增设项目统筹、项目协调以及执行秘书，协助组织、管理子课题组。全国 18 个省、自治区、直辖市语委和 20 多所大专院校参与课题研制工作，共设立 41 个子课题组（详见表 5－1）。子课题采取二级委托形式开展研究，即子课题组对国家语委普通话培训测试中心（总课题组）负责。部分课题是不同单位开展平行研究，如信息管理系统、网络课程、课件开发、计算机辅助评分系统等。

2003 年，国家语委普通话培训测试中心统筹各子课题组开始课题研究工作，总课题组制定了研究总体框架和《“普通话水平测试研究项目”课题管理办法》，成立了课题指导协调委员会，负责对整个课题进行指导、协调和监督。

虽然该课题存在经费严重不足、子课题组人员分散、组织难度大等困难，但是至 2007 年 10 月，还是基本完成了课题研究计划。一共 18 个子课题按时完成研究工作，研究单位涉及 10 余个省、自治区、直辖市语委、培训测试机构和多所大专院校。项目成果包括专著 4 种（15 本），论文 80 篇，研究（调查）报告 22 篇，教材 6 部，电脑软件 8 种，其他成果包括部颁标准（文件）1 个，地方《评分细则》3 种。总体而言，“十五”科研课题——“汉语普通话水平测试研究”成果比较丰富，特别是项目核心子课题“《普通话水平测试大纲》及《普通话水平测试实施大纲》研制”（ZDI105－18－34）、“国家普通话水平测试题库系统”（ZDI105－18－35）、“计算机辅助普通话水平测试评分系统研究”（ZDI105－18－36）以及“国家普通话水平测试信息管理系统”（ZDI105－18－37）等，对普通话培训测试工作的长远发展做出了贡献。

表 5-1　国家语委"十五"规划重点项目——"汉语普通话水平测试研究"子项目目录（2003-9-03 下达）

项目批准号	申报项目	负责人	承担单位
ZDI105-18-01	普通话水平测试误差与成本控制的概化理论研究	杨志明	湖南师范大学社会科学处
ZDI105-18-02	普通话水平测试质量的统计分析	谢民育	华中师范大学社科处
ZDI105-18-03	普通话水平测试的心理学研究	白学军 苏　丹	天津师范大学（科研处）、天津市语言文字培训测试中心
ZDI105-18-04	普通话水平测试过程中考生心理因素的研究	马红英	上海市普通话测试中心
ZDI105-18-05	普—方对比研究及在普通话水平测试中的应用	刘冬冰	河南教育学院
ZDI105-18-06	普—方对比研究及在普通话水平测试中的应用	彭云帆	广西普通话培训测试中心
ZDI105-18-07	普—方对比研究及在普通话水平测试中的应用	汪风雄 彭润商	四川省语委办
ZDI105-18-08	普—方对比研究及在普通话水平测试中的应用	陈克守	山东曲阜师范大学科研处
ZDI105-18-09	普—方对比研究及在普通话水平测试中的应用	马重奇	福建师范大学语言研究所
ZDI105-18-10	普—方对比研究及在普通话水平测试中的应用	刘纶鑫	南昌大学科研处
ZDI105-18-11	广西普通话培训测试基础理论与实践研究	余　瑾	广西大学科技处

续表

项目批准号	申报项目	负责人	承担单位
ZDI105－18－12	普通话与西南官话的比较研究及其在普通话培训测试中的应用	高廉平	西南师范大学社会科学研究处
ZDI105－18－13	普一方对比研究及在普通话水平测试中的应用	孟广智	黑龙江省语委办
ZDI105－18－14	普通话水平测试与其他语言测试的比较研究	原新梅	河南师范大学科研处
ZDI105－18－15	普通话水平测试的社会评估研究	朱青春	上海市普通话测试中心
ZDI105－18－16	普通话水平测试“语调”评价研究	毛世桢	上海市普通话测试中心
ZDI105－18－17	普通话水平测试员考核指标体系研究	王新敏	浙江省普通话培训测试中心
ZDI105－18－18	普通话水平测试员培训规范研究	贺建国	江苏大学科学技术处
ZDI105－18－19	普通话教学与测试互动性研究	杜文霞	徐州师范大学教务处
ZDI105－18－20	大中师范生普通话水平发展特点与分布式认知研究	程肇基	江西上饶师范学院科技处
ZDI105－18－21	普通话水平测试理论与实践研究	陈佑林	华中师范大学社科处
ZDI105－18－22	普通话水平测试理论与实践研究	刘俐李	南京师范大学科技处
ZDI105－18－23	计算机辅助普通话水平测试评分系统研究	石　锋	南开大学社科处

续表

项目批准号	申报项目	负责人	承担单位
ZDI105－18－24	计算机辅助普通话水平测试评分系统研究	王渝光	云南师范大学科研处
ZDI105－18－25	普通话水平测试数字化语音（中介音）语料库	叶　军	上海市普通话测试中心
ZDI105－18－26	普通话水平测试数字化语音（中介音）语料库	王兰柱	徐州市教育局教研室语委办
ZDI105－18－27	普通话水平测试网络课程建设	章　也	内蒙古师范大学科技处
ZDI105－18－28	普通话水平测试网络课程建设	贺凯琳	湖南师范大学社会科学处
ZDI105－18－29	普通话水平测试网络课程建设	王　斌	河北唐山市教育局语言文字工作处
ZDI105－18－30	普通话教学训练课件研究与开发	李向农	华中师范大学社科处
ZDI105－18－31	普通话教学训练课件研究与开发	王　琴	安徽省阜阳师范学院教务处
ZDI105－18－32	普通话教学训练课件研究与开发	黄建荣	江西省抚州师范专科学校科研处
ZDI105－18－33	普通话水平测试与培训策略研究	蒋万春	山东财政学院科研处
ZDI105－18－34	《普通话水平测试大纲》及《普通话水平测试实施大纲》研制	姚喜双 刘照雄	国家语委普通话培训测试中心
ZDI105－18－35	普通话水平测试国家题库建设	刘照雄 王　晖	国家语委普通话培训测试中心

续表

项目批准号	申报项目	负责人	承担单位
ZDI105－18－36	计算机辅助普通话水平测试评分系统研究	侯玉茹 蔡莲红	国家语委普通话培训测试中心、清华大学文科建设处
ZDI105－18－37	普通话水平测试信息管理系统研究与开发	韩其洲 饶正光等	国家语委普通话培训测试中心、湖南省普通话培训测试中心等
ZDI105－18－38	普通话标准语音数据库研究与开发	姚喜双 侯玉茹	国家语委普通话培训测试中心
ZDI105－18－39	普通话水平测试大规模语音（中介音）语料库	王　晖 肖　航	国家语委普通话培训测试中心
ZDI105－18－40	普通话水平测试网络课程建设	宋欣桥 刘新珍	国家语委普通话培训测试中心
ZDI105－18－41	普通话水平测试培训课件研究与开发	宋欣桥 刘新珍	国家语委普通话培训测试中心

下面以几个代表性的课题为例①。

（1）题库建设

对于任何一项语言测试来说，测试任务都是不可或缺的组成部分，语料选择、题型设计、试题试卷的拟制以及运用现代信息技术进行题库建设，都是保障测试信度与效度的重要基础。在普通话水平测试开展初期，各地均采用人工拟卷方式。在国家级测试员培训班和各地省级测试员培训班上，人工拟卷是其中一项重要课程内容。测试员通过拟制试卷可以进一步熟悉和掌握普通话语音系统知识，并对提高其测评能力有所帮助。然而，随着普通话水平测试的规模逐渐扩大，人工拟卷的局限性日益明显，与测试发展速度不相适应。

①研制《纲要》的主要情况已在前文说明，这里不再赘述。

从现存资料来看，在1993—1994年，最早开始普通话水平测试的省份之一——云南，开始进行测试题库的科研实践[①]。1995年秋冬季，上海市普通话培训测试中心成立了“PSC制卷系统”课题组，开始研制计算机制卷。1997年，《语言文字应用》第3期同时刊登了云南省和上海市各自的试卷系统编研报告，两个省市分别完成了试卷题库建设，并成功实现了计算机制卷。与人工拟卷相比，计算机拟卷具有速度快、产量高、经济快捷的优势，而且有利于“保证试卷规则的统一严密和试卷生成的随机等价”[②]。除云南、上海以外，“湖北、辽宁等省也开展了试卷题库建设，取得了一定成绩，但尚未在全国范围内实现一致性和通用性，同时对机制试卷的人工干预环节仍需加强”[③]。鉴于此种情况，在普通话水平测试开展近10年之际，国家语委普通话培训测试中心开始全国性的题库建设，统一规范各地普通话水平测试用卷。对于普通话水平测试的发展来说，这是顺应测试发展需要、进一步提升测试权威性和公正性的基础工程。

题库制卷系统是国家语委普通话培训测试中心和上海市普通话培训测试中心等单位用时一年共同完成的，国家语委普通话培训测试中心根据全国统一用卷需求，对上海市制卷系统原有版本提出了修改意见，因此，也可以说这是在上海市普通话培训测试中心题库系统基础上的升级版本。2004年9月28日，该课题在北京通过了由教育部语言文字应用管理司和语言文字信息管理司组织的专家鉴定[④]。

题库系统完全按照《普通话水平测试实施纲要》对测试项目的要求，进行内容设计与语料输入，设定制卷规则。题库系统与《纲要》保持了高度的一致性，从测试要求、题目设计到具体内容，都

---

①王渝光、陈典红、杨万兵《普通话水平测试题库建设的理论与实践》，《语言文字应用》1997年第3期，第24～27页。

②程明《普通话水平测试试卷的科学编制及规范使用》，《语言文字应用》1997年第3期，第28页。

③PSC国家题库建设课题组《普通话水平测试国家题库制卷系统研制报告》，《语言文字应用》2005年第2期，第63页。

④同上。

是匹配对应的。题库系统可以生成两类考生用卷：A型卷（五项测试项目，包括选择判断项）和B型卷（四项测试项目，不包括选择判断项）。这是为了满足各地在测试中采用五项测试或者四项测试的不同需求，除了有无选择判断项以外，其余部分均相同。除了考生用卷，系统可自动生成与其相配套的标准答案（也可用作测试员用卷，有拼音标注和正确答案）、试卷的音节分布表（包括具体音节覆盖分布统计）、单音节字词的音节分布表（包括具体音节覆盖分布统计）、多音节词语的音节分布表（包括具体音节覆盖分布统计）、单音节词语声调统计表（包括四个声调的覆盖分布统计）以及测试员用卷（列明评分的具体条目，便于测试员评测）。由于《普通话水平测试大纲》规定了测试语音元素的相互牵制规则，如单音节字词和多音节词语都有如下相同的要求①：100个音节中，70%选自《普通话水平测试用普通话词语表》“表一”，30%选自“表二”；每个声母出现次数一般不少于3次，每个韵母出现次数一般不少于2次，4个声调出现次数大致均衡。这给单音节字词和多音节词语的字词元素选择带来了一定的困难，有些元素重复出现频率过高。为避免这种现象的出现，系统对已经发现的高频字词进行了自动锁定。同时，国家语委普通话培训测试中心对计算机生成试卷坚持进行人工干预工作。

国家语委普通话培训测试中心分别于2004年、2007年、2012年利用题库系统自动制卷，并进行人工干预。目前，题库系统为全国普通话水平测试累计提供了近200套试卷，对规范全国的测试用卷起到了重要作用。而且，根据测试实践中发现的问题，系统仍在持续改进升级和不断完善。

（2）计算机辅助测试

2002年，“计算机辅助普通话水平测试”（简称“机辅测试”）作为重要研究方向列入国家语委“十五”科研规划，得到教育部语言

①国家语言文字工作委员会普通话培训测试中心编《普通话水平测试实施纲要》2005年版，第2页《普通话水平测试大纲》第三部分。

文字信息管理司的大力支持。清华大学与国家语委普通话培训测试中心、云南师范大学、南开大学三个子课题组分别立项开展平行的探索性研究。2007年6月，云南师范大学、云南省普通话培训测试中心承担的“计算机辅助普通话水平测试评分系统研究”（ZDI105－18－24）结项。10月，清华大学与国家语委普通话培训测试中心承担的课题“计算机辅助普通话水平测试评分系统研究”（ZDI105－18－36）结项，成果“计算机辅助普通话水平测试系统”通过了教育部科技成果鉴定（鉴字［教JP2007］第004号）。此外，安徽科大讯飞公司承担的“智能语音技术在普通话辅助学习中的应用研究”（ZDI105－B02）也涉及计算机辅助测试内容，并且其测试系统在后期得到了广泛应用。

云南省机辅测试系统[①]以“普通话水平测试各等级标准数据库系统”为基础层面，以“普通话水平测试人机对话评分系统”的实际评分软件为应用层面。其数据库系统，包括一级乙等、二级甲等、二级乙等、三级乙等的男女声语音示例、多媒体数据分析及评判结论，客观展现不同等级的普通话语音面貌。通过不同等级样本音波图、语图、音高图、音强图、audio音频的对比、分析和比较，从理论与实践的结合上阐明了评分原则和方法，为测试员正确评判提供科学准确的客观数据。其评分系统采用计算机编程辅助人工测评的方法进行，从计算分数的迅速准确和快捷方面为测试员服务，也可具体显示评测结果和问题分析，如错误、缺陷的具体问题。测试员通过鼠标或键盘，在提供测试试卷的评判页面上直接点击评测。

清华大学机辅测试系统的目的是设计一个计算机辅助普通话水平自动评测系统，减轻人工评测的负担，推进测试的电子化进程。

①参见王渝光、姚一斌、李竹屏、陈典红《普通话水平测试等级标准的声学研究和数据库建设》，国家语言文字工作委员会普通话培训测试中心编《第二届全国普通话水平测试学术研讨会论文集》，商务印书馆2006年版，第456～472页。王渝光、姚一斌、杨瑞鲲、蔡彦鹏、袁耘毅、李竹屏、陈典红《计算机辅助普通话水平测试评分系统研究》，国家语言文字工作委员会普通话培训测试中心编《第三届全国普通话水平测试学术研讨会论文集》，语文出版社2009年版，第215～222页。

该系统由三部分构成：考务信息管理、仿真考试和录音、计算机辅助评分。该测试系统收集了几百个一级普通话水平的语音数据，建立了一级普通话水平标准数据库。在此基础上，根据测评要求，实现对单音节字词、多音节词语测试项目以及朗读短文的计算机评分，区分错误和缺陷等不同类型的问题。

2004 年 11 月，教育部语言文字信息管理司批准安徽省科大讯飞公司“智能语音技术在普通话辅助学习中的应用研究”（ZDI105－B02）作为国家语委“十五”重点科研项目补充立项。2006 年 1 月，该项目通过了国家语委科研规划领导小组办公室组织的鉴定。该项目建立了标准普通话（28 个一甲水平的播音员的语音样本）和地方普通话语料库（12 个省份共计 4700 余份考生普通话语音数据和测试员评分数据），实现计算机评测单音节字词、多音节词语和朗读短文三个测试项的总评分，其语音合成系统和测试系统可用于普通话辅助学习。

从 2007 年开始，经教育部语言文字应用管理司批准，讯飞公司研制的机辅测试系统先后在安徽、上海等多个省（自治区、直辖市）开展试点。国家语委普通话培训测试中心以“科学、规范、积极、稳妥”为原则，协助语言文字应用管理司对机辅测试系统进行完善，并派出测试研究人员奔赴试点省市进行实际调查研究，撰写调查报告上报语言文字应用管理司①。2008 年 12 月，国家语委普通话培训测试中心主持召开有 13 个试点省（自治区、直辖市）参加的机辅测试业务研讨和质量分析会。会议总结经验，肯定成绩，分析存在的问题，商讨发展对策，有力促进了这项工作的科学发展。2009 年 5 月，国家语委普通话培训测试中心与科大讯飞公司组建联合实验室，积极推进机辅测试的科研工作。

实践证明，运用计算机技术辅助人工测试是现代高新科技在普通话水平测试中的应用，是测试手段的革命与创新，对进一步提高

①参见韩玉华《计算机辅助普通话水平测试试点地区的调查研究》，《首都师范大学学报（社会科学版）》2009 年增刊，第 29～33 页。

测试质量和工作效率，节约人力资源，提高测试的公平性和公正性，具有重要意义。在教育部语言文字应用管理司的大力支持下，讯飞公司的机辅测试系统在全国的推广速度不断加快。2007 年，全国参加机辅测试的人数近 27 万；2008 年，全国参加机辅测试的人数近 50 万人次，占当年测试总人数的 15%；2009 年，全国参加机辅测试的人数已近 108 万人次，占当年测试总人数的 33%；2010 年，全国参加机辅测试的人数近 169 万人次，占当年测试总人数的 56%以上；2013 年，参测人数近 357 万人次。截止到 2013 年底，全国共有 30 个省（自治区、直辖市）不同程度地启动了机辅测试，全国累计参测总数近 1236 万人次。

普通话水平测试的测试手段部分实现智能化，对扩大普通话水平测试规模、推进测试工作起了重要作用。然而，这一机辅测试系统在各地实际测试应用的过程中，也出现了一些亟待解决完善的问题①。主要有：（1）该测试系统不能称其为“计算机智能普通话水平测试”，因为其语音评判技术无法对应试人在没有文字凭借情况下的“命题说话”项目进行评判，需要把录音截取下来经由网上传输测试员评分，增加了测评周期。（2）该系统对二级甲等到三级甲等成绩判定比较可靠，而大部分考生的成绩也集中在这一范围，说明该系统有很好的适应性，但对评判一级甲等、三级乙等及不入级（高分考生和低分段）成绩的准确度与人工测试的误差较大。（3）该测试系统理论上是根据《普通话水平测试大纲》要求设计，但是实际评分过程中并没有根据评分细则实现单项评分，不能详细反映出来单音节字词和多音节词语（前两个测试项目）的错误、缺陷问题，以及朗读短文项目（包括字词读音系统性缺陷，读字增、漏、错错误，语调偏误和停连、回读的扣分等）不同方面的评分点。该系统对字化读音（蹦读方式）的评分很高，这是与普通话水平的朗读、说话训练要求相违背的。（4）该系统测试成本较高，测试软件系统

①雷峻《计算机辅助普通话测试的问题思考及技术对策》，《武汉理工大学学报》2010 年第 13 期，第 160～163 页。

对硬件的依赖比较苛刻，语音识别异常、测评失败情况发生频率较高，对正常测试造成一定影响。这些问题有的是测试系统本身的技术路线使然，无法改变；有的则可以通过不断完善研究，加以提升效能。

（3）信息管理系统

普通话水平测试自开展以来，测试规模逐渐扩大，传统手工管理手段相对落后，效率较低，成本较高，且容易出错，给普通话水平测试工作的规范管理带来了一定的局限性。截止到2004年，全国有近10个省（自治区、直辖市）（如上海市、湖北省、黑龙江省、湖南省等）先后研制出单机版的测试管理系统，用于本省（自治区、直辖市）的测试管理。2003年9月，湖南省普通话培训测试中心承担国家语委“十五”重点课题“汉语普通话水平测试研究”的子课题——“国家普通话水平测试管理信息系统研究与开发”（ZDI105-18-36）。11月，教育部语言文字信息管理司在湖南长沙召开全国信息化工作会议，课题组在会上演示了“国家普通话水平测试管理信息系统”（单机版），受到与会者好评。之后，一些省市停止了同类系统的研制工作。2004年3月，教育部语言文字应用管理司和国家语委普通话培训测试中心在湖南长沙联合召开上海、湖北、黑龙江、江苏、山西、湖南六省市具有测试管理软件研制经验的有关人员座谈会。与会者认为，管理信息系统应该严格遵循数据和管理的规范性和一致性，认为单机版在数据上传、数据共享、数据统计分析、实现有效的业务监控和全国统一管理等方面存在较大局限性，决定研制网络版的信息管理系统。

在国防科技大学承担并完成的单机版信息管理系统的基础上，在其他省市的大力协助下，课题组在2005年完成了网络版信息管理系统的研制工作，并在湖南全省试行。8月，该课题通过了教育部语言文字应用管理司和语言文字信息管理司组织的鉴定。该系统以普通话水平测试业务流程为主线，兼顾其他相关管理（如培训管理、课题管理等）工作，对各级测试实施机构在业务流程中的处理权限进行了较为合理的划分和设置。该系统包括国家语委普通话培训测试中心子系统、省级测试机构子系统、地市级测试站子系统和县市及高校测试点子系统，实现了测试各个环节管理的信息化，技术比较先进，可操作性强，功能较为全面，有利于促进全国范围内实现测试管理的规范化和现代化。

2. 年度科研课题

为进一步加强普通话水平测试的科研工作，推动各省（自治区、直辖市）测试科研工作可持续发展，国家语委普通话培训测试中心从 2009 年起，施行国家语委普通话培训测试的专项科研课题申报管理工作，由国家语委普通话培训测试中心每年从中心经费中拨款几十万元用于专项课题研发，鼓励各地专家、测试员申报研制应用于普通话培训测试工作的学术研究。

2009 年初，国家语委普通话培训测试中心印发了《国家语委普通话培训测试科研管理办法（试行）》和《2009 年度国家语委普通话培训测试科研项目申报指南》，截至 10 月底，国家语委普通话培训测试中心收到来自全国 22 个省（自治区、直辖市）申报的科研课题 115 项，经专家评审，并报国家语委普通话培训测试科研规划小组批准，确定 11 项为 2009 年度国家语委普通话培训测试科研规划立项课题。课题主要集中在计算机辅助测试、少数民族地区的普通话培训测试工作调查、测试员队伍的建设研究、行业测试的拓展研究等重点领域。

2010 年 9 月，国家语委普通话培训测试中心下发《2010 年度国家语委普通话培训测试科研项目申报指南》，截至 10 月底，收到来自全国 22 个省（自治区、直辖市）的 161 份课题申报书，经专家评审，并报国家语委普通话培训测试科研规划小组批准，确定 22 项为 2010 年度国家语委普通话培训测试科研规划立项课题，划拨经费比 2009 年翻一番。课题涉及民族地区双语教学研究、高等院校普通话教学培训与测试研究、农村学前儿童普通话教学研究、教材现状调研、信息化管理模式研究、部分行业系统普通话现状与对策研究等方面。

国家语委普通话培训测试中心组织申报立项的年度科研课题，

突出研究内容的科学、实用，重视教学、测试与管理等具体工作的实践性，解决实际问题，为普通话培训教学事业发展提供了学术支撑。对于全国普通话测试战线而言，国家层面组织年度科研课题工作对各省（自治区、直辖市）各级培训测试机构重视开展科学研究工作，是一个良好的促进。

（二）学术会议和工作论坛

在发动各地专家和测试员积极投入科研工作的同时，国家语委普通话培训测试中心从 2002 年起，先后在扬州（2002 年）、珠海（2004 年）、福州（2007 年）、北京（2009 年）、北京（2012 年）成功主办了五届全国普通话水平测试学术研讨会。参会论文经各省级培训测试机构评选推荐，并由国家语委普通话培训测试中心经过初评以及专家评审委员会评议选出优秀论文，五届研讨会的学术论文分别结集出版①。

综观五届学术研讨会论文，论文数量逐届递增，累计出版优秀论文 179 篇。学术研讨会的规模不断扩大，研究水平保持了持续增长。研讨会囊括来自全国各省（自治区、直辖市）以及香港、澳门地区的测试员，高等院校的语言学家、学者的相关学术成果。这些论文集中展现了新世纪以来我国普通话培训测试领域的学术研究成果，“同时也反映了普通话水平测试工作在不同阶段的发展概貌”②。论文的研究领域非常广泛，研究方法和角度也呈现出多样化的特点。论文里不乏一些前沿理论的引介、探讨，也有普通话培训测试的宏观问题与微观问题的系列研究，包括培训测试的信息化建设、规范

①《首届全国普通话水平测试学术研讨会论文集》，国家语言文字工作委员会普通话培训测试中心编，语文出版社 2003 年版。《第二届全国普通话水平测试学术研讨会论文集》，国家语言文字工作委员会普通话培训测试中心编，商务印书馆 2006 年版。《第三届全国普通话水平测试学术研讨会论文集》，国家语言文字工作委员会普通话培训测试中心编，语文出版社 2009 年版。《第四届全国普通话培训测试学术研讨会论文集》，国家语言文字工作委员会普通话培训测试中心编，语文出版社 2010 年版。第五届全国普通话培训测试学术研讨会论文集中发表在《语言文字应用》2013 年增刊上。

②姚喜双、韩玉华、聂丹、黄霆玮、孟晖《普通话水平测试发展概论》，高等教育出版社 2011 年版，第 145 页。

管理与质量监督、教学和测试理论与实践调查，测试员队伍建设规划等，这些研究主题紧紧围绕培训测试的实践所需，都是大家普遍关心的问题。

两年一届的全国性普通话水平测试学术研讨会已形成制度，成为了全国普通话培训测试学者、专家和广大测试员交流学习的重要平台，在全国的普通话培训测试战线上享有良好的口碑和声誉。在举办第三届学术研讨会时（2007 年），国家语委普通话培训测试中心召开了首届全国普通话培训测试中心主任工作论坛，工作论坛既研讨学术，也商讨工作，这体现出普通话水平测试集学术性、政策性、社会性于一身的特点。

中心主任论坛截至 2011 年已经连续举办了三届。其中，2008 年 7 月，第二届论坛在安徽省黄山市举办，会议主题是“科学研究和发展创新”。2011 年 8 月，第三届论坛以全国普通话培训测试中心主任会议的形式，在山东省青岛市召开。会议总结了全国普通话培训测试现状调研活动成果，并就“十二五”时期全国语言文字培训测试工作发展进行了研讨。中心主任论坛为境内外的测试机构中心主任提供了交流沟通的平台，对普通话培训测试工作和事业的良性发展起到了促进作用。

除此之外，各地（包括香港、澳门地区）也举办了多种形式、多种层面的测试研讨会，编辑出版了普通话水平培训测试学术论文集，如：上海市普通话测试中心编选的系列研究论文集《普通话水平测试研究》①《普通话水平测试理论与实践》②《语言文字水平测试研究》③；广西出版的“广西语言文字研究丛书”，包括《普通话水平测试研究（第一集）》④《普通话水平测试研究（第二集）》⑤《普通

①上海市普通话培训测试中心编《普通话水平测试研究》，上海教育出版社 2002 年版。

②上海市普通话培训测试中心编《普通话水平测试理论与实践》，百家出版社 2006 年版。

③上海市语言文字水平测试中心编、上海市语言文字工作委员会办公室审定《语言文字水平测试研究》，立信会计出版社 2010 年版。

④郑作广主编《普通话水平测试研究（第一集）》，广西教育出版社 2003 年版。

⑤郑作广主编《普通话水平测试研究（第二集）》，广西教育出版社 2005 年版。

话水平测试研究（第三集）》[1]；香港理工大学李学铭主编的论文集《教学与测试——语文学习成效的评量》[2] 和香港教育学院出版的《香港普通话科教学理论与实践》[3]。这些学术论文注重探讨普通话教学、语言测试、测试工作管理等实践问题，总结测试经验，交流研究成果，有力促进了普通话培训测试工作的质量提高和科学发展。

（三）研究会

2009年7月，中国语文现代化学会普通话水平测试研究分会正式成立，国家语委普通话培训测试中心和全国各省（自治区、直辖市）测试中心负责人在天津召开第一次代表大会，共同商讨普通话培训测试研究的工作要点，为推动普通话培训测试科研工作搭建了一个新的宽广平台。之后，普通话水平测试研究会经报中国语文现代化学会审核批准后，印发《普通话水平测试研究会章程》(普测研会［2009］1号)。《章程》规定，普通话水平测试研究会是研究与推动普通话水平测试和普通话培训工作的全国性群众性学术团体，是隶属于中国语文现代化学会的二级学术团体。该研究会立足于团结全国各级普通话水平测试机构和广大普通话水平测试员，以及其他热心普通话培训测试的语言学界、教育界、科技界、文化界等各界人士，认真宣传贯彻《中华人民共和国国家通用语言文字法》，遵循“大力推行、积极普及、逐步提高”的推广普通话工作方针，积极协助国家语言文字工作部门和国家普通话水平测试机构，推动普通话培训测试的学术研究和规范管理，使普通话培训测试工作更好地为普通话推广和语言文字规范化服务。研究会名誉理事长为刘照雄、姚喜双，时任国家语委普通话培训测试中心副主任的韩其洲任理事长。到2011年底，研究会共有集体会员32个，即全国32个省、自治区、直辖市的普通话培训测试机构，另有个人会员若干。

2010年8月，国家语委普通话培训测试中心和全国普通话水平

①杨伟嘉主编《普通话水平测试研究（第三集）》，广西教育出版社2008年版。

②李学铭主编《教学与测试——语文学习成效的评量》，商务印书馆（香港）2002年版。

③何国祥、张本楠、郭思豪、郑崇楷、张国松、刘慧《香港普通话科教学理论与实践》，三联书店有限公司（香港）2005年版。

测试研究会在北京联合举办第一期全国普通话水平测试站站长研修班，教育部副部长、国家语委主任李卫红对研修班非常重视，出席了结业典礼并发表重要讲话。她为大家分析了当前国家教育工作与语言文字工作的宏观政策与环境，强调民族地区双语教育特别是学前双语教育的重要性，强调了测试站长们从事国家普通话推广工作的重要意义。来自全国30个省、自治区、直辖市的115名测试站站长，就普通话水平测试管理工作中的经验和问题进行了广泛的交流和研讨。

2011年8月，第二期全国普通话水平测试站站长研修班，在河北省秦皇岛市成功举办。同年10月，第三期全国普通话水平测试站站长研修班在湖北省武汉市顺利举办。三期培训班累计培训全国各地的测试站管理者339人次。培训内容紧紧围绕普通话水平测试实践工作，包括国家语言文字政策与形势分析、语言文字规范标准、信息化技术的应用、计算机辅助普通话水平测试、普通话水平测试的新形势新问题等讲座内容，以及先进经验交流与小组研讨等活动。全国基层测试站的管理者鲜有机会在一起交流沟通，站长研修班无疑为广大基层测试机构管理者提供了一个重要平台。

（四）学科建设

20年来的测试实践，为普通话水平测试积累了丰富的数据资源。普通话水平测试在全世界来说都可谓规模很大的语言考试，也是受到国家法律保护的一项语言测试。它在社会上的辐射效果明显，涉及多个行业、多种人群，20年来依然维持了较高的信度和效度，它的科学性、实践性、导向性引起语言学界、测试学领域、心理学领域等越来越多的专家学者的关注。

在这种形势的推动下，普通话水平测试的学科建设势在必行。国内一些学位授予机构出现以普通话水平测试为研究内容的硕士点。比如，中国社会科学院研究生院语言文字应用系（2007—2009年在语言系招生）、首都师范大学文学院、云南师范大学文学院、华中师范大学文学院、华东师范大学对外汉语学院、苏州大学文学院等。其中，能够查到的最早记录是从2003年开始，中国传媒大学语言学及应用语言学专业以“汉语普通话教学与水平测试”为硕士方向招收研究生，导师是姚喜双。研究成果最为丰富的当数云南师范大学，从 2001 年开始，王渝光教授指导硕士研究生对普通话水平测试进行了一系列系统研究（如李国强①、余琳②、刘华③等），研究采用教育统计与测量、实验语音学等方法。2001 年，首都师范大学“通信与信息系统”专业出现以普通话水平测试为研究内容的硕士论文——《普通话水平测试系统的开发和研究》④，该论文是跨界研究的代表，后来相继出现了从控制领域、信息领域对普通话水平测试的题库建设、评测手段、管理系统进行研究的硕士论文，如孟照国⑤、姜亚军⑥等。

2007 年，中国社会科学院语言研究所（中国社科院研究生院语言系）和教育部语言文字应用研究所（中国社科院研究生院语言文字应用系）率先联合招收普通话测试研究方向的博士研究生，研究方向设立在语言学及应用语言学专业，姚喜双任导师。2010 年 9 月，教育部语言文字应用研究所开始独立招收普通话测试研究方向的博士研究生，专业变更为媒体语言学，姚喜双任导师。2010 年，教育部语言文字应用研究所媒体语言学博士后科研工作站在人事部通过设立。这预示着普通话测试研究的梯队已经组建，学科发展势头强劲。现在，很多院校开设“普通话测试”的研究方向和专业，为普通话水平测试的长期发展培养人才和科研队伍，进一步充实了普通

①李国强《普通话水平测试的教育统计与教育测量研究》，云南师范大学硕士学位论文，2001 年。

②余琳《普通话水平测试发音正误声学特征辨析》，云南师范大学硕士学位论文，2001 年。

③刘华《普通话水平测试信度分析与改进模式选取》，云南师范大学硕士学位论文，2001 年。

④艾伦《普通话水平测试系统的开发和研究》，首都师范大学硕士学位论文，2001 年。

⑤孟照国《普通话培训与测试的信息化研究》，青岛科技大学硕士学位论文，控制理论与控制工程专业，2005 年。

⑥姜亚军《普通话单字发音的客观评价方法》，苏州大学硕士学位论文，信号与信息处理专业，2005 年。

话水平测试科学研究的力量。

2011 年 8 月，《普通话水平测试概论》由高等教育出版社正式出版发行，这是普通话水平测试研究方向的第一部学术教材，是姚喜双教授带领博士生在教学与研讨中提炼出的学术成果，对于充实学科建设、丰富学科理论具有重要作用。

三、普通话水平测试的研究内容及研究方法

2001 年《国家通用语言文字法》颁布实施后，普通话水平测试在全国范围内全面深入开展起来，普通话水平测试的学术研究成果也呈现飞跃式发展。与普通话水平测试相关的文章、著作的数量大幅度增长，整体研究水平有了进一步提升。研究内容涵盖了普通话水平测试的各个方面，包括测试的目标定位、理论方法、规划等宏观方面的研究，针对测试活动的四个要素——测试依据、测试主体、测试对象、测试手段的研究，以及测试领域、测试对教学的作用、测试质量等微观研究。其中，包括测试比较、测试长度、测试员培养管理、现代化测量手段、不同民族地区、不同人群的测试研究等，是新世纪以来开拓的新的研究领域。此外，进入新世纪之后，普通话培训测试的研究方法不再囿于经验描写和定性总结，而是更多地采用定量统计、信息技术、声学、心理学、教育测量、现代语言测试、中介语、社会语言学等多种理论方法，进行综合性交叉学科研究。

表 5－2　普通话水平测试 30 年研究领域及成果分布（单位：篇）

研究领域	研究内容	1980—1993	1994—1999	2000—2005	2006—2010	总计
一 宏观 问题	（1）总论	4（0.03）	21（0.16）	65（0.5）	40（0.31）	130（0.108）
	①发展历程	0（0）	2（0）	4（0.67）	2（0.33）	8（0.002）
	②目标定位	3（0.17）	4（0.22）	8（0.44）	3（0.17）	18（0.015）
	③理论方法	1（0.04）	1（0.04）	13（0.52）	10（0.4）	25（0.021）
	④问题规划	0（0）	7（0.19）	21（0.57）	9（0.24）	37（0.031）
	⑤其他	0（0）	9（0.19）	21（0.45）	17（0.36）	47（0.039）

续表

研究领域		研究内容	1980—1993	1994—1999	2000—2005	2006—2010	总计
测试活动四要素	二 测试依据	（2）标准与大纲	3（0.05）	9（0.16）	31（0.53）	15（0.26）	58（0.048）
		①等级标准	3（0.11）	8（0.30）	15（0.56）	1（0.04）	27（0.022）
		②测试大纲	0（0）	1（0.03）	16（0.52）	14（0.45）	31（0.025）
		（3）评分与规范	1（0.01）	21（0.14）	80（0.52）	53（0.34）	155（0.129）
		①评分系统	0（0）	5（0.13）	19（0.5）	14（0.37）	38（0.031）
		②语言规范	1（0.01）	14（0.14）	48（0.49）	35（0.36）	98（0.081）
		③题型测评	0（0）	2（0.11）	13（0.68）	4（0.21）	19（0.016）
		（4）测量工具	0（0）	5（0.09）	27（0.49）	23（0.42）	55（0.046）
		①题型试题	0（0）	1（0.02）	24（0.53）	20（0.44）	45（0.037）
		②试卷编制	0（0）	3（0.5）	0（0）	3（0.5）	6（0.005）
		③题库建设	0（0）	1（0.5）	1（0.5）	0（0）	2（0.002）
		④测试长度	0（0）	0（0）	2（1.00）	0（0）	2（0.002）
测试活动四要素	三 测试主体	（5）队伍建设	0（0）	3（0.05）	32（0.5）	29（0.45）	64（0.053）
		①能力素质	0（0）	3（0.08）	24（0.6）	13（0.33）	40（0.033）
		②培养管理	0（0）	0（0）	8（0.33）	16（0.67）	24（0.020）
	四 测试客体	（6）应试培训	0（0）	29（0.11）	116（0.42）	131（0.47）	276（0.229）
		①非语言表现	0（0）	5（0.16）	14（0.45）	12（0.39）	31（0.026）
		②语言表现	0（0）	12（0.16）	31（0.42）	31（0.42）	74（0.062）
		③培训指导	0（0）	12（0.07）	71（0.42）	88（0.51）	171（0.142）
	五 测试主体	（7）组织管理	0（0）	3（0.16）	3（0.16）	13（0.68）	19（0.016）
		（8）现代技术	0（0）	0（0）	12（0.22）	43（0.78）	55（0.046）
六 测试界域		（9）区块测试	2（0.01）	18（0.10）	75（0.42）	83（0.47）	178（0.148）
		①不同地域	1（0.01）	7（0.08）	34（0.43）	38（0.48）	80（0.067）
		②不同民族	0（0）	0（0）	9（0.36）	16（0.64）	25（0.021）
		③不同群体	1（0.01）	11（0.15）	32（0.44）	29（0.40）	73（0.061）
七 测试作用		（10）改进教学	0（0）	20（0.17）	38（0.31）	63（0.52）	121（0.101）
		（11）其他效用	0（0）	3（0.14）	7（0.33）	11（0.52）	21（0.017）
八 测试评价		（12）测试质量	0（0）	0（0）	32（0.56）	25（0.44）	57（0.047）
		（13）测试比较	0（0）	0（0）	2（0.33）	4（0.67）	6（0.005）
总计			10（0.008）	134（0.112）	523（0.436）	533（0.444）	1200（0.998）

注：1. 此表见姚喜双、韩玉华、聂丹、黄霆玮、孟晖《普通话水平测试概论》第五

章，第147～149页；参见聂丹《关于普通话水平测试研究走向的思考》，《语言文字应用》2011年第2期，第94页。

2. 聂丹统计结果共计1203篇文章，里面包含3篇综述类文章，在此表中未体现，但计算百分比时是按照1203篇计算的。每类“总计”栏的百分比＝该类总篇数/1203。每类在某个阶段的百分比＝该阶段的篇数/该类总篇数。

根据聂丹对普通话水平测试30年研究领域及成果分布的统计①，普通话水平测试研究可具体划分为13个大类（详见表5－2）：（1）总论；（2）标准与大纲；（3）评分与规范；（4）测量工具；（5）队伍建设；（6）应试培训；（7）组织管理；（8）信息技术；（9）区块测试；（10）以测促教；（11）其他效用；（12）测试质量；（13）测试比较。每大类里可划分出二级或三级的小类。这13类研究内容又可以归纳为八大研究领域，分别是宏观问题、测试依据、测试主体、测试客体、测试手段、测试界域、测试作用以及测试评价。

根据表5－2，本研究将2000年以前的研究成果与2000年以后的成果加以对比，就不同类别的前后数量进行比较，得出以下结论（详见表5－3）。

表5－3　普通话水平测试2000年前后研究领域及成果统计（单位：篇）

研究内容	1980—1999年 成果数量	2000—2010年 成果数量	增长数量
（1）总论	25	105	80
（2）标准与大纲	12	46	34
（3）评分与规范	22	133	111
（4）测量工具	32	78	46
（5）队伍建设	3	61	58
（6）应试培训	29	247	218
（7）组织管理	3	16	13
（8）现代技术	0	55	55

①姚喜双、韩玉华、聂丹、黄霆玮、孟晖《普通话水平测试概论》第五章，第147～149页；聂丹《关于普通话水平测试研究走向的思考》，《语言文字应用》2011年第2期，第94页。

续表

研究内容	1980—1999 年成果数量	2000—2010 年成果数量	增长数量
（9）区块测试	20	158	138
（10）改进教学	20	101	81
（11）其他效用	3	18	15
（12）测试质量	0	57	57
（13）测试比较	0	6	6

从表 5-3 可见，新世纪之后，研究成果增长最多的依次是应试培训、区块测试、评分与规范这三类研究领域。

应试培训是针对测试对象进行的研究。具体包括：1. 应试人在测试中的心理特征等非语言表现，如：苏丹《自我效能对普通话测试影响的因素研究》①、马红英等《PSC 过程中测试员对应试者焦虑情绪的影响研究》等；2. 应试人的语言表现，体现在语音、词汇、语法方面的偏误问题，如：王小潮《浙江人在普通话水平测试中的声调问题》、韩玉华《从认知语言学的角度浅析香港人普通话中的词汇偏误问题》、覃凤余等《方言—普通话中介语的词汇语法问题》等，运用语料库研究中介语的语音特征，如：刘岩《藏族学生说汉语普通话单双音节声调系统实验研究》、李静静《基于语料库的上海话—普通话中介音韵母特征研究》等；3. 应试人在测试题型中的错误分析，如：屈哨兵等《普通话水平测试（朗读部分）的一个群案调查及相关分析》、孙叶林《普通话水平测试字词典型错读现象分析》等；4. 应试策略、技巧和测前培训方法的研究，如：袁晓薇《长期着眼短期强化——谈测前培训与测试》、王玲玲《高师普通话水平测试培训中几个相关环节的把握》、杜宇虹《普通话水平测试中"说话"项应试策略研究》等。

区块测试指普通话水平测试在不同地域、不同民族地区，针对不同群体的实施状况进行的研究，从测试开展情况的调查研究、特

① 鉴于这部分文献较多，限于篇幅，不一一列出文献出处，具体详见文后"参考文献"。

定对象在测试中的不同表现等几个方面入手。普通话水平测试在不同地区的进展情况各有不同，不同的省（自治区、直辖市）、不同的方言区在开展普通话水平测试的过程中具有不同特点。研究者对这些特点进行调查研究、概括分析、总结回顾以及问题诊断，提出建设性意见和设想，这有利于进一步完善普通话水平测试的科学发展。针对不同地区的测试研究较为典型的成果有：（1）香港地区普通话水平测试的发展研究，如：宋欣桥《普通话水平测试在香港的基本属性及未来发展》、田小琳《国家普通话水平测试香港十年》等；（2）方言区普通话测试培训工作的地域性研究，如：张传曾《普通话培训测试中的地域性原则》、李胜梅《方言的语用特征与普通话训练——以江西人所说地方普通话为考察对象》等；（3）对某一地区普通话水平测试工作的情况分析，如：吴进《关于江苏省普通话水平测试朗读项评分细则的思考》、冯玉珍等《对毕节地区普通话水平测试工作的思考》等。针对不同民族人群的普通话培训测试情况的研究成果主要有：（1）对藏族学生普通话水平测试情况的研究，如：李江艳《藏族学生在普通话水平测试中存在的问题及建议》等；（2）对新疆少数民族师生的测试难点分析研究，如：吴若愚等《新疆少数民族汉语普通话水平测试问题初探》等。针对不同行业群体的测试研究成果，有对公务员普通话培训测试的研究，如：赵越等《对加快公务员推普工作的几点思考——以广东为例》、金晞《从社会管理角度看人民警察普通话水平测试》等；对师范院校测试的研究，如：谢旭慧等《影响师范生普通话水平因素的实证研究》。

评分与规范问题，指对普通话水平测试评分标准、评分细则、语言要素测评规范、测试题型测评规范的研究。对于普通话水平测试来说，这是重要的基础性研究。新《大纲》对普通话水平测试的量化评分系统进行了微调，较为科学地完善了旧《大纲》的评分系统，这种微调对测试实践具有直接影响，学界就评分标准的把握问题涌现出不少研究成果。具体包括：（1）针对测试评分系统、评分标准的分析研究，如：王晖《略论普通话水平测试的评分系统》、周思绵《PSC评分标准的精确与模糊》等；针对评分细则的阐述及对比研究，如：王晖《普通话水平测试评分细则论析》、单虹等《普通话水平测试评分细则研究》等。（2）针对语言要素评测规范问题的研究，有语音要素（包括声母、韵母、声调、儿化、轻声等）错误、缺陷评测规范研究，如：钱华《普通话水平测试中特殊语音现象界定举要》、杨绍林《论普通话水平测试中轻声词语读音的判定》、易敏等《关于儿化词语认知与语感的调查》等；词汇、语法要素的评定原则研究，如：王晖《普通话水平测试中的词汇、语法问题》、何彦杰《普通话水平测试中词语规范的评定原则》、钱华《PSC 词汇、语法评定与语用原则》等。（3）针对不同测试项目的评测规范研究，主要是对朗读项的评分研究，如：吴雪青《PSC 朗读项“语调偏误”判定的依据》、廖广莉《普通话水平测试中“朗读”扣分标准刍议》等；对说话项的评分研究，如：屠国平《普通话水平测试说话项评分的几个具体问题》、钱华《普通话水平测试“说话”项若干问题的分析》、刘美娟《普通话水平测试说话项评分细则略论》等。

此外，从表 5-3 可以看出，新世纪以来，普通话水平测试的研究者开辟了新的研究领域，在测试质量、现代技术、测试比较这三个领域实现了零的突破，出现了数量不等的研究成果，具有创新意义。

测试质量研究指的是通过经典测量理论或者现代测量理论和方法，针对测试信度、测试效度、测试难易度、测试误差以及测试的社会评估等方面展开的实证性研究。近年来，对普通话水平测试采用量化分析和数理统计的研究不断增多，具体研究成果包括：（1）测试信度研究，这类研究比较多，如：王彩豫《普通话水平测试评分信度调查分析》、谢民育等《普通话水平测试员信度的鉴别》、刘华《普通话水平测试信度分析与改进模式选取》、杨志明等《试论普通话水平测试的信度估计方法》等；（2）测试效度研究，虽然数量相对较少，但是成果质量较高，如：张国华《对 PSC 测验有效度的验察》、周中兴《普通话语音测试中的目标无关性错误研究》等；（3）测试误差研究，如：姚一斌《普通话水平测试误差探究》、曹艳丽《建立和完善普通话水平测试质量保证体系的初步实践》、田皓

《普通话水平测试测评误差探究》等；（4）测试难易度研究，如：谢旭慧等《我国普通话水平测试难易程度研究——来自对全国师范生PSC的考证报告》、聂丹《汉语口语测试任务难度影响探究》等；（5）测试的社会评估研究，这类研究相对较少，但颇具新意，如：乔丽华等《普通话水平测试工作的社会评估调查与分析》。

现代技术研究是指语言信息处理技术在普通话水平测试中的应用，即运用现代信息技术对普通话水平测试的相关方面（包括培训、测试、管理等）进行现代化改进的探讨。主要研究成果集中在测试手段现代化，即运用计算机技术辅助人工测试，这方面的研究成果随着计算机辅助测试的不断推广和实践，呈现出增长势头。具体包括：（1）计算机测评技术，包括测试系统的设计和测试实践中的应用问题，如：刘庆升《计算机辅助普通话发音评测关键技术研究》、吴昌银《普通话水平计算机测试（PSJC）总体模式实验设计研究》、王渝光等《计算机辅助普通话水平测试评分系统研究》、叶军等《计算机辅助普通话水平测试实施研究》、孙海娜《浅析计算机辅助普通话水平测试评分试行办法》、韩玉华《计算机辅助普通话水平测试试点地区的调查研究》、雷峻《计算机辅助普通话测试的问题思考及技术对策》等；（2）测试语料库的建设和开发研究，如：姜岚等《普通话水平测试电子语音语料库的开发与建设》、严志宇等《普通话测试语音信息库的设计与实现》等；（3）信息管理系统研制和开发研究，如：PSC信息管理系统研究与开发课题组《普通话水平测试信息管理系统的研制与开发》、湖南省普通话培训测试中心《〈国家普通话水平测试管理信息系统〉运行平台建设的探讨》等。

测试比较研究是对普通话水平测试和国内外其他语言测试的平行比较研究，跳出普通话水平测试本身，借鉴其他语言测试的理论、实践经验，反观普通话水平测试，这是很有益处的尝试。成果数量虽然不多，但对于普通话水平测试来说，从另外的角度，按照理论基础、实践指导、测试作用、质量分析等不同方面对普通话水平测试和其他语言测试进行一一比对，这些研究对普通话水平测试的良性发展具有重要研究价值。主要成果有：李竹屏《普通话水平测试在语言测试中的共性与个性》、何干俊《普通话水平测试与汉语水平考试的比较研究及实践》、郑献芹《2001—2004普通话水平测试研究和HSK研究的共性和差异》、张华《普通话水平测试与日本英语能力测试之比较》、陈忠《PSC和CET两类语言测试的异同及启示探析》、田小琳《中国内地与香港特区普通话水平测试之比较研究》等。

2001年以来的普通话水平测试研究发展势头强劲，成果数量迅速增长，研究方法不断丰富，研究视角日益开阔，为测试本身的科学发展提供了坚实保障，也为测试事业的发展壮大提供了源源不断的滋养。

第三节　普通话水平测试的基础建设

普通话水平测试具有两方面特性：科学性与学术性；事业性与政策性。学术研究使得科学测量普通话水平成为可能，相对健全的基础建设使得普通话培训测试工作作为国家推广普通话的一项事业得以发展。基础建设有如塔之基座，是普通话水平测试事业平稳发展的前提。

“普通话水平测试是促进国家通用语言普及与提高的创造性手段。”① 在世界上人口最多的国家开展国家通用语的口语考试，并无先例借鉴，是一项全新的工作，需要不断提高测试科研水平和管理规范水平。由于汉语普通话的特殊性和我国语言、地理、经济情况的复杂性，若要大规模开展普通话水平测试，必须建立相应的培训测试机构，组织专门的人员队伍，并形成一整套科学、规范、严密的规章制度。机构是开展测试工作的基础，队伍是开展测试工作的前提，制度则是开展测试工作的保障，三者缺一不可。

本节从法律制度建设、机构建设、队伍建设三个方面论述普通

①李竹屏《普通话水平测试在语言测试中的共性与个性》，《语言文字应用》2007年增刊，第89～93页。

话水平测试的基础建设。

一、法律制度建设

（一）国家语言文字法律、法规

1.《国家通用语言文字法》

语言文字工作关系到国家统一、民族团结和社会进步，我国政府历来高度重视语言文字工作。在20世纪，“各地先后出台了4个地方性法规和26个行政规章”①，如：《教育法》（1995）、《民族区域自治法》（1984）、《义务教育法实施细则》（1992）、《扫除文盲工作条例》（国发［1988］8号）、《广播电视管理条例》（1997国务院令228号）、《幼儿园管理条例》（1989）等，为推进语言文字的依法管理奠定了基础。进入21世纪之后，语言文字工作法制建设取得重要进展。2000年10月31日第九届全国人民代表大会常务委员会第十八次会议通过，中华人民共和国主席令第37号公布，《中华人民共和国国家通用语言文字法》自2001年1月1日起施行。“这是我国第一部关于语言文字的专门法律，第一次以法律形式明确了普通话和规范汉字作为国家通用语言文字的地位和使用范围，在我国语言文字发展和语言文字工作历史上具有里程碑的意义”②，标志着我国语言文字标准化、规范化工作全面进入法制阶段。语言文字规范是国家先进文明的重要标志之一，语言文字的标准化、规范化也是国家走向现代化的必经之路。为语言文字立法，这是中国社会发展过程中的一项重大成果，是语言规划的重要实践，它对加速国家现代化发展的进程起到了积极的推动作用。

语言文字的法制建设，是为了适应社会发展的需要，是和国家建立法治社会的大背景相切合的。1997年，党的十五大明确提出“依法治国”的目标。1999年3月全国人民代表大会通过了《中华人

---

①汪家镠《关于〈中华人民共和国国家通用语言文字法（草案）〉的说明》，教育部语言文字应用管理司编《新时期语言文字法规政策文件汇编》，语文出版社2005年版，第7页。

②王湛《认清形势，真抓实干，开创语言文字工作新局面》，教育部语言文字应用管理司编《新时期语言文字法规政策文件汇编》，语文出版社2005年版，第368页。

民共和国宪法修正案》，将法治与法治国家予以宪法确认：“中华人民共和国实行依法治国，建设社会主义法治国家。”在国家大力加强法制建设的背景下，1997 年 12 月 23 日，时任国家语委主任的许嘉璐在全国语言文字工作会议上指出：“党的十五大明确提出建设社会主义法治国家，保证国家各项工作都依法进行。语言文字工作必须贯彻这一精神，建立健全法律法规规章和宏观管理机制，使我们的工作逐步实现制度化、法律化。”① “实行依法管理，是当今语言文字工作的时代特征。”②

《国家通用语言文字法》是在全国人大常委会直接领导下制定的，历时四年之久。这部法律的颁布，在我国语言文字工作史上具有里程碑意义，标志着我国语言文字规范化、标准化工作正式步入法制轨道，进入一个新的发展时期。围绕这部专项法，各省、自治区、直辖市及有关部门相继制定完善地方和部门通用语言文字法规或实施条例，初步形成了国家语言文字法律体系③。

《国家通用语言文字法》第一章第二条规定：“本法所称的国家通用语言文字是普通话和规范汉字。”第三条规定：“国家推广普通话，推行规范汉字。”第二章第九条规定：“国家机关以普通话和规范汉字为公务用语用字。”第十条规定：“学校及其他教育机构以普通话和规范汉字为基本的教育教学用语用字。”第十二条规定：“广播电台、电视台以普通话为基本的播音用语。”第十三条规定：“提倡公共服务行业以普通话为服务用语。”第十九条规定：“凡以普通话作为工作语言的岗位，其工作人员应当具备说普通话的能力。以普通话作为工作语言的播音员、节目主持人和影视话剧演员、教师、国家机关工作人员的普通话水平，应当分别达到国家规定的等级标

①许嘉璐《开拓语言文字工作新局面，为把社会主义现代化建设事业全面推向 21 世纪服务》，教育部语言文字应用管理司编《新时期语言文字法规政策文件汇编》，语文出版社 2005 年版，第 307 页。

②同上，第 308 页。

③陈章太、谢俊英《语言文字工作稳步发展的 60 年》，《语言文字应用》2009 年第 4 期，第 9 页。

准；对尚未达到国家规定的普通话等级标准的，分别情况进行培训。”第二十四条规定：“国务院语言文字工作部门颁布普通话水平测试等级标准。”第二十六条规定：“本法第十九条第二款规定的人员用语违反本法第二章有关规定的，有关单位应当对直接责任人员进行批评教育；拒不改正的，由有关单位作出处理。”

该法主要有两个特点：一是以引导为主，没有处罚一类强制法律措施；二是规定的不是个人语言文字行为，而是社会交际行为。这些特点是由国家语言文字工作实际情况决定的，依据的是语言文字使用规律①。该法实施以后，各省（自治区、直辖市）相继制定了适用于本（自治区、直辖市）的《实施办法》，有的地市州也制定了适用于本地区的《实施办法》或《管理规定》。以河北省为例，2006年以来，承德市、衡水市、沧州市、张家口市人民政府分别颁发了政府令，邯郸市、廊坊市和保定市人民政府印发了通用语言文字应用管理暂行规定，强化了各级政府依法管理职能和具体落实措施。

《国家通用语言文字法》和各地区相配套的《实施办法》里关于普通话水平测试的有关规定，使得普通话水平测试工作有了法律保障，在全国范围内得到更加广泛、快速地发展。

2. 与语言文字相关的其他法规、规章

我国语言文字的规范化、标准化工作，单靠语言文字主管部门是不可能完成的，语言文字涉及社会全员，渗透在方方面面。政府各个部门都有责任。在《国家通用语言文字法》出台前后，为配合该法实施，国务院、有关部门、各个地区制定下发了一系列配套法规、规章，对语言文字相关工作做出要求。

2001年5月，国务院下发《关于基础教育改革与发展的决定》（国发［2001］21号），指出“要认真贯彻实施《国家通用语言文字法》，进一步加强中小学推广普通话的工作，把普及普通话、用字规

①许嘉璐《全国人大常委会副委员长许嘉璐在学习宣传、贯彻实施〈国家通用语言文字法〉座谈会上的讲话》，教育部语言文字应用管理司编《新时期语言文字法规政策文件汇编》，语文出版社2005年版，第318页。

范化纳入教育教学要求，提高学生语言文字应用能力和规范意识”。2004 年 3 月，国务院下发《2003—2007 年教育振兴行动计划》（国发［2004］5 号），提出要“加强语言文字规范化工作，优化国家通用语言文字的应用环境”。“依法加强语言文字评估、测试和推广工作，加强重点方言区的普通话推广普及，加大对西部地区国家通用语言文字培训工作的扶持力度。”

2004 年 3 月，教育部修订了《小学生日常行为规范》（教基［2004］6 号）和《中学生日常行为规范》（教基［2004］6 号），对中小学生提出要讲普通话的要求。

同年 4 月，教育部、国家语委联合发出《关于开展语言文字规范化示范校创建活动的意见》（教语用［2004］4 号），提出示范校创建活动的基本目标是：“在各级各类学校全面推行国家通用语言文字，以普通话和规范汉字作为教育教学的基本用语用字，城镇学校普遍实现普通话成为校园语言的基础上，用 5 年时间，建设一批国家级示范校和省级示范校。”这一举措使《国家通用语言文字法》和国家语言文字方针政策在教育系统广泛知晓，各级各类学校形成与教育教学融为一体的语言文字工作机制，进一步加强了教育系统推广普及普通话的工作力度。

2004 年 8 月，教育部发布了第 19 号令——《汉语作为外语教学能力认定办法》，该《办法》多次提及对外汉语教师的普通话水平问题，各级对外汉语教师资格证书的申请者都须达到相应的普通话水平等级。如第七条规定：“申请中级、高级证书者普通话水平需达到中国国家语言文字工作委员会规定的二级甲等以上。”

除了国务院下发的通知规定、部门规章和教育系统的相关文件以外，其他各部门系统也先后出台了配合《国家通用语言文字法》、推广普及普通话、提高普通话水平的相关规定。

2001 年 2 月，为了进一步面向全社会贯彻宣传《国家通用语言文字法》，时任教育部语言文字应用管理司副司长杨光主持召开宣传贯彻《国家通用语言文字法》座谈会，有信息产业部、民政部、国家邮政局、建设部、民航总局、国家旅游局等十几个行业系统参加，交流各行业系统语言文字工作情况，建立工作联系与协调机制，加快启动行业系统宣传贯彻《国家通用语言文字法》的进程。时任教育部副部长、国家语委主任王湛出席会议并讲话。

3月，国家广播电影电视总局下发《关于检查播音员、主持人持证上岗制度落实情况的通知》。《通知》要求加快省级以下电台、电视台播音员和主持人普通话水平测试和持证上岗工作。12月，国家广播电影电视总局第10号令发布《播音员主持人持证上岗规定》，规定持证上岗的基本条件之一是其普通话水平达到国家《普通话水平测试实施办法》规定的标准。

铁道部、国家邮政局、信息产业部、中央金融工委、文化部、解放军总政治部等部门单位也都专门下发了促进本系统或本单位内部语言文字规范化的通知要求，如《关于加强金融系统语言文字规范化工作的通知》（金融工发［2000］8号）、《关于进一步加强铁路系统语言文字规范化工作的通知》（铁科教［2000］72号）、《关于加强邮政系统语言文字规范化工作的通知》（国邮联［2000］304号）、《关于认真做好信息产业系统语言文字规范化工作的通知》（信部联办［2001］242号）、《关于在文化系统贯彻实施〈中华人民共和国国家通用语言文字法〉的通知》（文政法发［2001］20号）、《关于学习贯彻〈中华人民共和国国家通用语言文字法〉的意见》（［2001］政宣字12号），等等。在这些通知中，基本上都以实现本系统内部所有人员以普通话为工作用语作为目标任务，具体提出了对那些直接面向客户服务或者涉及播音、主持等有示范或引导作用的人员普通话等级标准要求，并制定了便于操作检查的实施方法和步骤，包括培训、测试、达标和评优等具体工作，以及配合开展推广普通话宣传周的活动要求。这些配套的规章制度、法规要求，为全社会各行业积极推广普通话营造了良好氛围，创造了有利条件。

在20世纪后期，全国已有4个省、自治区制定了关于语言文字的地方工作条例、法规，它们是：西藏自治区（1987年）、新疆维吾尔自治区（1993年）、河北省（1993年）和黑龙江省（1997年）。随着《国家通用语言文字法》的实施，截止到2010年10月，包括北京市、山西省、重庆市、山东省等省（自治区、直辖市）在《国家通用语言文字法》的基础上，共建立了24个地方法规和8个地方政府规章[①]，同时也出台了国务院部门规章，即《普通话水平测试管理规定》。

（二）国家关于普通话水平测试的规章、规定

1.《普通话水平测试管理规定》

为深入贯彻《国家通用语言文字法》，开创普通话水平测试工作新局面，2003年5月21日，时任教育部部长周济签署第16号令，教育部颁布《普通话水平测试管理规定》。《普通话水平测试管理规定》（简称《管理规定》）自2003年6月15日起施行。

1997年国家语委曾下发《普通话水平测试管理工作的若干规定（试行）》（简称《若干规定》）。《若干规定》在测试管理和测试实践中发挥了重要作用。但随着测试工作的发展，尤其是2001年1月1日《国家通用语言文字法》施行以来，推广普通话工作全面进入法治轨道，测试管理应当体现依法行政的要求。因此，有必要对《若干规定》进行充实和完善，也有必要将试行的规定上升为具有法律效力的部门行政规章，以增强测试管理的有效性。

《管理规定》是在总结普通话水平测试开展八年多的实践经验的基础上，根据测试工作中出现的新情况、新问题而制定的。《管理规定》以《国家通用语言文字法》为依据，内容共28条，主要包括：制定《管理规定》的目的、依据，普通话水平测试的性质、作用，各级测试主管部门和测试机构的职责及其相互关系，测试员和测试视导员的条件、资格认定、聘任考核和管理办法，测试对象范围和达标要求，测试管理工作纪律，测试证书和财务管理等。

语言文字工作机构和普通话水平测试实施机构的职责关系，一直是普通话水平测试基础建设中的重要问题。从《关于开展普通话水平测试工作的决定》（国语［1994］43号）到《普通话水平测试管

①参见教育部语言文字应用管理司，中国教育和科研计算机网，语言文字法律法规体系图，http://www.edu.cn/yywzfl_10871/20101028/t20101028_533654.shtml，2010年10月28日。

理工作的若干规定（试行）》（国语［1997］32号）到《普通话水平测试管理规定》，都将这一内容作为首要问题加以说明。根据《管理规定》和《国家通用语言文字法》，国家语言文字工作由国务院语言文字工作部门即国家语言文字工作委员会负责规划指导、管理监督。国家语言文字工作委员会办公室设在教育部语言文字应用管理司；各省级语言文字工作部门指各省级语言文字工作委员会，下设办事处（或办公室）；国家测试机构在国家语言文字工作部门的领导下开展工作。省级语言文字工作部门可以设立地方测试机构；省级测试机构接受省级语言文字工作部门及其办事机构的行政管理和国家测试机构的业务指导。具体的职责要求如下：

《管理规定》对国家语言文字工作部门的职责要求包括：颁布测试等级标准、测试大纲、测试规程和测试工作评估办法；对测试工作进行宏观管理，制定测试的政策、规划，对测试工作进行组织协调、指导监督和检查评估；为培训考核通过的国家级测试员颁发证书；授权测试机构对其他港澳台人士和外籍人士开展测试工作；印制测试等级证书。

《管理规定》对国家测试机构的职责要求包括：在国家语言文字工作部门的领导下组织实施测试，对测试业务工作进行指导，对测试质量进行监督和检查，开展测试科学研究和业务培训；对测试员进行业务培训；对省级语言文字工作部门推荐的申请国家级测试员证书者进行培训考核；根据工作需要聘任测试员并颁发有一定期限的聘书；在国家语言文字工作部门指导下，定期考查测试员的业务能力和工作表现，并给予奖惩；认定执行测试的测试成绩；处理应试人成绩申诉事宜；严格执行收费标准，遵守国家财务制度，接受有关部门的监督和审计。

《管理规定》对省级语言文字工作部门的职责要求包括：对本辖区测试工作进行宏观管理，制定测试工作规划、计划，对测试工作进行组织协调、指导监督和检查评估；可根据需要设立地方测试机构；确定省级以下测试机构的职责；测试工作原则上实行属地管理，国家部委直属单位的测试工作，原则上由所在地区省级语言文字工作部门组织实施；为培训考核通过的省级测试员颁发证书；根据工作需要聘任测试视导员，并颁发有一定期限的聘书。

《管理规定》对省级测试机构的职责要求包括：接受省级语言文字工作部门及其办事机构的行政管理和国家测试机构的业务指导，对本地区测试业务工作进行指导，组织实施测试，对测试质量进行监督和检查，开展测试科学研究和业务培训；对测试员进行业务培训和考核，考核通过后由省级语言文字工作部门颁发省级测试员证书；根据工作需要聘任测试员并颁发有一定期限的聘书；在省级语言文字工作办事机构指导下，定期考查测试员的业务能力和工作表现，并给予奖惩；认定执行测试的测试成绩；处理应试人成绩申诉事宜；严格执行收费标准，遵守国家财务制度，接受有关部门的监督和审计。

《管理规定》要求全国各级测试机构坚持统一标准、统一大纲、统一规程、统一证书，即测试管理要做到标准、大纲、规程、证书“四统一”①。同时，《管理规定》也对测试员、测试工作人员、应试人的有关方面做出说明和规定，包括违反测试规定的处理，应试间隔期，测试员和视导员的资格条件，应试人的等级规定，应试人的范围，等等。《管理规定》旨在完善测试管理机制，统一规范要求，确保测试质量，维护测试权威，提高测试工作的制度化、科学化、规范化水平。

作为国务院部门规章，《管理规定》只在测试管理的主要方面做出原则性规定，为各省、自治区、直辖市和相关行业系统从实际出发进行测试管理留下空间②。包括北京市、河北省、云南省、陕西省、湖南省、湖北省、浙江省、福建省、广东省等省、自治区、直辖市相继制定了适用于本省（自治区、直辖市）的《管理规定》《实施细则》或《实施办法》，部分地市、县及高等学校也制定了适用于本地区、本单位的《普通话水平测试管理实施细则》或《普通话水

①参见中国网，教育部有关负责人详解《普通话水平测试管理规定》，http：//www.china．com．cn/chinese/EDU－c/340355．htm，2003 年 6 月 4 日。

②同上。

平测试管理规定》。其中，部分省级、地市、高校在制定测试管理规定或实施细则时，也以国家语委发布的《普通话水平测试规程》作为重要依据。

2.《普通话水平测试规程》等其他相关规定

为配合《管理规定》的贯彻，在《管理规定》下发六天以后，教育部语言文字应用管理司同时印发了《普通话水平测试工作评估指导标准》（教语用司函［2003］17号）和《普通话水平测试规程》（教语用司函［2003］18号），确保普通话水平测试工作在制度化、规范化、科学化的轨道上健康发展。

《普通话水平测试工作评估指导标准》（以下简称《评估标准》）要求各级语言文字工作部门和测试机构按照这一精神，对测试工作进行自我评估，进一步加强测试基础建设，提高测试管理水平。《评估标准》从工作定位、省级机构、测试队伍、测试过程及管理、工作效果五个方面进行评估检测。具体内容有43条，每一条所占分值从1分到4分不等，100分为满分。部分省（自治区、直辖市）（如湖北省、湖南省、浙江省等）也据此制定了适用于本省（自治区、直辖市）的评估标准或评估细则，对省级以下的测试机构进行工作评估和监督检查。

《普通话水平测试规程》（以下简称《测试规程》）从测试报名、考场、试卷、测试、质量检查、等级证书、应试人档案七个方面提出具体要求，对测试流程中的主要环节、主要职责予以明确。下发《测试规程》的通知，要求各级语言文字工作部门和测试机构，按此《测试规程》对测试工作进行规范，并在此基础上，可制定相应的细则。

同年，国家财政部、国家发展和改革委员会批准了普通话水平测试收费立项并核定了收费标准，下发《国家发展改革委、财政部关于普通话水平测试费和国家普通话水平等级证书工本费收费标准的通知》（发改价格［2003］2160号），对全国普通话水平测试收费统一标准。

2003年10月，教育部、国家语委联合颁布《普通话水平测试大纲》，重申国家语言文字工作部门1997年发布的《普通话水平测试等级标准》是确定应试人普通话水平等级的依据。2004年教育部语言文字应用管理司下发《教育部语用司关于统一使用普通话水平测试试卷的通知》（教语用司函［2004］37号），指定国家语委普通话培训测试中心与上海市普通话测试中心联合研制的《普通话水平测试国家题库系统》为今后全国进行普通话水平测试使用的唯一题库，并从即日起由该系统为各地开展普通话水平测试提供试卷，各地自行编制的试卷停止使用。

至此，普通话水平测试工作必需的规章和基础性文件已基本齐备，为进一步完善测试工作，促进其健康发展奠定了良好基础。

（三）地方关于普通话水平测试的法制建设

普通话水平测试工作既有学术、业务性质，也有行政性质，它具有很强的社会性与实践性，具有中国社会特色，符合社会发展需求。普通话培训测试需要一系列法规制度的约束和保障。许嘉璐曾经指出①，语言文字工作的成败取决于政府工作力度，要全面推动语言文字工作，强化政府行为。

在开展普通话培训测试工作之初，为明确各测试机构普通话水平测试工作职责，加强对普通话水平测试工作管理，各省教育厅、语委办、培训测试机构陆续制定了一系列规章制度。这些规章制度涉及普通话培训测试的机构布局建设，测试工作管理、程序、标准、办法和要求等几个方面。为抓好行业系统语言文字规范化工作，开展普通话水平测试，有的省级语言文字工作部门、测试机构联合有关部门，如人事厅、广电局、铁路局、交通局、警务系统等，相继出台了一些相关意见和通知，规定教师、师范专业毕业生、公务员、播音员和主持人以及公路收费员等特殊岗位的工作人员都应取得相关资格和上岗条件，普通话应达到相应等级要求。《国家通用语言文字法》颁布实施之后，各省（自治区、直辖市）制定了本省（自治

①许嘉璐《开拓语言文字工作新局面，为把社会主义现代化建设事业全面推向21世纪服务》，教育部语言文字应用管理司编《新时期语言文字法规政策文件汇编》，语文出版社2005年版，第307页。

区、直辖市)《〈国家通用语言文字法〉实施办法》，并对原有相关法规进行了修订和完善，部分省（自治区、直辖市）根据需要制定了新的配套规定。这些法制建设对推动普通话培训和测试工作起到了重要作用，既为普通话培训测试工作的开展提供了政策依据，又为普通话培训工作管理提供了规范标准。

下面以制度建设相对比较完善的云南省、上海市、江苏省三个省市为例，论述地方制度建设的重要作用。

1. 云南省制度建设

云南省在上世纪 90 年代建立了普通话培训测试的相关制度，对培训测试工作的顺利开展提供了有力保障。随着新世纪的到来，云南省为适应新形势新要求，继续加大制度建设力度。

2002 年 5 月，云南省教育厅、云南省语委联合下发《关于启用全国通用普通话水平测试等级证书的通知》，强调测试工作做到五个统一：统一标准、统一大纲、统一规程、统一管理、统一证书；从 2002 年 6 月 1 日起启用全国统一的《普通话水平测试等级证书》，云南省自制的证书停止使用。9 月，云南省语委、云南省教育厅下发《关于印发云南省〈普通话水平测试等级证书〉管理办法（暂行）的通知》，对测试等级证书实行严格的管理制度。

10 月，云南省语言文字工作委员会办公室印制了《语言文字工作文件选编》，收录了国家和云南省有关语言文字工作的法律法规文件 36 个，较为全面地总结和梳理了国家和云南省语言文字工作当时的制度建设成果。

2009 年 3 月，云南省普通话培训测试中心印制了《普通话水平测试文件规程选编》，将近几年国家和省对测试工作的规定、要求、办法和通知，进行了整理、修改、完善，汇编成册，下发各测试站（校），为各地开展测试工作提供相关政策依据和规范标准[①]。其中包括法规文件、管理办法以及测试收费相关规定共 20 项。主要文

①见云南省普通话培训测试中心编《普通话水平测试文件规程选编》前言，内部刊印资料 2009 年 3 月。

件有：

（1）云南省语委和教育厅联合印发《云南省普通话水平测试工作实施细则》（云教语［2005］6 号），从测试管理机构及职责、组织测试形式、测试报名、试卷发放及保密、测试程序及有关要求、复审、巡视、证书管理、验印和档案保存等几个方面做出具体要求。

（2）云南省语委和教育厅联合印发《云南省普通话水平测试新试卷使用及保密规定》（云教语［2005］4 号），从 2005 年正式启用国家统一新试卷，并对试卷性质、管理工作等做出明确规定。

（3）云南省语委和教育厅联合印发《设置普通话水平测试站的有关规定》（云教语［2003］2 号），对设置普通话水平测试站的成立条件及要求、申报程序做出规定，并对测试站的工作进行综合评估，以确保测试工作规范、有序地开展。

2009 年，云南省下发了《云南省普通话测试员管理规定》《云南省普通话水平测试评分标准细则》《关于调整云南省普通话水平测试收费标准及规范测试费上缴比例的通知》《云南省普通话水平测试应试人员须知》等文件，对测试工作各有关方面进行规范管理。除此之外，云南省语言文字工作委员会和教育委员会联合中共云南省委宣传部、云南省人大教科文卫委员会、云南省人事厅、云南省工商行政管理局、云南省新闻出版局、云南省文化厅、云南省司法厅等有关省部委、厅局，分别制定了相关的法规、规定。一系列的法规制度建设，从各个方面保证、拓展和扩大了云南普通话测试工作的开展和社会影响，为普通话水平测试工作的可持续发展奠定了坚实基础。

2004 年 11 月，云南省第十届人民代表大会常务委员会第十三次会议审议通过了《云南省语言文字工作条例》，这是云南省语言文字工作最高层级的法律法规。为了全面贯彻宣传该《条例》，云南省印制了《云南省语言文字工作条例宣传材料》。

针对普通话培训、测试、考务、管理和科研的一系列规章制度的建设，使得普通话水平测试工作形成了一个系统工程，环环相扣，有章可循，保证了云南省普通话水平测试工作的有序开展，稳步向前。

2. 上海市制度建设

上海市自 1994 年开展普通话水平测试工作以来，一直以规范化、科学化作为测试管理工作的基本原则。从 1995 年起，上海市下发了一系列文件，基础制度比较齐备，在全国普通话水平测试工作方面处于领先地位。

在 2001 年以前，上海市教委和市语委联合广电、人事等其他政府相关部门联合下发了系列文件，明确普通话水平测试不同对象的不同要求，主要包括师范院校学生（沪语委［1995］第 2 号）、广电系统人员及相关专业毕业生（沪语委［1996］第 5 号）、中小学教师（沪语委［1996］第 6 号）等人群。进入发展创新阶段，上海市根据社会发展需要，先后制定对公务员、高等院校有关教师和学生、中等和职业技术学校有关教师和学生、在校大学生等不同人群开展普通话培训测试的具体规定。详见如下[①]：

（1）2001 年 8 月，中共上海市委组织部、上海市人事局、上海市教育委员会、上海市语言文字工作委员会联合下发《关于在本市开展国家公务员普通话培训的通知》（沪人［2001］128 号）。《通知》要求自 2004 年 1 月 1 日起，上海市实行国家公务员持普通话等级证书上岗制度。公务员普通话等级达标要求是：1954 年 1 月 1 日以前出生的公务员普通话水平为三级乙等（60 分）以上；1954 年 1 月 1 日以后至 1965 年 12 月 31 日以前出生的公务员普通话水平，市区为三级甲等（70 分）以上、郊区为三级乙等（60 分）以上；1966 年 1 月 1 日以后出生的公务员普通话水平为二级乙等（80 分）以上；从 2002 年起，新录用的国家公务员，必须通过普通话测试，达到二级乙等（80 分）以上水平。

（2）2001 年 10 月，上海市教育委员会、上海市语言文字工作委员会联合印发《关于在本市高校中开展普通话培训和测试工作的意见》（沪教委语［2001］7 号），对高校教师、管理人员和相关专业学

①参见《上海市普通话培训测试现状自我调研报告》，2011 年。

生开展普通话水平测试。具体要求是：1954年1月1日以后出生的教师中，教授普通话语音的教师应达到一级乙等（92分）以上水平，对外汉语教师应达到二级甲等（87分）以上水平；其他教师的普通话合格标准根据年龄作不同要求，1954年1月1日至1963年12月31日之间出生的，三级甲等（70分）以上水平，1964年1月1日以后出生的，二级乙等（80分）以上水平（其他法规另有规定的除外）；1954年1月1日以后出生的学校管理人员，普通话合格标准为三级甲等（70分）以上水平；师范类和与口语表达密切相关的专业的学生均应接受普通话水平测试，师范类中文系学生应达到二级甲等（87分）以上水平，师范类其他专业以及与口语表达密切相关专业的学生应达到二级乙等（80分）以上水平。

（3）2002年5月，上海市教育委员会、上海市语言文字工作委员会、上海市劳动和社会保障局联合下发《关于在本市中等和职业技术学校中开展普通话培训测试工作的通知》（沪教委语［2002］2号）。具体要求是：1954年1月1日至1963年12月31日之间出生的教师，专业技能教师应达到三级乙等（60分）及以上水平，文化基础课教师应达到三级甲等（70分）及以上水平，教授普通话口语的教师应达到二级甲等（87分）及以上水平；1964年1月1日以后出生的教师，专业技能教师应达到三级甲等（70分）及以上水平，文化基础课教师应达到二级乙等（80分）及以上水平，教授普通话口语的教师应达到一级乙等（92分）及以上水平（其他法规另有规定的除外）；1954年1月1日以后出生的学校管理人员，普通话合格标准为三级甲等（70分）及以上水平；与口语表达密切相关的专业的学生均应接受普通话水平测试，并应达到二级乙等（80分）及以上水平。

（4）2008年3月，上海市教育委员会、上海市语言文字工作委员会联合印发《关于做好本市在校大学生和中职学生普通话水平测试工作的通知》（沪教委语［2008］4号）。《通知》要求：在校大学生、中职学生全员参加普通话水平测试，自2008年起逐步实施免收学生测试费的政策；根据教学实际，为保证测试工作的开展，参加测试的主要对象定为普通高校三年级本科生、高职高专二年级学生以及中职学校二年级学生，并由所在学校组织集体报名参加测试；除上述对象外，学生自行报名参加测试的，仍需按照本市物价部门核准的标准缴纳测试费。免费测试工作本着“先试点、后全面”的原则推进，2008 年上半年在上海外国语大学、华东师范大学、上海大学、上海师范大学等 4 所高校的 2006 级学生中进行试点；下半年扩大到已经接受过语言文字工作评估的 10 所高校。2009 年上半年扩大到其他各公办高校；下半年扩大到各民办高校。2010 年扩大到各中等职业学校。在校大学生和中职学生参加测试人数逐年增加，免费测试工作推进得比较平稳有序。

（5）2009 年 10 月，上海市语言文字工作委员会、上海市教育委员会联合下发《关于做好本市中等职业学校学生普通话水平测试工作的通知》（沪语委［2009］11 号）。上海市对全日制普通中等职业学校的在校二年级学生（2010 年的测试对象为 2009 年秋季入学的学生）开展普通话水平测试；实行属地化管理，由学校所在地的区县语委统一管理、组织实施；全部采用计算机辅助测试模式进行。测试所需的专用监考机由各区县负责落实，测试规模在 1100 人以上的区县需配置考试机。

上述这些文件都具有明确的测试对象和测试要求，一方面根据国家法律法规要求，逐步扩大测试范围；另一方面，结合工作实际，对不同年龄、不同专业的人员的达标要求予以区别，这有利于推动普通话水平测试工作持续健康发展。

2005 年 12 月 29 日，上海市第十二届人民代表大会常务委员会第二十五次会议审议通过《上海市实施〈中华人民共和国国家通用语言文字法〉办法》（以下简称《实施办法》），于 2006 年 3 月 1 日起施行。《实施办法》根据上海实际情况，对国家通用语言——普通话使用的场合和广播电台、电视台的播音员、节目主持人、教师、国家机关工作人员以及普通高等学校、中等职业学校的学生等有关人员的普通话水平等级达标要求做出规定，并明确了上海市普通话和汉字应用水平测试专门机构的性质和地位。《实施办法》的颁布和施行，为上海市的普通话水平测试工作提供了法律依据，进一步推动了普通话推广和普及工作，加快形成了适应上海城市发展需要的良好的语言文字规范化氛围。

此外，上海市以教育部、国家语委关于普通话水平测试的系列文件作为测试管理工作的上位依据，将普通话水平测试上升至国家级考试高度，研究制定并不断健全、完善普通话水平测试的各方面管理制度。通过对前十年形成的管理制度、管理措施进行全面梳理，2006年，上海市测试机构印制了《上海市普通话水平测试管理规章制度汇编》，分《行政管理》《业务管理》和《财务管理》三个分册，在全国的普通话培训测试系统中起到了表率作用。其中，《行政管理》收录17项制度，主要规范测试中心的内部运作，涉及测试中心人事、信访、安全、政务公开、考勤考核、文件处理、会议考察活动、科研课题管理、档案管理、印章使用等各个方面。《业务管理》包括25项规定，内容主要包括四个方面：一是体制建设，包括设点资格、设点标准、工作规程、考核办法等；二是队伍管理，针对测试员、审听员、视导员、考务人员等，规定选拔标准、选送程序、资格考核、资格认定、使用办法、考核办法等内容；三是流程管理，规定从报名到证书发放的整个测试过程各个环节的工作要求；四是质量管理，规定考场设置要求、测试的随机制度、回避制度、质量监控制度等内容。《财务管理》收录17项制度，包括预算管理、会计管理、财务管理等方面，对预算、采购、报销、与基层的经费往来和固定资产管理等制定了明确的操作依据。

2009年，为满足工作需要，上海市新出台6项管理制度①，以保障测试管理工作的进一步规范化。它们是：《上海市语言文字水平测试中心思想政治工作制度》《上海市语言文字水平测试中心班子民主生活会议制度》《上海市语言文字水平测试中心调查研究制度》《关于建立市教委语管处与市语测中心联席会议制度的意见》《上海市语言文字水平测试中心干部职工岗位工作目标职责制度和关于试

①参见《上海市普通话培训测试现状自我调研报告》，2011年。

行职工岗位评价与考核的意见》《上海市语言文字水平测试中心科研管理规定》。

3. 江苏省制度建设

江苏省自1995年开展普通话水平测试以来，截止到2009年底，共下发与普通话水平测试相关的文件68个①，为江苏省普通话培训测试的持续发展奠定了重要基础。

在测试初期，江苏省同全国其他省市一样，测试工作主要集中在教育系统。在2001年以前，江苏省针对教育系统普通话培训测试工作下发了10余个文件，包括江苏省教委、省语委、省广电厅联合下发的《关于贯彻国家三部委〈关于开展普通话水平测试工作的决定〉的意见》（苏教教研［1995］15号），省语委下发的《关于逐步开展对中小学、师范院校教师进行普通话等级测试工作的通知》（苏语［1997］5号）、《关于继续开展对中小学、师范院校教师进行普通话等级测试工作的意见》（苏语［1999］3号）等，在中小学、师范院校广泛开展了普通话水平测试工作。

2001年5月，江苏省教育厅、省语委下发《关于在全省高校、中等职业学校开展普通话水平测试的通知》（苏语［2001］8号），将普通话水平测试拓展至普通高等院校和中等职业学校。当年，江苏省教育厅、省语委与省人事厅联合下发《关于开展全省公务员普通话培训测试工作的通知》（苏人通［2001］57号），在全省范围内推进公务员普通话水平测试工作。

2003年，国家下发了一系列普通话水平测试的相关文件，江苏省以颁布的文件为依据，根据测试对象的变化，大力推进高校测试站的规范建设和高校学生普通话水平测试工作，同时加强了对测试工作的管理力度，确保普通话水平测试规范持续发展。截止到2007年底，共下发34个文件，包括《〈江苏省普通话水平测试评分细则（试行）〉的通知》（苏语［2004］4号）、《关于印发〈江苏省普通话水平测试管理实施细则〉的通知》（苏语［2004］6号）、《关于开展

①参见《江苏省普通话培训测试现状自我调研报告》，2011年。

普通话水平测试复审工作的通知》（苏语办［2004］9 号）、《关于进一步加强普通话水平测试收费及等级证书管理的通知》（苏教办财［2007］9 号）、《关于统一使用国家普通话水平测试试卷的通知》等文件，对普通话水平测试工作进行全面规范，对省内各测试站加强了检查监督。

2008 年以后，江苏省普通话培训测试工作进入了以推进普通话水平测试信息化管理为主要目标的新时期，截至 2009 年底共下发 24 个文件，包括《关于举办国家普通话水平测试信息管理系统和计算机辅助测试系统操作培训的通知》（苏语委办函［2008］2 号）、《关于印发〈计算机辅助普通话水平测试操作规程（试行）〉的通知》（苏教办语［2008］1 号）、《关于印发〈计算机辅助普通话水平测试评分细则〉的通知》（苏语办［2009］4 号）等文件，主要就信息管理系统和计算机辅助测试的推进工作提出明确规定，进一步提升了测试管理的规范水平。

2006 年 3 月 1 日，《江苏省实施〈中华人民共和国国家通用语言文字法〉办法》正式施行。这个地方法规不但对应当接受普通话水平测试的人群予以明确，同时还对各类人群达标标准进行细化区分，为全省普通话水平测试工作持续发展提供了有效支撑。根据地方法规，江苏省语委于 2008 年联合省文化厅下发《关于进一步做好图书馆博物馆从业人员普通话水平达标工作的通知》（苏文教［2008］22 号），对全省图书馆、博物馆讲解员、直接面向公众服务的人员的普通话持证上岗、等级标准、测试机构及培训等方面做出明确要求。

4. 地方法制建设小结

全国不同省（自治区、直辖市）的普通话培训测试制度建设，在遵循国家统一标准的基础上结合本地实际，都各具特色。从以上三个省市的法制建设经验中，可以看出制度建设的必要性和重要性。建立必要的规章制度，是保障普通话水平测试工作正常进行、健康发展的最基本的条件。这些规章制度的建立和实施，使普通话测试工作基本上做到有章可循、有据可依。之所以说“基本上”，主要还是指根据实际情况和工作需要，相关的管理者需要对规章制度进行及时修订、完善与补充。健全的制度建设为维护普通话水平测试工作的声誉、展现普通话水平测试战线良好的公众形象、推动普通话水平测试工作持续深入发展起到了重要的保障作用。

全国各省、自治区、直辖市测试机构对制度建设非常重视，部分省（自治区、直辖市）把文件制度汇编成册，如：《湖北省普通话水平测试文件资料选编》（2010年）、《广东省普通话水平测试工作资料汇编》、《广西语言文字工作文件汇编（1997—2007）》（2008年）、《河北省语言文字工作文件资料汇编（增订本）》（2008年）、《湖南语言文字规范化丛书——语言文字法规政策文件选编（1978—2009）》、《北京市语言文字测试中心管理文件汇编（试行）》、《山西语言文字工作资料选编（一）》、《山西语言文字工作资料选编（二）》、《宁夏回族自治区语言文字工作文件汇编（一）》等。

部分地市、高校测试站也对普通话水平测试工作进行了规范整理，汇编成册。如：《九江市普通话培训测试站制度汇编》《广西师范大学普通话培训测试工作规章制度文件汇编》《陇南师范高等专科学校普通话水平培训测试制度汇编》《兰州商学院普通话培训测试制度汇编》《景德镇市中小学教研所管理制度汇编》等。

这些法律法规、规章制度，为普通话培训测试工作提供了重要的法律法规支持和政策制度保障，从而使普通话培训测试工作逐步走上"有法可依、有章可循"的稳步发展轨道。

二、机构建设

普通话水平测试截至2010年年底已开展了16年，随着工作逐步推进，测试规模不断扩大，测试机构和管理运行进一步得到规范和完善。据全国普通话水平测试现状调研不完全统计（青海省未参加统计），截止到2009年底，全国30个省、自治区、直辖市以及新疆生产建设兵团，共有培训测试机构1251个。其中，国家级机构1个，省级测试机构28个，省级下属机构1223个，包括地市、高校、行业、高职高专、中职中专、县级市等设立的培训测试机构。到2013年底，据语用司初步统计，全国31个省、自治区、直辖市以及新疆生产建设兵团，省级以下测试机构1543个，包括市级测试站

418个，高校测试站1078个，行业测试站47个。其中，地市、行业、县级市等设立的培训测试机构数量增长缓慢，高校、高职高专等培训测试机构发展迅速，已经成为地方培训测试机构的主要部分。

国家级、省级和地（市）级、高校、行业等测试站共同组成了覆盖全国的三级培训测试机构体系，各层级之间分工清晰，管理明确，形成了培训测试的网络化布局。这种网络化布局有利于组织管理测试员队伍，满足应试人的测试需求，开展普通话培训测试工作。

（一）国家级培训测试机构

2002年2月，根据中编办《关于教育部所属部分事业单位调整更名的批复》（中编办字［2000］38号）的要求，教育部下发《关于印发〈语言文字应用研究所机构改革实施方案〉的通知》（教人［2002］3号），要求原国家语委普通话培训测试中心和《语言文字应用》杂志编辑部，并入教育部语言文字应用研究所（简称“语用所”），组成新的语用所。国家语委普通话培训测试中心挂国家语委普通话与文字应用培训测试中心的牌子，职能不变（简称“国家测试中心”）。

国家测试中心将原有的教务处、教研处、办公室变为语用所的普通话培训处、普通话测试处和综合处，综合处与语用所办公室合署办公。

普通话培训处①负责普通话与文字应用培训测试中心境内境外各类培训计划的制订与组织实施；对地方普通话培训工作进行业务指导；组织开展普通话教学方法和手段等方面的科学研究；组织有关普通话教材的编写和审订；负责中心的教务、考务、教学管理和教学档案的管理；参与本中心培训与测试业务的工作。

普通话测试处②负责普通话与文字应用培训测试中心境内境外测试工作计划的制订与组织实施；对地方普通话测试工作进行质量监督与业务指导；负责测试员队伍的建设；组织开展对普通话水平

①见《教育部关于印发〈语言文字应用研究所机构改革实施方案〉的通知》（教人［2002］3号）附件《语言文字应用研究所机构改革实施方案》，第5页，2002年2月。

②同上。

测试理论、方法等方面的科学研究；研究并组织建立国家测试题库，负责中心测试业务档案的管理；参与本中心培训与测试的业务工作。

综合处①（语用所办公室）除了负责所内人事、财务、档案、外事及对外联系、工会等工作外，协助中心开展教务、考务、教学管理工作，负责培训测试基地的建设与管理。

国家级培训测试机构合并到教育部直属科研机构，国家测试中心除了继续发挥对全国普通话培训测试工作进行业务指导和质量监督职责以外，引领战线进行科学研究的作用得到了进一步的加强。

（二）地方培训测试机构

目前，全国各省（自治区、直辖市）中，江苏省、福建省、河南省、青海省没有成立培训测试机构，由语委办兼负测试机构职能。其他各省（自治区、直辖市）虽然建立了省级培训测试机构，但具体设置情况也有所不同，基本上可以分成以下三类：（1）省级机构是独立法人、独立编制，如云南省、河北省、黑龙江省、湖南省、上海市等；（2）省级机构和语委办公室合署办公，“两块牌子，一套人马”，不过有的省按事业编制运行，有的省按行政编制运行；（3）省级机构挂靠在某一学校或教育科研单位，如安徽省、海南省、湖北省、辽宁省等。省内所辖各测试站的机构建设情况与省级机构的情况类似，也是分成几种不同类型。

这里以开展普通话培训测试工作比较早的三个省市②为代表，简要介绍地方机构建设的过程及作用。

1. 上海市机构建设

作为经济发达的国际大都市，上海市在开展普通话培训测试工作方面以规范管理、科研领先等特点走在省级培训测试机构的前列。其机构建设经历了由挂靠到独立的过程，上海市的机构建设对于全国普通话培训测试机构建设具有借鉴意义。

①见《教育部关于印发〈语言文字应用研究所机构改革实施方案〉的通知》（教人［2002］3号）附件《语言文字应用研究所机构改革实施方案》，第5页，2002年2月。

②部分内容分别参见《上海市普通话培训测试现状自我调研报告》《河北省普通话培训测试现状自我调研报告》《云南省普通话培训测试现状自我调研报告》，2011年。

1994 年 11 月 16 日，上海市机构编制委员会下发《关于同意建立上海普通话培训测试中心的通知》（沪编［1994］198 号），建立上海市普通话培训测试中心，挂靠在上海师范高等专科学校，人员编制 3 名。1997 年 12 月 9 日，上海市编委下发《关于同意上海普通话培训测试中心增加人员编制并划归上海师资培训中心的通知》（沪编［1997］392 号），同意上海市普通话培训测试中心增加人员编制 2 名，连同原定 3 名，共 5 名；同意上海普通话培训测试中心划归上海市师资培训中心。

随着培训测试形势的发展变化，作为挂靠性质的市中心在培训测试工作中遇到的问题日益凸显，主要表现在三个方面：（1）挂靠性质的市中心，不具备独立法人资质，在测试中产生的经费往来问题，只能采取“一个法人、两块牌子”的过渡办法进行处理。随着市场经济的不断发展和完善，这种形式因不符合物价和税收等各方面的管理规范，对工作的正常开展形成了一定的影响。（2）由于市中心挂靠在其他单位，在开展培训测试工作时，受到的制约因素比较多，如：场地、房屋的使用问题，不能单独组织非双休日的测试，不能独立组织对播音员、主持人及社会各界人员的普通话培训，等等。这些问题与社会各行业逐步增长的测试培训需求不相适应，与新形势下普通话的推广工作要求不相适应。（3）随着测试工作的深入发展，尤其是《国家通用语言文字法》实施以后，国家通用语言文字水平的测试工作逐步拓展，中心已有的编制和人员结构难以满足形势发展的需要。

鉴于上述种种问题，在《国家通用语言文字法》颁布实施以后，为更好地满足语言文字管理工作的需要，2003 年，经上海市编委批准，上海市普通话培训测试中心更名为上海市普通话水平测试中心，成为具有独立法人资格的市教委直属事业单位，配有 8 名事业编制，经费性质为差额拨款，且为市财政一级预算单位，日常经费由市财政直接划拨。测试收费标准获上海市物价部门批准，而且经过市教委统筹安排，为其解决了近 500 平方米的日常办公用房。相对规范的机构设置，为上海市普通话培训测试工作的深入发展奠定了扎实的工作基础。

2006年3月1日起，《上海市实施〈中华人民共和国国家通用语言文字法〉办法》开始施行。该《实施办法》规定，本市设立的普通话和汉字应用水平测试专门机构，具体负责实施全市普通话和汉字应用水平测试工作。这一规定明确了该中心的性质和工作定位。2008年，上海市普通话水平测试中心更名为上海市语言文字水平测试中心，并进一步加强了领导干部队伍建设。

上海市因地域集中、交通便捷，为集中资源、高效管理、确保测试质量，以“一个中心、多点实施”的模式开展普通话培训测试管理工作。上海市建立市中心和基层测试点两级测试机构，区县测试点18个，高校测试点60个。基层测试点负责组织报名、测前培训、安排考场和工作人员，市中心负责试卷、测试员、证书及测试实施。市中心统筹协调，两级测试机构各司其职、分工合作，力争做到“统一标准、统一大纲、统一规程、统一证书”的“四统一”原则和“严密组织、严明纪律、严格监督、严肃管理、严防不正之风”的“五个严”要求，切实维护国家考试的严肃性。

上海市的机构建设历程表明，较为规范完善的机构建设对推动普通话培训测试工作又好又快地发展起到了关键作用。

2. 河北省机构建设

河北省普通话培训测试工作自1996年启动，工作覆盖全省各设区市及各类高校，逐层推进，扎实稳健。到2009年底，全省参测总数达到245.3万人次，首次测试合格率97.12%。测试数量占全国测试总数的8%以上，是名副其实的测试大省。

1994年，国家教委、国家语委、广电部联合印发《关于开展普通话水平测试工作的决定》。1995年6月，河北省机构编制委员会批准建立河北省普通话培训测试中心，为具有独立法人资格的省教育厅直属事业单位，经费自收自支，编制5人。这是当时全国31个省（自治区、直辖市）中为数不多的独立测试机构。1996年4月，省中心开始筹建并开展工作。同很多省（自治区、直辖市）相仿，在工作起步阶段，河北省中心克服了很多困难，积极进行宣传，将机构建设和制度建设作为工作重点。

2006 年 9 月 22 日，河北省编委批准河北省普通话培训测试中心更名为“河北省语言文字培训测试中心”，为省教育厅直属的经费自理公益性的处级事业单位，经费形式为财政性资金零补助（自 2009 年起，经费由预算外管理转为预算内管理），具有独立法人资格，编制增至 8 人。经费主要来源是各测试站上缴的 30% 测试费，省教育厅办公大楼内设有相应办公用房。

省中心主要工作职能是：在省语委办指导下，开展全省普通话和汉字社会应用规范化的培训测试，以及语言文字社会应用的科学研究工作；承担全省语言文字工作的组织实施，负责编制配套的指导教材和试卷，负责审核和评定测试成绩，负责省级普通话测试员的培训和资格认定等事务性工作。

1997 年，河北省要求各设区市和有测试任务的院校建立测试机构①。2004 年，河北省教育厅、河北省语委下发《关于河北省实施〈普通话水平测试管理规定〉办法》（冀语［2004］1 号）的通知，要求在省广播电视局、11 个设区市和省部属大专院校建立普通话培训测试站，在各市属院校和县（市、区）建立普通话培训测试点（负责普通话培训辅导和组织工作），对各测试站的工作职责和建站条件予以明确。

2007 年 11 月，河北省人大通过了《河北省实施〈国家通用语言文字法〉办法》，2008 年 1 月 1 日正式实施，进一步以法规形式确定了各级政府和行政管理部门及测试机构的工作职能，对普通话水平测试的应试人群、各类人员应达到的普通话水平等级要求等内容做出具体规定，推动河北省语言文字培训测试工作进一步发展。

2008 年，河北省中心按照省教育厅、省语委《关于贯彻落实〈河北省实施国家通用语言文字法办法〉，进一步做好普通话和汉字应用水平培训测试工作的通知》（冀教语［2008］5 号）要求，统一

①河北省语言文字培训测试中心编著《历程——纪念河北省普通话培训测试工作 15 周年（1996—2011）》，河北大学出版社 2011 年版，第 63 页。

全省测试机构名称为“××语言文字培训测试站”，并进一步完善机构建设。

截止到2012年3月，河北省共成立92个测试机构，包括省中心、省广电局、11个设区市和79所省部属大中专院校（含省属民办高职院校12所）的测试机构，在全省形成了语言文字培训测试工作网络。其中，除省中心和张家口市测试站经同级编委批准、独立设置、有编制外，其余机构均没有单独编制。11个设区市测试站和79所省部属院校测试站，基本上都是与语委办合署办公，部分测试站属于挂靠性质。而79所省部属院校的语委办和测试站中，有85%以上的测试站挂靠在教务处，大部分工作人员是兼职。

河北省的机构建设情况比较具有代表性，一定程度上反映出地方普通话培训测试机构建设的基本面貌。

3. 云南省机构建设

云南省位于我国西南边陲，在很长一段时间内，与中原和沿海发达地区相比，其社会发展形态相对滞后。改革开放将云南省转变成对东南亚开放的前沿省份，这给云南省带来了前所未有的发展机遇，也包括推广普通话工作的机遇。

1992年，云南省普通话水平测试中心率先在全国成立。随后，云南省教委下发了《关于地、州、市成立普通话水平测试站的通知》。至1993年3月，云南全省17个地、州、市教委均成立了普通话测试站，形成了覆盖全省的、较为健全的普通话测试工作组织机构。至1994年国家正式开展普通话水平测试工作时，云南省已完成测试4万余人次。

1997年，云南省机构编制委员会办公室下发文件，将云南省普通话水平测试中心更名为“云南省普通话培训测试中心”，正式作为云南省教委所属事业单位，经费自理，事业编制6名。

截至2009年，云南省建立了包括州市、行业系统（含省厅局）和有关高校的普通话测试站33个。其中，州市级测试站16个（含昆明市测试中心）、高校测试站13个、行业系统（厅局）测试站4个。其中，曲靖市语言文字工作管理与普通话水平培训测试站是经曲靖市人民政府办公室批准成立的曲靖市教育局直属事业单位（曲政发办［2002］28 号），核定编制 5 人，参照公务员管理，推行公务员制度；昆明市普通话培训测试中心是经昆明市编办批准的昆明市教育局下属全额拨款事业单位（昆编办［2004］98 号），事业编制 4 名。除此之外，其他测试站都是有关行业部门、高等院校的内部所属机构。

为总结云南省普通话测试 10 年工作，进一步规范普通话测试，2003 年，云南省教育厅下发《关于开展对全省普通话水平测试工作进行综合评估的通知》（云教语［2003］3 号），对全省 19 家测试站进行综合评估。评估内容涉及测试工作组织领导、队伍建设、测试管理、测试质量保证和财务管理五个方面。在评估中，除了实地听取汇报、考察工作现场、查阅档案外，评估组抽查复听了部分测试音档，走访了学校师生，召开各种座谈会 35 场次，问卷调查 1000 余份。评估工作结束后，对业绩突出的 5 家测试站给予了表彰。这次评估工作进一步促进了云南省测试站的建设，加强了各地教育行政部门领导对普通话水平测试工作的了解和重视，有利于改善和提高各测试站的经费和办公条件。

在云南省最初成立普通话测试中心时，由于国家尚未正式开展此项工作，云南省中心是教育厅内部机构，可以从教育厅得到相应资金扶持。1997 年，经云南省编办正式批准建立机构，其性质定为经费自理。随着测试工作的不断发展和部分在编人员相继退休，单位性质与事业生存发展之间的矛盾日益显现。推广普通话工作是国家行为，普通话水平测试工作也是依法实施的政府行为。测试不以盈利为目的，可以列入社会公益事业。国家发改委下发的测试收费标准，仅供支付成本费用，也从中体现出这种性质。经费自理从体制性质上决定了机构的首要问题要谋求自我生存，用于作为国家工作、政府行为的普通话水平测试，并不合适。

云南省普通话水平测试工作曾在全国各省（自治区、直辖市）中居于前列，而机构体制性质及其内部协调关系问题对事业发展产生了一定的影响，从一定程度上制约了云南省普通话培训测试工作的持续发展。可喜的是，在发展创新阶段，特别是最近几年，云南省中心对省属测试机构坚持规范管理，借开展计算机辅助测试的机会，对省属测试机构进行了新一轮的检查，正在积极作为，迎头赶上。

4. 余论

1995年，云南省召开了省普通话水平测试工作研讨会，时任国家语委副主任的孟吉平到会发表讲话，对云南省的先进经验作了总结。其中，前两点是："一、领导重视，对普通话与社会进步的关系，普通话与水平测试的关系认识深刻。二、机构健全。省测试中心成立，和语委办配合较好，语委办以政府部门行政手段干预，制定规划，提出要求，是测试工作顺利开展的保证；测试中心对培训和测试工作，在科学研究基础上制定了一套可操作的较完善的办法，保证质量。这两个保证做到，工作就非常完美了。机构健全的第二点，是建立了网络，省里有测试中心，地州（市）有测试站。有两个积极性，工作才落实。"① 云南省的普通话水平测试工作历程验证了这个道理，其他省（自治区、直辖市）以及地市、高校等测试机构也在机构建设和培训测试工作的实践中，不同程度地受到这两方面影响，只有处理好基础关系，才有可能将测试事业发展壮大。

根据国家语委下发的文件，结合本省（自治区、直辖市）实际情况和工作需要，每个省（自治区、直辖市）都形成了适用于本地区的培训测试层级管理模式，基本满足各省（自治区、直辖市）范围内不同人员参加普通话培训测试的需要。随着普通话培训测试法制建设的不断完善，各地普通话培训测试机构也在不断地健全、发展。

三、队伍建设

时任国家语委副主任的孟吉平曾经总结概括云南省普通话水平测试工作的经验，第一点是领导重视，第二点是机构健全，第三点

---

①孟吉平《认真贯彻〈决定〉，搞好测试工作——在云南省普通话水平测试工作研讨会上的讲话（摘要）》，云南省普通话水平测试中心编《普通话水平测试工作文集》，语文出版社1996年版，第19页。

就是有一支好队伍，并且强调这是关键要素。从普通话培训测试活动四要素来讲，测试主体在测试活动当中是占主导地位的，对于整个测试活动以及测试事业的影响都至关重要。

从事普通话培训测试工作的人员队伍可以分成测试员、管理工作者、视导员、专家四大类。其中，测试员队伍是普通话水平测试的测试主体，大部分测试员也是普通话培训教学工作的主体。

（一）测试员队伍建设

1. 测试员总体情况

全国测试员分成省级测试员（简称“省测员”）和国家级测试员（简称“国测员”）两个梯队。据全国普通话培训测试现状调研数据不完全统计，截至2009年底，国测员共4522人，省测员3万余人。到2013年底，国测员共5300余人，省测员五万一千余人。总体看来，测试员女性居多，占到70％至80％，男性只有20％至30％。测试员队伍整体专业素质较高，主要由一线语言文字教育工作者、语言文字管理工作者、语言文字研究专家组成，年龄结构合理，老中青比例协调。

由于开始的几期测试员培训班主要选拔资深专家和具有丰富教学经验的教师，测试员年龄普遍偏大。根据现状调研结果，目前全国测试员以处在30至40岁的中青年教师为骨干力量，40岁以下的测试员占70％以上，说明测试员队伍总体比较年轻。这对测试工作效率和工作质量起到了很好的保障作用。由于国测员的条件要求与省测员有所区别，国测员的平均年龄比省测员平均年龄偏大。

测试员的职业分布比例由高到低大致是中小学幼儿园教师、高校教师、中专职校教师、行业系统人员、其他人员。其中所占比例最大的是各类教师，合计约占总人数的90％，而且工作领域大都与中文、语文教育、语言教学研究相关。教师是普通话水平测试工作的主力军。

从学历上看，具有大学本科以上学历的测试员占74％以上，部分省份达到90％以上，学历普遍较高，说明测试员队伍的知识层次与专业素质总体良好。

从职称上看，达到中级以上专业技术职称的达到71%以上，其中副高级职称以上占19%以上（部分省份达到30%以上），反映出测试员普遍具有较强的职业素养和从业能力，保证了测试员的基本素质。

从上述数据分析，可以看出：（1）测试员的专业或职业对应性较强；（2）基本素质较好；（3）年龄分布比较合理，总体趋于年轻化，富有活力。测试员队伍总体结构是比较理想的。

2. 测试员培训与管理

普通话水平测试工作要求测试员具备较高的专业素质，包括能说比较标准的普通话，具备测评诊断、听辨音、汉语言基础知识等多项综合能力，并且具备良好的道德品质，热心推广普通话事业，能吃苦，讲奉献，坚持标准，作风严谨，等等。不过，测试员大都来自各行各业，多为兼职人员，业务素质并不均衡，流动性强，分散性强，给培训、聘用、管理增加了一定的难度。

国家语委普通话培训测试中心负责全国国家级测试员的选拔培训与管理工作。各省级培训测试机构肩负着本省测试员的选拔培训与管理的职责。国家语委普通话培训测试中心平均一年举办1至2期国家级普通话水平测试员资格考核培训班（简称“国测班”），大部分省份也是平均一年举办1至2期省级普通话水平测试员资格考核培训班（简称“省测班”）。为选拔出合格的测试员，并进一步提高测试员的业务水平，十几年来，各省级培训测试机构仿效国测班做法，并针对本省（自治区、直辖市）测试员的选拔、培训、聘任、考核、质量监督等实际工作，摸索总结出一套行之有效的方法体制。下面就这些环节举例予以说明。

（1）测试员选拔培养

随着社会的不断发展进步，普通话水平测试规模不断扩大，培训测试机构对测试员的要求与时俱进，愈加规范、严格。选拔培养测试员的基本原则是：语音面貌好，业务能力强，质量第一，宁缺毋滥。根据现状调研数据不完全统计，国测班的通过率达到97%以上，各地省测班的通过率为78%以上。

由于普通话水平测试以面测方式为主①，对测试员的首要要求是语音面貌好，即能够说一口比较标准、流利的普通话，且外表端正，举止大方得体。选拔方式一般采取以下做法：一是参加选拔培训的人员必须经所在工作单位同意和有关部门推荐，以保证其基本素质。二是必须参加为期两周左右的集中培训，并考核合格。在资格考核培训班上，学员除完成普通话水平等级测试、普通话水平测试评分考核外，还要进行普通话语音理论知识、语言文字政策法规知识、普通话语感、国际音标发音、常用汉字注音等考核，有的省份还进行听力测试，所有项目达到规定要求后，才能取得测试员资格。三是测试员上岗前进行测试现场实习考核，成绩合格，才能获得上岗资格。浙江省中心还专门推出测试员宣誓仪式②，以增强测试员工作的神圣感和使命感。获得资格的测试员庄严宣誓：严格履行法律赋予的神圣职责，自觉维护国家普通话水平测试工作的严肃性和权威性。

各级测试员考核培训班的授课人员多是从事普通话培训测试工作的业务骨干人员、语言文字领域的专家和资深教研人员。就教材而言，多以《普通话水平测试大纲》《普通话水平测试实施纲要》《普通话水平测试员实用手册》③、本省（自治区、直辖市）评分细则和自编教材以及授课教师自编讲义为主。

（2）测试员再培训

测试员通过培训考核以及上岗工作后，在进行普通话水平测试过程中，如何保持稳定、统一、良好的评分水平，对维护普通话水平测试的信度和效度，保证测试质量，具有直接影响。为此，全国各级普通话培训测试机构都比较重视测试员的持续性培训，大部分省（自治区、直辖市）能够做到对测试员进行形式多样的后期再培训，个别省（自治区、直辖市）由于条件所限，未能经常举办后期

①近几年开始在全国范围内逐步推广计算机辅助普通话水平测试，应试人不与测试员同场出现。

②参见《浙江省普通话培训测试现状自我调研报告》，2011 年。

③宋欣桥编《普通话水平测试员实用手册》，商务印书馆 2000 年版。

培训和研讨交流活动。

以河北省、湖南省、山西省、广西壮族自治区为代表的部分省份坚持对测试员进行“一年一小训，三年一大训”的持续培训方式，注重测试员继续教育，对已取得测试员资格的普通话水平测试员定期举办检测和提高测试能力的培训活动。例如，各测试站每年定期对测试员进行集中培训，传达国家、省（自治区、直辖市）出台的有关语言文字的政策法规和管理规定，研究测试中存在的共性问题，提出改进意见，并总结一年来的测试工作。省级测试机构每隔三年对全省（自治区、直辖市）测试员进行一次业务轮训，请国家及本省（自治区、直辖市）有关专家授课，提高测试员的思想水平和业务能力。又如，湖南省主要采取两种方式①：（1）日常函授式培训，即每隔两三个月向每位测试员寄发最新的推广普通话工作动态，并针对测试中的一些问题展开专项讨论，让大家发表意见，找出解决问题的方法；（2）定期集中培训，即每隔两三年由省中心组织对测试员统一培训和考核。又如，山西省②在2005年，结合新《大纲》培训，对所有测试员提出“六个一”要求，即：每个测试员必须有一颗公心、一腔热情、一门心思、一肚知识、一张利嘴、一双辨耳。再如，浙江省中心和天津市中心为不断提升测试员的基本技能，了解普通话水平测试发展动态，每年组织测试员开展多种形式的培训，邀请语言文字专家开设专题讲座，如“普通话语音基础”“朗诵的用气与发声”等，以提升测试员的专业素养。

（3）测试员聘任考核

《普通话水平测试管理规定》第十二条规定：测试机构根据工作需要聘任测试员并颁发有一定期限的聘书。第十三条规定：在同级语言文字工作办事机构指导下，各级测试机构定期考查测试员的业务能力和工作表现，并给予奖惩。

包括内蒙古自治区、上海市、安徽省、辽宁省、贵州省在内的

①参见《湖南省普通话培训测试现状自我调研报告》，2011年。

②参见《山西省普通话培训测试现状自我调研报告》，2011年。

大部分省级培训测试机构严格执行《普通话水平测试管理规定》，对本省（自治区、直辖市）测试员实行聘任或注册制度，明确测试员的职责、纪律、义务和权利。例如，安徽省[①]对测试员采用评聘分离的注册式管理，通过培训取得上岗资格的测试员和省中心签订协议，接受《安徽省测试员在线评分暂行规定》，并自愿到“安徽省测试员之家”进行注册后，成为省中心聘用测试员，其他测试员保留资格但不再承担评分任务。截至 2009 年底，安徽省测试管理系统共有注册测试员 519 人，可以承担年测试量为 25 至 30 万人次的评分任务。再如，广西壮族自治区语委办和测试中心[②]建立测试员淘汰制度。每三年对测试员队伍进行一次业务培训考核，颁发上岗证书，凡经业务考核不合格的测试员，不再安排测试工作。再如，贵州省[③]对测试员参加测试工作实行轮流测试制度。每位测试员每年应有不少于三次的测试量，按规定参加省中心及各市（州、地）普通话水平测试站组织的测试工作，一年内无故不参加测试工作或测试量不足者，将被亮黄牌直至取消测试员资格。省语委办、省中心以取得省测员资格年限及测试工作记录为依据，优先推荐优秀省测员参加国家级普通话水平测试员的考核培训班。

在测试员评选方面，各省（自治区、直辖市）也采取了有效措施和不同方法。有的奖惩分明，有的灵活新颖，各具特色。如，贵州省[④] 2005 年下发《贵州省教育厅办公室关于加强全省普通话水平测试员管理工作的通知》（黔教语办［2005］128 号），要求全省每年召开一次普通话水平测试工作总结会，对工作认真、业务能力强、表现突出的普通话水平测试员给予一定的物质奖励，并通报表扬；不再聘用不能完成工作任务或由于工作态度、工作能力等原因严重影响测试质量的测试员。又如，2009 年，浙江省中心[⑤]为庆祝祖国

---

①参见《安徽省普通话培训测试现状自我调研报告》，2011 年。

②参见《广西壮族自治区普通话培训测试现状自我调研报告》，2011 年。

③参见《贵州省普通话培训测试现状自我调研报告》，2011 年。

④同上。

⑤参见《浙江省普通话培训测试现状自我调研报告》，2011 年。

六十华诞，纪念国家普通话水平测试十五周年，增强测试员队伍的向心力和凝聚力，进一步提高普通话水平测试业务能力，举办了首届浙江省"'说普通话，聚中国心'国家普通话水平测试员基本功比赛"活动。从7月起，经层层选拔、推荐，60多位测试员脱颖而出。测试员基本功比赛包括普通话注音、朗读、朗诵、评测等四项内容，展示了测试员扎实的基本功与业务水平，才艺表演项目也充分展示了测试员丰富的艺术才华和精神风貌。测试员基本功比赛充分表现出全省普通话水平测试员对普通话培训测试工作的无限热爱和"爱国家、爱母语"的高尚情怀。赛后，由浙江音像出版社出版了测试员朗诵作品光盘。这一比赛，不仅为教师的普通话教学起到了良好示范作用，也扩大了普通话水平测试员的社会知晓度，收到了很好的反响。

3. 骨干测试员

测试员是开展普通话培训测试工作的基础力量，目前全国普通话水平测试员达数万之众，但其测评水平和业务能力并不均衡。鉴于此种情况，全国10余个省（自治区、直辖市）经过层层选拔，从本省（自治区、直辖市）现有国测员队伍里组织聘用了本省（自治区、直辖市）骨干测试员队伍，数量20至100余人不等。骨干测试员作为本省（自治区、直辖市）测试员的中坚力量，经常参加省（自治区、直辖市）内普通话培训、测试、科研的重点工作，以及代表本省（自治区、直辖市）参与国家语委组织的相关工作，包括编写培训教材，对省测员进行培训，对评测有差异、临界或者一级以上的成绩进行复审，参加课题研制工作，对测试工作进行指导，等等。

骨干测试员的思想素质、业务水准、专业素养的综合评价在全国测试员队伍中居于前列，他们是测试员中的优秀分子，在测试员中享有较高的威信，是各省（自治区、直辖市）开展培训测试和科研工作的得力助手。对骨干测试员进行培养、训练，提高其业务水平，发挥他们的专长，有利于带动整体测试员业务水平的提升，推动普通话水平测试事业向前迈进。因此，各省（自治区、直辖市）

对骨干测试员的培养、培训、考核、聘用以及发挥作用都十分重视。

例如，河北省[①] 1998—2009 年开展了 9 次骨干测试员业务培训和交流活动，通过培训，使骨干测试员了解语言文字工作新形势、新任务，适应新要求，更好地在全省测试员中发挥骨干作用。再如，重庆市和湖北省坚持对骨干测试员举办一年一次的培训活动，湖北省[②]近年在网上开辟“网上培训学校”，对骨干测试员进行年度培训与考核。现代化的培训手段实现了集中培训与自我培训相结合，具体做法是：先将培训内容放在网上，需要培训的人员登录指定网站，在线收听培训内容，下载作业；在自我培训过程中，有专家在线解答疑问；测试员参加集中培训与考核时，需向省中心提交作业。这种培训方式节约时间、节省开支，而且也提高了培训效果，具有创新性。又如，上海市[③]骨干测试员也是上海市中心聘请的审听员，肩负着对测试质量进行实时监控的重要任务。人工测试期间，上海市中心坚持每场测试按 20∶1的比例组织审听员进行即时审听，发现评测错误，当场纠正。计算机辅助普通话水平测试试点以后，按照20%的比例，对说话项评分进行抽查审听，以便及时了解测试员评分状况。而且，上海市中心不定期地组织审听工作研讨会，对测试员现场评分情况进行深入分析，研究把握评分标准的具体方法和途径，这种审听制度对稳定测试质量起到了积极的保障作用。

截至 2009 年，全国对普通话培训测试队伍的业务交流和培训工作多在各省（自治区、直辖市）内范围，国家层面的业务交流和培训相对较少，省际交流学习也相对匮乏。从 2009 年开始，经过各省级培训测试机构推荐，国家语委普通话培训测试中心在全国范围内选拔、培训了三批骨干测试员。其中，第一批骨干测试员称之为“特聘测试员”，作为国家队的种子选手，承担国家语委普通话培训测试及科研任务。第二批和第三批骨干测试员主要承担协助国家测试机构在香港、澳门执行合作测试的任务。

---

①参见《河北省普通话培训测试现状自我调研报告》，2011 年。

②参见《湖北省普通话培训测试现状自我调研报告》，2011 年。

③参见《上海市普通话培训测试现状自我调研报告》，2011 年。

（二）管理人员队伍建设

普通话水平测试兼具学术性与行政性两种特征。在队伍组成中，测试员是学术性的代表，管理人员是行政性的代表。作为行政管理人员，肩负着组织、实施普通话水平测试工作的重要职责，同时，也是普通话推广工作的主要力量。

2009年，全国普通话培训测试现状调研结果显示，我国培训测试管理人员已有4000余人，但是兼职人员约占三分之二的比例。从国家级、省级、地市（高校、行业等）级三级测试机构来看，层级越高，管理人员的专职比例越高；层级越低，管理人员身兼多职的现象愈加常见。

最近几年，管理人员的流动性逐渐增强，原本相对稳定的队伍开始呈现出更多新鲜面孔，这有人员的自然更迭因素，也有部门轮岗的因素，更多的原因则是与机构建设的编制问题有关。大部分地市、高校、行业系统等的测试机构没有人员编制，一人多用、身兼数职的现象普遍存在，这对普通话培训测试的工作发展易带来不利影响。

（三）其他队伍建设

1. 视导员队伍建设

《普通话水平测试管理规定》第十四条规定：省级语言文字工作部门根据工作需要聘任测试视导员并颁发有一定期限的聘书。测试视导员一般应具有语言学或相关专业的高级专业技术职务，熟悉普通语言学理论，有相关的学术研究成果，有较丰富的普通话教学经验和测试经验。测试视导员在省级语言文字工作部门领导下，检查、监督测试质量，参与和指导测试管理和测试业务工作。

根据《管理规定》，全国已有22个省（自治区、直辖市）及新疆生产建设兵团按照要求聘用了视导员，累计达1100余名，不同程度地开展了视导工作。有的省会（自治区首府）、计划单列市的普通话培训测试中心根据工作需要聘请了测试视导员，对本省（自治区、直辖市）的普通话水平测试工作、科研工作进行指导、监督并提出建议。

正是出于客观工作的需要，很多省（自治区、直辖市）按照国家的有关要求，组建本省（自治区、直辖市）的视导员队伍，并对视导员的选拔、聘用和管理制定了具体措施。如：《天津市普通话水平测试监测视导员资格和职责》；河北省《关于建立省、市、县三级语言文字视导员制度的通知》（2002 年）；内蒙古自治区汉语委印发《关于聘任全区首批普通话水平测试视导员的通知》（2009 年 8 月）；等等。

不同省（自治区、直辖市）聘用的视导员人数不等，多则几百人，少则一两人。人员构成基本分为三类：一类倾向于管理型（如辽宁省、山东省等），由语委办、省中心的负责同志和各市、高校测试站的负责人组成；另一类偏重专业型（如江西省、广东省、甘肃省、云南省等），多由高等院校及广电系统的专家、学者、优秀中小学教师及副高以上职称、具有扎实的理论功底和丰富实践经验的国家级测试员组成；第三类是综合型（如湖北省、海南省等），兼有管理者和专家、国测员两种性质的人才队伍。视导员和骨干测试员的性质有所交叉，因此，有的省（自治区、直辖市）选聘部分骨干测试员，进入视导员队伍（如浙江省、江西省等）。

视导员一般具有副高级专业技术职务或处级以上行政职务，具有较丰富的语言文字工作管理或测试工作经验，熟悉语言文字政策法规。职责是代表省级培训测试机构对省（自治区、直辖市）内各级普通话培训测试站点进行巡视，全面参与指导和协助管理监督普通话培训测试工作，包括测试员培训、测试科研指导、测试机构与测试质量的监督检查等工作。例如，湖南省的视导员，采取随机抽查方式，不定期地对测试员评分表、测试录音以及相关测试资料进行抽查，及时监督检查测试站（点）工作。又如，2003 年江西省以省教育厅名义，先后聘请了 12 名具有副高以上职称、具有扎实理论功底和丰富实践经验的国家级测试员为全省测试工作视导员，他们在省语委办、省中心的统一协调下，先后对各地、校培训测试机构进行交叉巡视、检查 90 余次，对培训测试工作进行指导、监督，有效保证了全省测试质量。

各省（自治区、直辖市）对视导员实行聘任制度。例如，贵州省、甘肃省的语委办、省中心每三年对视导员进行审核聘任，以省教育厅或者语委办的名义颁发聘书，并向全省各级语委及测试机构公布。再如，湖北省对测试视导员和专家队伍实行一年一聘。如果是测试管理干部，至少具备省级测试员资格，专家必须具备国家级测试员资格。各测试站推荐人选以后（每个测试站推荐人选不得超过 4 人），由湖北省中心组织培训考核，考核包括国家语言文字法律法规、普通话水平测试管理规章制度、测评能力等。考核合格后，由省中心颁发聘书，聘期为一年。

视导工作能够有效保证普通话培训和测试工作的质量，有利于进一步提高普通话培训测试工作的权威性、学术性和专业性，在普通话培训测试管理工作中具有重要作用。

2. 专家队伍建设

很多省（自治区、直辖市）在骨干测试员、视导员队伍的基础上，组建了本省（自治区、直辖市）专家队伍。依托专家团队进一步推进普通话培训测试工作。普通话培训测试工作不仅政策性强，而且专业性和科学性都很突出。从国家级测试机构到各省级测试机构，都组建了一支由语言文字工作战线的权威学者、资深专家组成的专家队伍，一般以“专家委员会”的形式出现。国家语委普通话培训测试中心在 2009 年建立了专家指导委员会，聘请了包括陈章太、仲哲明、傅永和、张颂、田小琳等知名学者，指导全国性的普通话培训、测试、科研及管理工作。

很多省（自治区、直辖市）在开展培训测试工作的过程中，依托高校和广电系统，将具备丰富的语言文字工作经验和前沿的理论研究成果的研究学者纳入专家队伍，对培训测试工作提供指导和帮助。专家委员会的成员知识结构完备、年龄结构合理、业务素养过硬，他们为培训测试工作提供了坚实的智力支持和理论依托。

全国各级普通话培训测试专家队伍，已成为普通话培训测试工作的中坚力量。在很多省（自治区、直辖市），这支队伍已发展成为全省（自治区、直辖市）推普工作中最积极、最活跃的力量，在培训、测试、宣传和科研等多项工作中发挥了骨干作用，为全省普通话培训测试工作水平的提升发挥了重要的推动作用。

3. 其他队伍建设

部分省（自治区、直辖市）根据实际需要，建立了具有特点的人才队伍，对普通话培训测试工作良性发展起到了促进作用。例如：

（1）巡考员队伍

巡考员，有的省（自治区、直辖市）也称其为巡视员，一般实行聘任制，聘期为三年。巡考员代表省（自治区、直辖市）中心深入基层，巡视考点组织管理规范情况，并对考点的组织工作进行考核与指导，这有利于维护国家考试的严肃性和公正性。巡考员对不符合规范的情况要向考点主考提出整改意见，对测试管理提出合理化建议。上海市、浙江省、云南省聘请的巡考员大多是测试、管理、监督的多面手，这样也大大缓解了省级测试机构人员不足的压力。

（2）监察员队伍

重庆市建立了一支社会普通话水平监察队伍。在重庆市委、市政府、市人大、市政协的授意下，联合市文广系统、工商系统、出版系统，向社会各行各业聘请监督员，成立推普督查小组，设立监督举报电话。依法监督社会规范用语用字，尤其是各级干部在接受媒体采访或面向公众讲话时的用语情况，并直接向市电视台举报，形成定期通报制度。这一制度有利于监督地方干部语言规范的问题，使党政机关的规范用语真正起到带头作用。

四、管理信息化建设

在普通话推广方面，普通话水平测试的影响逐渐扩大，测试的规范化、数字化和信息化工作逐步取得进展。

为了尽快运用现代科技成果，大力提高测试管理效率和管理水平，上海市、湖北省、黑龙江省等省市率先研制并应用普通话水平测试信息管理系统，利用计算机和互联网管理测试信息，受到教育部主管部门和有关专家的支持。2001年12月，教育部语言文字应用管理司（简称“语用司”）、语言文字信息管理司（简称“语信司”）和国家语委普通话培训测试中心，对上海市普通话测试中心、湖北省普通话测试中心、黑龙江省普通话培训测试中心分别研制开发的测试管理信息系统进行了鉴定。

2005年8月，湖南省普通话培训测试中心研制的国家语委“十五”科研规划重点课题“国家普通话水平测试管理信息系统”，通过了由教育部语信司和语用司组织的专家鉴定委员会的鉴定，并于同年实现了全省普通话培训测试的信息化管理。这套系统运行比较稳定，具备可扩充性、安全性、经济性、先进性的特点，满足了湖南省中心和下属测试机构的业务和管理需求，省里测试工作效率明显提高，有效减少了省内各级机构的经费开支，一定程度上实现了数据统计分析的科学性。

2009年2月，浙江省普通话培训测试中心联合杭州中心和浙江科技学院，历时三年完成了“国家普通话水平测试网络评测与管理系统”，并通过了教育部和国家语委组织的鉴定。这套系统在浙江省四年多的实际使用中，受到管理者、测试员、应试人员的普遍好评。各项指标设置合理、操作简便，有效减轻了测试工作强度，提高了工作效率。同时，该系统将培训、测试、管理和科研融为一体，整合了培训、测试、测试员信息及各中心、站、点信息，在综合信息化管理运作实践中取得了规范而有效的成果。

就全国各省（自治区、直辖市）来看，有一些省（自治区、直辖市）的管理系统虽然没有进行国家鉴定，但是也在省内的培训测试管理方面发挥了重要作用，如：江西省、云南省、江苏省、山西省等省（自治区、直辖市）。2009年，全国各省级普通话测试机构实现省内联网管理的省份达十几个。

2009年4月，“全国普通话培训测试信息资源中心”在安徽省启动了揭牌仪式，成立了管理委员会。该中心旨在研究完善国家普通话培训测试管理系统，并将建立全国统一的信息管理平台，免费提供给各地各级测试机构使用，这将促进全国普通话水平测试管理信息化工作快速发展。该中心计划建成两年内，实现全国普通话水平测试管理信息化，全国联网，数据汇总、上传、抽检一步到位，全面实现测试管理数据化和数据资源的长期保存。

2010 年 6 月，为进一步推进全国普通话培训测试和管理的信息化建设，加强全国普通话培训测试的资源建设，国家语委普通话培训测试中心与安徽省教育厅联合举办了全国普通话培训测试信息化工作会议。教育部副部长、国家语委主任李卫红主持了“全国普通话培训测试信息资源中心”的启动仪式，时任国家语委副主任、教育部语言文字信息管理司司长李宇明，时任教育部语言文字应用管理司副司长张世平，共同开通了“全国普通话培训测试信息资源网”。这是全国普通话培训测试战线推进信息化工作的标志性会议，是普通话培训测试管理手段在现代化进程中的重大突破，对全国语言文字事业的发展具有里程碑意义。会议聘请了各省（自治区、直辖市）共计 31 名同志为第一批全国普通话培训测试信息资源网信息员。信息员的职责任务是及时反映各地培训测试的工作动态，为网站的建设、为推进全国普通话培训测试和管理的信息化建设，提供具体信息和相关建议。目前，全国普通话培训测试信息资源网已经成为全国各级普通话培训测试机构的交流宣传平台。

第四节　普通话水平测试的作用领域及成绩分析

需要对普通话水平进行测量的人群主要集中在党政机关、教育系统、新闻媒体和公务服务行业四大领域。其中，教育系统是普通话培训测试的重点领域。从全国各省、自治区、直辖市的历年测试数据看，应试人主要集中在教师和学生两类人员，合计占总测试量的 95%左右。自 1994 年开展普通话培训测试以来，全国的测试发展大致以 2002 年为节点，可以分成两个阶段。即在 2002 年左右，大部分省、自治区、直辖市达到了测试量的第一次高峰，如：浙江、江西、安徽、湖北、上海、甘肃、湖南等。有的省市早一点，如辽宁在 1996 年，北京、云南在 1999 年，河北在 2001 年出现了第一次高峰。大部分省在 2009 年出现了测试量上的第二次高峰，并且达到历史上的最高测试量峰。

第一阶段：1994—2003 年。这一阶段的普通话培训测试工作已经开始面向广电系统播音员、主持人和教育系统师范院校毕业生和各级各类学校（包括幼儿园）的教师。由于国家全面实行教师资格认定制度，教师的普通话水平需要达到相应等级方能取得教师资格证书，这一强制措施使普通话培训测试在教育系统受到关注，在师范院校毕业生和各级各类学校（包括幼儿园）的教师群体中广泛开展起来。不过，总的说来，第一阶段仍处于培训测试的起步阶段，普通话水平测试的社会知晓度普遍偏低。

第二阶段：2003 年至今。这一阶段的普通话培训测试工作进展较大。全国逐步形成测试机构层级网络，国家和地方相继出台语言文字法和相关语言文字管理条例，国家语委适时推出一类城市、二类城市和三类城市的语言文字工作评估。随着推广普通话工作的不断深入，测试量稳步上升。随着计算机辅助普通话水平测试的试点工作进一步扩大，大规模测试的条件逐步成熟，测试范围集中转向高校、中职中专学校等各专业的在校学生，普通话水平测试的社会知晓度大幅提升。广电、党政机关和公共服务行业的测试人数虽然也在不断增长，但总体看来，这些领域的测试量增幅较小，发展空间较大。

一、教育系统的普通话水平测试

（一）教师资格

2000 年 9 月 23 日，教育部颁布《〈教师资格条例〉实施办法》，规定教师必须取得资格认可，方可从事教师工作。而要参加资格认定，必须取得相应的普通话水平等级证书。2001 年，我国开始全面实施教师资格制度。由于教师资格认定工作需在短期内完成，因此，全国上千万教师的测试工作也必须在规定时间内完成。这使测试工作面临快速发展的局面。所以，我国教师资格制度的确立直接推动了普通话培训测试工作在第一阶段的突破性进展。换言之，在早期初建阶段，普通话培训测试主要是围绕教师资格认证这一工作展开，为教师资格认证服务。

因为第一阶段培训测试的主要对象是各级各类学校教师。大部分省、自治区、直辖市全力配合当时的教师资格认定工作，采取集中测试方式，集中力量打“歼灭战”。测试员们将这一阶段称为“大兵团作战”时期。这一时期的特点是，各省语委办或测试中心组织测试小组，每个小组10至20人不等，利用暑假期间由组长带队分片进行巡回测试，测试周期在10至15天，非常辛苦。组长除了负责测试业务把关外，还有测试视导的义务。

当时针对教师开展的普通话培训测试工作，在教育系统引起很大反响，一些普通话水平偏低的教师因为拿不到相应的普通话水平等级证书，不能持证上岗。部分省、自治区、直辖市对此制定了人性化的过渡办法。例如，河北省①在2003年，针对部分方言较重、年龄偏大的农村中小学教师普通话达标有一定困难的实际情况，研究制定了教师普通话达标的过渡性政策，适当放宽了达标时限，提出如届时仍不能达标的教师将调整工作岗位。这些措施有力地调动了教师学习普通话的积极性。到2003年年底，全省1954年1月1日以后出生的教师普通话培训测试工作任务基本完成。2004年以来，教师测试量逐年下降，2009年全年只有7000多人，主要是新教师和参加升级测试的教师。到2009年底，全省参测教师总数665200人，占总测试人数的27.1%，平均合格率为95.84%。

又如，新疆维吾尔自治区民语委对不同参测对象规定了不同的达标等级②。自治区教师总计为289483人，其中，少数民族教师为159563人，占新疆维吾尔自治区教师总数的55.1%。自治区民语委规定：教师进行教师资格认定必须参加普通话培训测试，以汉语授课的教师必须达到二级乙等以上水平；幼儿园教师及语文课、汉语课教师须达到二级甲等以上水平；民考汉（各民族人员用汉语参加各类考试）的少数民族教师必须达到三级甲等以上水平；民考民（各民族人员用本民族语言参加各类考试）的少数民族教师必须达到三级乙等以上水平。这种区分不同程度的政策在实际工作中起到了良好的引导作用。近年来，新疆维吾尔自治区的年测试量保持在3

①参见《河北省普通话培训测试现状自我调研报告》，2011年。

②参见《新疆维吾尔自治区普通话培训测试现状自我调研报告》，2011年。

万人次左右。随着自治区对双语教学力度的不断加大，对少数民族教师普通话等级要求的重视，从 2001 年至今，已有 2000 多名少数民族教师参加了普通话水平测试。

（二）示范校评估

2000 年 2 月，教育部、国家语委联合发出了《关于进一步加强学校普及普通话和用字规范化工作的通知》，提出了学校普及普通话工作的目标，并重申了对教师普通话培训测试的相关要求。2004 年 4 月，教育部、国家语委联合发出《关于开展语言文字规范化示范校创建活动的意见》，要求各级各类学校以普通话作为教育教学的基本用语，在城镇学校普遍实现普通话成为校园语言的基础上，计划用 5 年时间，建设一批国家级示范校和省级示范校。

各地借助国家推行语言文字示范校创建活动的机遇，大力宣传普通话水平测试，并结合示范校评估的工作，把普通话培训测试提上日程，这一活动大大推动了教育系统的普通话推广进度。下面以重庆市、四川省和河北省为例，说明示范校评估与普通话水平测试的互动关系。

重庆市①在教师聘用制度上明确提出，语文教师及语言文字专任教师的普通话水平必须达到二级甲等及以上，其他学科的教师普通话水平必须达到二级乙等及以上。随着普通话的普及和创建语言文字规范化示范校等活动，重庆市教师普通话水平二级乙等及以上过关率由 2000 年至 2007 年的平均 95％上升到 2008 年的 96.95％和 2009 年的 97.69％，极大地推动了普通话培训测试工作的开展。把普通话培训测试工作与“语言文字规范化示范校”的评比创建工作结合起来，把教师普通话水平等级过级情况作为硬性指标进行量化评估，提高了教师参加普通话升级测试的积极性，推动了师生自觉使用普通话的良好局面。

2005 年 4 月，四川省②教育厅、省语委下发《关于开展语言文

①参见《重庆市普通话培训测试现状自我调研报告》，2011 年。

②参见《四川省普通话培训测试现状自我调研报告》，2011 年。

字规范化示范校创建活动的通知》（川教办［2005］54 号）。全省启动了创建语言文字规范化示范校活动，制定出台了《四川省语言文字规范化合格学校基本条件》和四川省中小学幼儿园、大中专院校《语言文字规范化示范校评估标准》，明确省级中小学校示范校、示范性幼儿园必须率先成为省级语言文字规范化示范校（园）。作为基础条件之一，示范校（园）教职员工的普通话培训、等级达标、达标率等纳入评估指标体系。这一举措对学校师生员工普通话应用能力的提高起到了有力的推动作用。

2004 年，为促进语言文字达标示范校工作的开展，河北省①语委提出将全省大中专院校学生的普通话培训测试范围逐步扩大到所有专业。随着省教育厅、省语委推广普通话措施的调整，学生测试范围逐步扩大，人数明显增加。1996—1999 年，年度测试量保持在 38200 余人次，主要是师范毕业生；从 2000 年开始，学生测试范围扩大到与口语表达及其相关的 25 个专业后，学生测试人数由 2000 年的 44470 人次增加到 2003 年的 73521 人次；2004 年将学生测试范围扩大到非师范类的所有专业后，学生测试人数从 2004 年的 166330 人次增至 2007 年的 189160 人次。

（三）教育系统内测试群体的转变

从发展趋势上看，自 2003 年前后起，全国教师参测数量逐步下降，学生群体上升，成为新的测试主体。随着测试工作的不断深入，学生参测数量呈稳步上升态势，尤其是 2009 年左右，各省（自治区、直辖市）相继出台关于高校学生参加测试的政策制度。例如，2001 年，江苏省②教育厅、省语委印发《关于在全省高校、中等职业学校开展普通话水平测试的通知》（苏语［2001］8 号），对大中专文科类专业和与口语表达关系密切专业的在校学生提出了普通话水平等级要求。2006 年，《江苏省实施〈中华人民共和国国家通用语言文字法〉办法》颁布后，不少学校规定凡普通话水平测试达到一定

---

①参见《河北省普通话培训测试现状自我调研报告》，2011 年。

②参见《江苏省普通话培训测试现状自我调研报告》，2011 年。

等级的学生，可获得奖励学分，奖励学分可用于冲抵因各种原因未修满的课程学分，这一措施大大调动了学生参加普通话培训测试的积极性。

2003 年，河北省①教育厅、省语委印发了《关于进一步加强大中专院校语言文字工作的通知》（冀语［2003］6 号），文件明确提出“要将普通话和规范汉字纳入教学计划，列入考试科目，计入学分，原则上不低于 1 个学分”，并在河北省的《测试评估标准》中作为一项重要内容，要求普通话教学不少于 18 课时。2008 年 5 月，为认真贯彻落实《河北省实施〈国家通用语言文字法〉办法》（2008 年 1 月 1 日正式实施），河北省教育厅、省语委出台了《关于贯彻落实〈河北省实施国家通用语言文字法办法〉，进一步做好普通话和汉字应用水平培训测试工作的通知》（冀教语［2008］5 号），对法规规定的各项要求制定了具体落实措施，明确规定从 2008 年起开展大中专院校学生全员测试，要求用两年时间落实到位，经补考不合格的缓发毕业证书。到 2009 年底，已有 80％的设区市和省部属院校实现了所有专业学生参加普通话培训测试，驻河北省的中国人民武装警察部队学院和解放军军械工程学院也开展了普通话培训测试。河北省 1995—2009 年 14 年间，全省学生参测总人数达到 1667700 余人次，占测试总人数的 67.97％。2008 年，要求大专院校学生全员测试后，年测试量达到 254757 人次，2009 年，年度测试量增至 298134 人次，连创历史新高。

2003 年 3 月，江西省②教育厅下发《关于我省“两基”复查年检中有关学校语言文字工作的意见》，将普通话培训测试工作纳入全省“两基”教育督导检查评分的重要内容。该《意见》明确规定 1954 年 1 月 1 日以后出生的教师，普通话水平测试成绩必须达到二级乙等，其中，语文专职教师必须达到二级甲等，这一办法有力推动了测试工作在各级各类学校的深入开展。2003 年以后，随着有条

①参见《河北省普通话培训测试现状自我调研报告》，2011 年。

②参见《江西省普通话培训测试现状自我调研报告》，2011 年。

件的高校陆续建立测试机构，高校学生的测试量逐年增加，已成为最大测试群体。

内蒙古自治区[①]在“十五”期间，普通话培训测试的重点对象是各级各类学校的教师和师范院校学生。到 2004 年年底，已经实现了在全区所有高等学校和中等职业学校学生中开展普通话培训测试，范围由师范院校拓展到所有高校，对象由部分专业的学生拓展到全校各专业学生。

目前，从全国范围来看，学生已经成为普通话培训测试的主要测试对象。上海市[②]普通话水平测试是从学生试点开始的，到目前为止，仍以学生为主。从 20 年测试过程看，学生参测数量呈稳步上升的态势。为依法推动上海市在校大学生、中职学生全员参加普通话水平测试，经上海市语言文字工作委员会和上海市教育委员会研究决定，自 2008 年起逐步实施免收学生测试费的政策。这在全国尚属首例。为此，上海市制定了严密的政策制度，按照“先试点、后全面”的原则逐步推进。从 2008 年上半年起，在上海外国语大学、华东师范大学、上海大学、上海师范大学等 4 所高校的 2006 级学生中进行试点；下半年扩大到已经接受过语言文字工作评估的 10 所高校。2009 年上半年，扩大到其他各公办高校；下半年扩大到各民办高校。2010 年扩大到各中等职业学校。根据高校和中职学校的教学实际，为保证测试工作的开展，上海市语委确定参加测试的主要对象为普通高校三年级本科生、高职高专二年级学生以及中职学校二年级学生，并由所在学校组织集体报名参加测试。除上述对象外，学生自行报名参加测试的，仍需按照本市物价部门核准的标准缴纳测试费。这一措施的实施，将普通话水平测试的公益性充分体现出来，获得上海市师生的一致认可。

二、普通话水平测试的其他领域

除了教育系统，普通话水平测试在广电系统、国家行政机关、

①参见《内蒙古自治区普通话培训测试现状自我调研报告》，2011 年。
②参见《上海市普通话培训测试现状自我调研报告》，2011 年。

公共服务行业等也已经开展19年了。在这期间，除国务院下发的通知规定、部门规章和教育系统的相关文件以外，其他各部门系统也相继出台了一些推广普通话、提高普通话水平的相关规定。如：国家广播电影电视总局在2001年12月发布的《播音员主持人持证上岗规定》；铁道部、国家邮政局、信息产业部、中央金融工委、文化部、解放军总政等部门单位专门下发的促进本系统或本单位内部语言文字规范化的通知要求，等等。这些配套的规章制度、法规要求，为全社会各行业积极推广普通话营造了良好氛围。

（一）广电系统

开展普通话水平测试的决定是由国家广播电影电视部和国家语委、国家教委联合发布的，从启动测试工作起，广电系统就一直是推广普通话的中坚力量。新闻媒体作为推广普通话工作的前沿阵地，为全国推普工作树立了榜样。广电系统对播音员、节目主持人的普通话水平要求较高。广电系统人员的测试成绩一直是以一级为主，堪称标准普通话的代表。

各省、自治区和直辖市一般在测试工作开展之初就在广电系统设立了测试机构，很多省、自治区、直辖市的首批测试员、骨干测试员、视导员以及专家队伍的成员，都来自广电系统。从全国范围来看，一般来说，各省（自治区、直辖市）行业测试机构首先会在广电系统开设，并且率先开展测试。

以江西省[①]为例。1994年三部委联合下发《关于开展普通话水平测试工作的决定》，但由于机构设置等原因，至2000年，江西省只有广电系统内部开展了少量的测试工作。从2001年开始，随着全省各级语言文字工作部门和测试机构陆续建立和工作机制逐步完善，普通话水平测试工作才由点到面逐步推开，测试数量和测试范围逐步扩大。可以说，广电系统的普通话水平测试工作是全省测试工作的源头。

随着全国广电系统要求播音员、节目主持人等持证上岗制度的

①参见《江西市普通话培训测试现状自我调研报告》，2011年。

推行，从 1997 年开始，全国广电系统的普通话水平测试工作普遍开展起来。随后，广电系统将普通话水平达标列入招聘准入制，全国各省广电部门先后结束了本系统人员集中进行的普通话水平测试。有的广电系统测试站将测试对象转向传媒专业的高校学生。例如，福建省①广电系统从 1997 年开始对 1954 年 1 月 1 日以后出生的省、市、区县电台、电视台播音员、节目主持人，声像出版物的记者、编辑进行普通话水平测试，共测试了 1218 人。至 2007 年，福建省广电部门基本结束了本系统人员的普通话水平测试。

全国大部分省（自治区、直辖市）广电系统的达标率在 90％以上。例如，贵州省②从 2002 年起，开始对全省广电系统播音员、节目主持人开办针对性强的普通话培训测试班。到 2009 年年底，全省县级以上电台、电视台的播音员、节目主持人 600 余人全部参加了普通话水平培训测试，并取得了良好成绩。再如，广西壮族自治区③从 2004 年以来，通过国家一、二、三类城市语言文字工作评估活动，有效地提高了各级广播电台、电视台（站）的播音员、节目主持人的普通话水平，在社会上起到榜样示范作用。

（二）行政机关

广电系统在推广普通话、推行普通话水平测试工作中起先锋模范作用，其从业人员的普通话如同标杆，起示范和榜样作用。教育系统是培训、提高普通话的重地，是培养未来普通话人才的摇篮。国家行政机关公务员则是为人民服务的公仆，从事国家职能工作，代表国家执行公务。他们更应带头说好普通话，使用普通话，推广国家通用语言。在 20 世纪末，国家有关部门已经认识到这一点，开始逐步规范公务人员的工作用语，要求公务员讲普通话。如：《国家公务员行为规范》（2002 年，人事部）、《关于开展国家公务员普通话培训的通知》（1999 年，人事部、教育部、国家语委）、《关于在检查系统做好推广普通话工作的通知》（1999 年，最高人民检察院办公

①参见《福建省普通话培训测试现状自我调研报告》，2011 年。

②参见《贵州省普通话培训测试现状自我调研报告》，2011 年。

③参见《广西壮族自治区普通话培训测试现状自我调研报告》，2011 年。

室）等。

2001年1月1日，全国实施《国家通用语言文字法》，里面涉及国家机关工作人员的普通话水平要求。各地相继开展了对国家公务员的普通话培训测试工作。

2002年8月，教育部语言文字应用管理司和国家语委普通话培训测试中心对教育部机关公务员进行普通话水平测试。有近200名公务员参加测试，并全部取得了三级甲等以上的合格成绩。时任教育部副部长、国家语委主任袁贵仁，中纪委驻教育部纪检组组长田淑兰带头参加普通话水平测试。2012年9月，语用司和国家测试中心在教育部举办首次公务员机辅测试，杜玉波和李卫红两位副部长率先垂范，带头参加，并取得了优良的成绩。

除此之外，地方省（自治区、直辖市）也积极开展公务员的普通话培训测试工作。

2001年，上海市语委发出《关于本市开展国家公务员普通话水平测试的通知》。6月，广西壮族自治区人事厅、教育厅、语委联合印发《关于在全区国家公务员中开展普通话培训的通知》。

同年5月，江苏省教育厅、省语委与省人事厅联合下发《关于开展全省公务员普通话培训测试工作的通知》（苏人通［2001］57号），在全国率先推进公务员的普通话水平测试工作。截至2009年，江苏省的公务员已经基本测试完毕。

7月，河北省①人事厅、教育厅、省语委印发了《关于开展国家公务员普通话培训测试工作的意见》。为了通过测试促进普通话水平的提高，河北省将省、市两级党政机关和省辖市市区党政机关公务员的普通话达标要求提高到二级乙等，略高于国家规定标准；县（市、郊区和矿区）、乡（镇）级党政机关公务员普通话水平，按照国家规定的标准须达到三级甲等及以上。河北省在省教育厅、广电局和文化厅首先开展试点。2002年，开始省直、市直机关的培训测试工作。2003年，省委组织部、省人事厅、教育厅、语委又联合印

①参见《河北省普通话培训测试现状自我调研报告》，2011年。

发了《关于继续开展省直机关国家公务员机关工作人员普通话培训测试工作的通知》，将测试范围扩大到党群部门工作人员。3月，河北省语委举办第二期省直机关公务员语言文字工作骨干培训班，对省直党政机关各部门和部分窗口行业的人事干部进行培训。河北省在2003年底以前已经基本完成省、市两级党政机关公务员和机关工作人员的普通话培训测试任务。

2002年8月13日，贵州省人事厅、省教育厅、省语委联合下发《关于在国家公务员队伍中开展普通话培训工作的通知》，要求全省“各级人事部门要结合提高公务员整体素质、加强机关办公规范化建设，把推广普通话作为一项经常性工作来抓，并列入工作议事日程。根据实际制订培训计划，落实考核措施，激励公务员参加普通话培训测试”，并明确规定：“从2005年起，公务员使用普通话将作为考核公务员综合能力水平的内容之一。”在公务员系统中正式开展普通话水平测试工作。截至2009年底，共有20000余名公务员参加了普通话水平测试。

8月22日，武汉市委组织部、宣传部及市人事局、教育局、目标办、文明委、语委等联合发出《关于在全市国家公务员中开展普通话及规范汉字培训测试的通知》。

9月，辽宁省语委发出《关于对省直机关公务员开展普通话水平测试的通知》。2003年2月，黑龙江省齐齐哈尔市制定《齐齐哈尔市公务员普通话培训测试工作方案》。该市从2002年起，考录国家公务员，实行持普通话培训测试合格证上岗制度。

2001年，广西壮族自治区①启动公务员普通话培训测试工作，南宁市作为自治区首府率先开始相关的筹备工作。2002年，南宁市人事局与市语委办联合下发《关于开展国家公务员普通话培训测试工作的通知》（南人通字［2002］9号），对全市各级行政机关国家公务员及政府系统依照公务员管理的单位人员进行普通话培训测试，将普通话水平作为公务员年度考核的内容、新公务员录用的条件。

①参见《广西壮族自治区普通话培训测试现状自我调研报告》，2011年。

在南宁市的带动和影响下，柳州、桂林、梧州、北海、玉林、钦州、百色等13个设区市（地级市）也积极开展公务员普通话培训测试工作。

2009年，云南省昆明市委书记要求昆明所属4区8县的全体公职人员，进行普通话培训学习，将昆明市机关的普通话培训测试工作推向了高峰。

2005年，宁夏回族自治区[①]银川市以一类城市语言文字评估为契机，所有公务员全部参加了普通话的培训测试，并达到规定的等级标准。2008年，结合二、三类城市语言文字评估工作，固原市西吉县4000名公务员和吴忠市3000余名公务员参加了普通话培训测试。

20年来，我国推广普通话工作所取得的成绩主要在教育战线，教育系统内部广大干部和教师对推普工作有认同感。正是基于这一点，湖北省[②]在开展党政机关公务员的普通话培训测试工作中，首先从教育系统内部公务员入手，充分利用教育系统内部自身的优势（有一支培训与测试员队伍），率先在教育系统内部开展普通话培训与测试。以点带面，逐步推广。为配合党政机关公务员开展普通话培训，湖北省语委办和测试中心主动帮助人事部门制订教学计划，为其培训提供师资，把服务放在第一位，积极配合人事部门开展普通话培训工作。他们与人事部门达成协议，公务员普通话培训由人事部门组织，测试由教育系统普通话测试机构组织实施。截止到2009年12月，已配合人事部门对全省81386名公务员进行了普通话水平测试。其中，湖北省重点部门省委组织部、省人事厅、省财政厅、省交通厅、省广电厅、省劳动厅、信息产业厅、体育局等都对本系统内公务员进行了普通话水平测试。

国家公务员的普通话等级要求是要达到三级甲等以上水平。在北方的很多省、自治区、直辖市，公务员的普通话达标率达到了

---

①参见《宁夏回族自治区普通话培训测试现状自我调研报告》，2011年。

②参见《湖北省普通话培训测试现状自我调研报告》，2011年。

95%以上，甚至部分省市的达标率是100%；南方方言区的达标率在80%以上。这从一定程度上表明，国家公务员群体的普通话基础比较好。鉴于此，部分省、自治区、直辖市对公务员的普通话水平提出不同层次的要求。如：上海市规定，年轻公务员的普通话须达到二级乙等以上。新疆维吾尔自治区规定，母语为汉语的应试人员普通话测试成绩须达到二级乙等以上；民考汉的须达到三级甲等以上水平；民考民的自愿参加，普通话测试成绩达到三级乙等以上水平。

（三）其他行业系统

除教育系统、广电系统和行政机关以外，其他行业系统也积极响应国家推广普通话、规范语言文字的要求，促进本系统相关人员学习普通话、使用普通话、参加培训和测试。这有利于提高人际沟通效率，加速社会经济发展进程。具体说来，2000年制订的《国家通用语言文字法》，是催生各行业系统规范使用普通话的主要契机。

在21世纪初，为全面贯彻落实《国家通用语言文字法》，国家语委牵头与各有关部委商议制定各行业系统语言文字规范化工作的通知，要求各相关行业人群加强普通话培训工作，提高工作人员的普通话水平。

2000年5月18日，中央金融工委、教育部、国家语委联合发出《关于加强金融系统语言文字规范化工作的通知》（金融工发［2000］8号）。《通知》要求各级金融机构的精神文明建设领导小组负责语言文字规范化工作，金融系统所有员工以普通话为工作用语，直接面向客户服务的员工的普通话水平应不低于三级甲等。《通知》提出，员工的普通话水平达标培训和检查，列入精神文明建设的评比条件。

5月31日，铁道部、教育部、国家语委联合发出《关于进一步加强铁路系统语言文字规范化工作的通知》（铁科教［2000］72号）。《通知》要求，铁路系统员工应以普通话为工作用语，除确需使用方言、少数民族语言和外国语言的场合外，铁路系统员工在工作中均应使用普通话；直接面向旅客、货主的职工的普通话水平一般应不低于三级甲等，站、车广播员的普通话水平应不低于二级甲等。《通知》提出，将推广普通话、培训、测试列入文明单位、文明列车、服务标兵评比条件等。

6 月 28 日，国家邮政局、教育部、国家语委联合发出《关于加强邮政系统语言文字规范化工作的通知》（国邮联［2000］304 号）。《通知》要求邮政系统除确需使用方言、少数民族语言和外国语言的场合外，所有员工在工作中均应使用普通话；直接面向客户的职工，普通话水平应不低于三级甲等，邮运指挥调度人员、检查监督人员也应达到相应水平。《通知》提出，将普通话水平达标和以普通话为服务用语列入岗位技术标准和服务规范，将语言文字规范化列入精神文明建设的评比条件。

2001 年 4 月，信息产业部、教育部、国家语委联合发出《关于认真做好信息产业系统语言文字规范化工作的通知》（信部联办［2001］242 号），对信息产业系统的推广普通话和语言文字规范化工作提出要求。

6 月，文化部、教育部、国家语委联合发出《关于在文化系统贯彻实施〈中华人民共和国国家通用语言文字法〉的通知》（文政法发［2001］20 号）。《通知》向全国文化系统提出贯彻《国家通用语言文字法》的要求，主要包括：把普通话作为各级文化行政部门工作用语；1954 年 1 月 1 日以后出生的话剧演员和话剧表演专业毕业生应接受普通话水平测试，达到普通话一级水平，并逐步实行持证上岗制度。《通知》要求，各级文化行政部门要有领导分管、有人员专管或兼管语言文字规范化工作。

由此，全国开始全面启动各服务行业系统的普通话培训测试工作。

2002 年 3 月 18 日，铁道部成立铁路系统普通话培训测试中心，并启动全路站、车广播员普通话培训工作。

2003 年，贵州省教育厅、省语委与省旅游局联合下发了《关于在全省旅游系统加强推广普通话工作的通知》，要求："对旅游部门第一线职工进行岗前培训，尽快做到持证上岗，建立普通话分批培训、测试制度。"到 2009 年底，省教育厅和省旅游局配合，举办了 20 多期导游普通话培训测试辅导班，对 2300 余人次的导游进行了普通话培训和测试。

2006年3月1日，《江苏省实施〈中华人民共和国国家通用语言文字法〉办法》正式施行。该法规对应当接受普通话水平测试的人群予以明确，同时还进一步明确了各类人群达标标准。在此基础上，省语委于2008年联合省文化厅下发《关于进一步做好图书馆博物馆从业人员普通话水平达标工作的通知》（苏文教［2008］22号），要求“讲解员应达到二级甲等及以上水平。直接面向公众服务的岗位工作人员应达到三级甲等及以上水平”。“各有关单位对未达到规定普通话等级标准的人员，应当分别情况进行培训，并在两年内达到规定的等级标准。”“2010年起，全省图书馆、博物馆讲解员、直接面向公众服务的人员持普通话等级证书上岗”，进一步拓展了工作面。

2008年6月，新疆维吾尔自治区人民政府办公厅转发了民语委《关于在自治区部分系统开展普通话水平培训测试的通知》，对文化、金融、邮电、信息产业、公检法等行业的普通话培训测试工作做了时间上的安排。2009年1月，首先启动了全疆文化系统的普通话测试工作。目前，和田、喀什地区部分文化系统人员已经参加了普通话培训测试，其他地区或单位文化系统的培训测试工作将陆续开展。

随着国家一类、二类、三类城市语言文字评估工作的开展，河北省、广西壮族自治区、宁夏回族自治区、山东省等省（自治区、直辖市）语委与测试中心联合宣传、文明办、机关党工委、组织、人事、文化等多个部门，组织铁路系统的列车播音员，商贸系统的服务员，旅游系统的导游员、讲解员等窗口服务行业人员参加普通话培训测试，将说好普通话纳入行业管理和员工行为规范之中。

与公务员的普通话要求相同，国家对公共服务行业系统的普通话要求也是达到三级甲等以上。目前，从全国范围看，南方方言区的达标率在80%以上，北方方言区的达标率在95%以上，部分省市达到了99%以上，如：河北省、北京市、黑龙江省，等等。

值得一提的是，已有部分省份开展了对进城务工人员的普通话培训测试工作，如：内蒙古自治区、广西壮族自治区、重庆市等。

2005年，重庆市启动了对农村进城务工人员的普通话培训工作，并作为一项长期重点工作来做。重庆市语委办计划对培训点和培训操作办法进行规范，拟选取几个测试站进行定期的宣传培训，进一步完善这项具有现实意义的工作。

2005年，北京市①社会其他人员，指除教师、播音员、公务员、学生之外的人员，占应试人总体的比例增至30%。根据统计，1996年时没有其他人员参加测试；1999年时其他人员仅占2%。社会其他人员的比例突升，充分显示出社会群体对国家主导的规范语言文字行为（包括普通话水平测试在内）的切实需求。

（四）余论

20年来，全国各地各级语言文字工作者充分发挥普通话推广的宣传作用，利用全国推普周等大型活动的契机，为普通话培训测试做宣传。从近几年的情况看，普通话培训测试工作的社会影响力得到了有效增强，社会认知度进一步提高。

根据上海市②的统计，社会自愿测试人士主要是不能参加区县、高校等集体报名测试，自己到中心窗口报名的人员。这些人员测试目标明确，主要是为了获得教师资格证申报资格或为未来踏上公务员等有普通话水平要求的岗位做准备，其目标等级一般是二级乙等。从统计数据看，84%的人员能够达到理想等级。

另据北京市测试中心对普通话水平测试应试者的应试动机所做的问卷调查③显示，出于工作需要的占53%，出于兴趣爱好者占35%，因毕业要求或其他原因者共占12%。可见，兴趣爱好已经成为仅次于工作需要的第二大动因。

总的说来，在非教育系统，除了广电系统、公务员系统推进力度较大外，其他公共服务行业因缺乏硬性政策规定，组织培训测试的难度较大，未来还有发展空间。

---

①参见《北京市普通话培训测试现状自我调研报告》，2011年。

②参见《上海市普通话培训测试现状自我调研报告》，2011年。

③参见《北京市普通话培训测试现状自我调研报告》，2011年。

三、普通话水平测试成绩的统计分析

从全国各地的普通话水平测试成绩分布来看，呈现出以下特点：

第一，从行业系统分布来看，按照测试成绩排序，为广电系统>学生>教师>公务员和其他行业系统。首先，全国广电系统的普通话水平测试成绩最好。除个别省份以外，一级以上的达标率平均达到90%以上。其次，学生的测试成绩比教师系统略好一些。以安徽省、上海市、福建省三省市为例，学生成绩的等级分布以二级乙等为主，其次是二级甲等；而教师成绩的等级分布以二级乙等为主，其次是三级甲等。其他大部分省（区、市）学生和教师的成绩分布情况基本一致，如：北京市的教师和学生以一级乙等为主，其次是二级甲等；黑龙江省师生以二级甲等成绩最多，其次是一级乙等；河北、吉林两省的教师和学生以二级甲等最多，其次是二级乙等。也有部分南方方言区的省份，其教师的成绩略好于学生，如：广西壮族自治区和海南省的学生成绩以三级甲等为主，其次是二级乙等；教师成绩以二级乙等为主，其次是三级甲等。公务员和其他行业系统的测试成绩普遍低于教育系统。

第二，以教师普通话水平测试成绩为例，从全国地域来看普通话的成绩分布特点。这里举几个有代表性的省份作为例子，并按照测试成绩排序，依次为①：北京>黑龙江>河北、吉林>天津、山东、山西、江西、内蒙古、新疆>安徽、上海、福建、广西、海南、甘肃、贵州。具体情况如下：北京以一级乙等为主，其次是二级甲等；黑龙江二级甲等为主，其次是一级乙等；河北、吉林两省以二级甲等为主，其次是二级乙等；天津、山东、山西、江西、内蒙古、新疆六省（自治区、直辖市）以二级乙等为主，其次是二级甲等；安徽、上海、福建、广西、海南、甘肃、贵州是以二级乙等为主，其次是三级甲等。对照中国地图，我们不难发现普通话水平测试成绩的分布恰好反映了我国社会汉语方言和普通话的分布现状。普通话以北京语音为标准，以北方方言为基础方言。体现在测试成绩分

---

①为行文方便，排序中省略各省、自治区、直辖市的全称。

布上，北京地区的普通话成绩最好，北方方言区的测试成绩则明显好于南方方言区。20年来的普通话水平测试实践，印证了普通话水平测试的科学性和有效性，它客观如实地反映出社会上不同方言区人们说普通话的面貌。

第三，在教育系统内部来看，教师年龄与测试成绩大体呈反比，即年龄越小，测试成绩越好。学生的测试成绩中，师范类高校学生的成绩明显好于其他学校的学生，原来的中师系统学生的成绩是最好的。

第四，纵向看来，全国普通话水平测试成绩呈现稳步上升的趋势，推普工作初见成效。以广东省①为例。2001年，广东省开始启动测试工作，50%以上的在校大学生普通话水平达不到二级乙等以上，经过长期坚持推广普通话，开展普通话培训测试，现在的大学生普通话水平明显提高。如：2003年，肇庆学院有1633位学生参加普通话水平测试，普通话水平达到二级乙等以上的只有672人，占总人数41.1%；2009年，该学院参加测试人数是1724人，达到二级乙等以上水平的有1700人，占总参测人数的98.3%。再如，2002年，韩山师范学院有778名学生参加普通话水平测试，达到二级乙等以上水平的只有361人，占总参测人数的46.2%；2009年，该学院参加测试的学生有1981人，达到二级乙等以上水平的有1773人，占总参测人数的89.5%。

第五，某一地域普通话水平测试成绩的高低主要取决于其方言基础，但是在普通话培训测试工作的过程中，也存在一些其他因素（如：教学方法、地理位置、学校性质等）影响着测试成绩。以黑龙江省②和贵州省③为例。在普通话培训测试工作开展的这些年中，黑龙江省的普通话水平测试成绩一直很好，一级乙等和二级甲等的比例始终保持在85%至90%左右。除学生外，其他群体还未出现二级以下的成绩。黑龙江省的普通话水平测试成绩始终保持较高水平，

①参见《广东省普通话培训测试现状自我调研报告》，2011年。

②参见《黑龙江省普通话培训测试现状自我调研报告》，2011年。

③参见《贵州省普通话培训测试现状自我调研报告》，2011年。

这和黑龙江省地处北方方言区，又是一个移民省份的特殊条件有关。还有一个重要原因，就是基础教育阶段扎实的汉语拼音教学。黑龙江省两代语言文字工作者始终认为普通话推广工作应该把重点放在抓早、抓小、抓源头上，做好这个工作，推普工作就事半功倍；反之，等成年后，再通过培训测试的手段来提升人们的普通话水平，无疑是事倍功半。上个世纪 80 年代初，黑龙江省在全国率先发起了“注音识字，提前读写”小学语文教学改革实验，在学生不识字或识字不多的情况下借助汉语拼音的多功能作用，实现孩子的提前识字、提前阅读，进而提前发展孩子的思维能力。学生在义务教育阶段，通过汉语拼音这套工具，学习标准规范的普通话，养成用普通话思维的习惯，这一办法为整个黑龙江省长期以来保持较高的普通话水平奠定了扎实基础。最近几年，因为学生测试面的扩大，省内一些高校的南方籍学生中开始出现三级甲等水平的成绩。在贵州省，偏远地区或少数民族地区的教师，由于长期处于方言区，受环境影响大，其普通话水平测试成绩与市（州、地）首府所在地及县城的教师相比差距较大。此外，师范院校比非师范院校，普通中小学、幼儿园比中等职业学校教师普通话达标率均超出近 6 个百分点。其中，幼儿园教师的普通话达标率最高；学生群体中，师范专业学生达标率达到 80%左右。

第五节　普通话水平测试存在的主要问题

虽然普通话水平测试为国家普通话推广事业做出了不可磨灭的历史贡献，对促进国家通用语的普及起到了重要的推动作用，但是普通话水平测试依然存在着一些制约其进一步科学发展的瓶颈问题，亟待人们解决。

现阶段，国家通用语言的普及程度和规范化水平还不能完全适应经济社会发展的需要。地区之间、城乡之间的普通话培训测试工作发展不平衡，特别是在经济相对落后的民族地区和农村地区，普通话推广意识相对淡薄，工作基础相对薄弱，普通话普及水平偏低，缺少高素质人才队伍。各地在开展普通话培训测试的过程中，普遍存在着一些问题，如：机构编制难以落实，测试收费偏低，长期缺乏经费投入；管理队伍、测试员队伍不够稳定，监管措施匮乏；行业测试领域发展不平衡；培训工作力度较弱；信息化水平亟待提高。这些问题影响和制约了普通话培训测试工作的科学发展。主要体现在以下几个方面：

一、测试发展不平衡

从全国范围来看，普通话培训测试工作开展得不平衡。由于对普通话培训测试工作重视程度不同，加之各地区经济基础、语言环境、地理环境等客观条件的差异，地区之间、城乡之间的普通话培训测试工作的发展很不平衡。整体看来，城市的普通话水平测试工作好于农村，汉语地区好于民族语地区，发达地区好于欠发达地区，工业城市好于农业城市。从四大重点领域的测试工作情况来看，广电系统、教育系统进度较快，公务员、公共服务行业系统进度较慢。从各省（自治区、直辖市）各地市测试站的情况看，有的公务员测试已经大面积展开或是基本完成，有的尚未启动公务员测试工作。从高校测试情况看，本科高校比专科学校开展得好，文科院校（专业）比理科院校（专业）开展得好，师范院校开展得最好。这与政府工作力度、重视程度和国家各级机构对不同行业人员的要求有关。

（一）地域之间测试发展不平衡

以广西壮族自治区①为例。就普通话培训测试工作而言，广西壮族自治区不同区域之间、部门之间发展不平衡，城乡差别较大。具有普通话会话能力者主要集中在城镇，而乡村特别是少数民族地区、边远地区比较少，“广西语言文字使用情况调查”结果表明，会说普通话的，大部分少数民族地区、边远地区县份都没有超过50%。普通话普及程度不高的状况，是制约当地经济和社会发展的重要因素之一，极大地限制了农民和少数民族群众的自由流动，在更广阔的地域范围和就业领域谋生、发展，也影响他们参与和管理社会

①参见《广西壮族自治区普通话培训测试现状自我调研报告》，2011年。

事务。

贵州省、云南省、甘肃省、新疆维吾尔自治区、海南省都存在着类似的问题。这些省、自治区大都属于多民族、多语言的山区（或海岛）省份，民族语言种类多，分布、使用情况复杂。在少数民族聚居的地方，民众普通话程度和文化程度较低，开展普通话培训测试工作有一定困难。在一些地方[①]，说普通话不被人们接受，甚至还要受到周围人的讥笑和讽刺。偏远农村中小学用方言教学的现象较为普遍，这是一个不容忽视的问题，同时也说明国家推普工作任重道远。

（二）行业之间测试发展不平衡

推广普通话工作是一项软性工作，不管是法律法规还是文件政策，对这项工作的硬性要求和规定不多。又因为这项工作主要放在教育部门开展，对其他部门或人员的监督和管理力度相对较弱，加上各部门的重视程度参差不齐。因此，虽然这些年普通话的测试范围已覆盖党政、教育、广电、公共服务四大领域，但测试主体仍局限于教育和广电两大系统。即使是在教育系统，许多理工农医类院校和部分高职、民办高校的在校生仍未普遍参加测试。因此，除对普通话有特殊要求的行业外，推广普及普通话工作真正意义上的全面开展还存在一定的难度。

尽管普通话水平测试工作已开展 20 年了，每年推普周期间各地都采用不同形式进行广泛宣传，社会知晓度也有所提高，但人们对这项工作的重要意义还缺乏足够认识。大多数人将普通话水平测试视为一种普通的资格证书考试，未能认识到测试只是一种手段，其根本目的是为了推广普通话，更上升不到依法测试的高度。例如，山西省[②]颁布的《山西省实施〈国家通用语言文字法〉办法》明确规定，大中专院校学生毕业时，普通话水平必须达到规定等级。但是，至今还有一些高校考虑到招生、就业等因素，测试仍采取学生自愿报

①参见《海南省普通话培训测试现状自我调研报告》，2011 年。

②参见《山西省普通话培训测试现状自我调研报告》，2011 年。

名的方式。在公共服务行业，因其涉及面广、组织难度大，只有旅游等少数行业开始了测试。山西省党政机关测试工作的开展更是举步维艰，到2009年底，全省16万公务员只有少部分人参加了测试。如果不增强依法行政的力度，这项工作的开展还会面临许多困难。

（三）各测试机构之间测试发展不平衡

全国各省级测试机构、各省（自治区、直辖市）内的测试站测试工作水平不平衡，这体现在测试工作的某些方面存在差异，如：制度建设、规范程度、设施设备等。

普通话水平测试工作开展20年来，全国各省级测试机构建设情况各不相同。就经费渠道而言，有全额拨款，有差额拨款，有自收自支几类情况；就办公状况而言，有独立运作的，有挂靠在某事业单位或学校的，有与行政合署办公的。单位性质的复杂，给国家实施统一管理带来了先天的困难。而且，由于各省（自治区、直辖市）体制的原因，各不同性质的测试机构在执行国家政策的过程中会遇到某些有形无形的障碍，机构体制不顺畅，以致很多省级测试机构无法全力、顺利地开展工作。

以新疆维吾尔自治区①为例。新疆维吾尔自治区普通话培训测试中心（简称“自治区中心”）设在自治区民语委，而地州市民语委基本没有行使普通话培训测试工作管理职能。除乌鲁木齐市以外，地州市测试机构均挂靠在教育局。当前，普通话培训测试的任务主要在教育系统，各高校也成立了测试机构，高校和教育局的政府主管部门是自治区教育厅，不是民语委；而教育厅却没有建立测试机构。这样就造成了自治区中心和下辖测试站工作关系不对口、管理体制不顺畅的矛盾，致使出现规章制度的落实不够及时到位，工作力度不够，文件的上传下达不够顺畅，测试的组织实施相互推诿，测试员队伍的管理松散等一系列问题，在一定程度上影响了各地州市普通话培训测试工作的开展，挫伤了一些测试员的工作积极性。这种管理体制不顺畅的问题在一定程度上影响和制约了新疆普通话

①参见《新疆维吾尔族自治区普通话培训测试现状自我调研报告》，2011年。

培训测试工作的开展。例如，城市评估语言文字工作由自治区民语委汉语处和各地州市民语委负责，由于管理部门对二类城市语言文字评估没有执行国家语委提出的公务员、窗口行业人员普通话水平测试达标的评估标准，没有与测试机构沟通，致使伊犁哈萨克自治州等二类城市语言文字评估没有开展公务员、窗口行业人员培训和测试就进行了评估验收，给地州市测试机构的公务员、窗口行业人员普通话水平测试工作带来了困难。再如，乌鲁木齐市是新疆维吾尔自治区的首府，乌鲁木齐市语委设在市民族宗教工作委员会（简称“民宗委”），普通话培训测试工作归属市民宗委，但实施机构设在乌鲁木齐职业大学，乌鲁木齐职业大学归市教育局。这样的现状造成了市民宗委和教育局对乌鲁木齐市的普通话培训测试工作都没有给予足够重视，致使乌鲁木齐市普通话培训测试中心目前只组织乌鲁木齐职业大学教师和学生的普通话培训测试，并未行使自治区首府普通话培训测试中心应有的工作职能，在一定程度上影响了整个乌鲁木齐市的普通话培训测试工作发展。

就全国各省（自治区、直辖市）内的测试站来说，由于各测试站成立时间前后不一，有的独立设置，有的挂靠在其他部门，人员有专职和兼职的区别，从事测试工作时间有长有短，还有专业、非专业的差异，因此，管理水平存在着一定差距。一般来说，各市级测试站具有丰富的行政管理经验，在测试考务方面比较规范，但其测试员业务水平相对略低，评分标准的把握能力略显欠缺，测试业务工作比较薄弱；高校测试站的测试员大都是高校教师，业务能力较强，专业素质较高，评分标准的把握比较准确，但测试站的业务管理则比较薄弱，规范程度相对不足。当然，各地州市测试站或高校测试站之间管理水平也参差不齐，这一方面与该地州市或高校的整体发展水平有关，另一方面也取决于领导对测试工作的重视程度。

目前来看，全国各地市级、高校、行业测试机构普遍存在无编制或缺编制的现象。以北京市①现有的 30 个测试分中心来看，27 个

① 参见《北京市普通话培训测试现状自我调研报告》，2011 年。

分中心存在无编制问题，工作大都由兼职人员代管。这就造成了人员更迭频繁、业务能力提高缓慢等问题，加大了培训测试工作的组织、监管难度。

再以山西省①为例。目前，省内测试站（点）已达到42个，每个市和本科高校都设立了测试机构。作为一个只有3400万人口的中小省份，从绝对数量上看，已经足够，但从测试工作的发展看，还无法完全满足实际需要。一方面，目前大部分机构都没有独立设置，测试工作只是其挂靠部门诸多工作中的一项，常常因部门工作繁多而被忽略，更不可能受到重视；另一方面，县（市）一级几乎没有专职机构，少数地方只有牌子而没有专人负责。因此，测试工作网络还无法延伸到基层，对测试工作的正常开展造成了一定影响。另外，现有机构都在教育、广电两大系统，党政机关、公共服务行业还没有成立专门机构，在某种意义上也是导致这两个系统测试工作进展缓慢的主要原因。

二、经费投入不足

普通话培训测试是国家推广普通话的三大基本措施之一，属于公益性事业，应由国家来保障经费运作。但是，就全国范围来看，国家及各地长期缺乏经费投入，测试的经济基础缺乏保障。

行政性收费是目前全国绝大部分省（自治区、直辖市）测试经费的唯一来源，只有部分省（自治区、直辖市）的人员经费及办公开支由财政拨付。测试机构的“经费自理”性质，与宪法规定的“国家推广全国通用的普通话”不相吻合，也在一定程度上削弱了作为政府行为的工作力度和严肃性②。

2003年，财政部、国家发改委核定的收费标准（财综［2003］53号）不超过50元/人次，而且学生收费减半，贫困生免费，收取证书工本费5元。这与测试工作实际应支付的费用相比有比较大的差距。特别是证书工本费取消（财综［2008］78号）后，证书损耗、

①参见《山西省普通话培训测试现状自我调研报告》，2011年。

②本书在第五章第二节“机构建设”部分，对云南省机构建设中遇到的这类问题做过详细论述。

验印劳务、差旅等费用及部分语言文字工作经费也要从测试费中列支，经费短缺问题更加凸显。由国家发改委下发规范文件，统一全国测试收费，这种做法似乎比较规范、便于管理，但在实际操作上有一些现实的问题，一定程度上制约了普通话水平测试的开展。

以福建省①为例。2001年7月，福建省物价局、福建省财政厅《关于核定我省普通话水平培训及测试收费标准的通知》（闽价［2001］293号）规定：师范类在校生每人次40元（特困生免收测试费），农村各类学校教师每人次50元，其他各级各类学校教师及公务员每人次60元，广播电台、电视台播音员、主持人及其他自愿要求测试的人员每人次120元。自2001年7月10日起执行。后来，按照国家统一规定，福建省物价局、福建省财政厅下发《关于核定全省普通话水平测试收费标准的复函》（闽价［2004］195号）规定：应参加普通话水平测试的在校生每人次25元（贫困生免收），其他人员每人次50元，普通话水平等级证书工本费每本5元。新疆维吾尔自治区也存在这样的问题，收费标准全国统一后，捉襟见肘，影响和牵制了普通话培训测试工作的进一步发展。

再以山西省②为例。该省启动测试工作不久，省教育厅、省物价局下文核定了测试的收费标准，规定教师30元/人次，学生20元/人次。尽管这个标准不高，但由于当时正逢教师资格认定，全省教师要集中测试，应试人面广量大，而且各级测试机构尚未建立，各种日常管理开支绝大部分占用了当地教育行政经费，考务费用也能省则省，因此，经费短缺问题尚未显现。随着测试工作的不断深入，集中测试的时代已经过去，测试人数骤然下降。各级机构逐步建立，人员办公和测试工作开支越来越大，而行政资源的利用率却逐渐减少，这种以测养测的局面，使测试经费的短缺问题暴露出来。2004年，山西省测试中心成立，核定编制11人，但性质是自收自支的厅直事业单位，这表示省测试中心所有人员和办公开支要全部占

①参见《福建省普通话培训测试现状自我调研报告》，2011年。

②参见《山西省普通话培训测试现状自我调研报告》，2011年。

用测试经费，而其他独立设置的市级测试站也存在同样情况。高校测试站虽然好一些，但原来免费使用的教室变成了租赁，测试人员的补助费用也在逐步提高。因此，原定的收费标准已无法满足测试工作的正常需要。2005年，山西省中心借贯彻国家发改委、财政部有关测试收费文件精神，与省财政厅、物价局协商，适当提高了学生的收费标准，由原来20元/人次提高到25元/人次。按照国家规定，这已是标准的上限，但在实际工作中，经费短缺问题依旧很突出。根据测算，每测一人，实际测试费用最低需要60元，而现在的标准只是实际需求的一半，而且，各级财政要调控20%。为确保测试工作的正常开支，只能减少公用经费，压低测试员补助标准，这无形中挫伤了测试员的工作积极性，测试质量也会受到影响。

三、测试员队伍建设亟待加强

（一）测试员流失现象突出

一支数量充足、素质优良的测试员队伍是开展测试工作的保证。然而，全国95%以上的测试员是兼职人员，而且来自不同行业和部门，在本职工作与测试工作发生冲突时，测试员必然会放弃测试工作，这就导致了测试员队伍的不稳定。近年来，据不完全统计，国测员流失近30%，省测员流失也在25%以上，这既给测试员队伍的管理带来了难度，同时也影响了测试工作的开展。

根据湖北省统计数据①显示，至少有20%的测试员由于没有参加后续培训考核，从而放弃了测试员资格。不过，测试员流失的主要原因还是测试员队伍的激励机制不足。目前，湖北省专门从事语言文字工作的测试员很少，测试员大多是来自各级各类学校的教师，他们承担学校的教学工作（有的还承担科研和管理工作），业余时间还需经常参加省或其所属测试站组织的测试工作。而且，在很多人看来，测试员所从事的工作与所在学校教学工作并无很大关联，在各类工作考核或教学评优评先活动中，没有文件明确承认或肯定测试员的工作业绩。这样，一些测试员难免对测试工作产生消极情绪，

①参见《湖北省普通话培训测试现状自我调研报告》，2011年。

持应付态度，或脱离测试工作，转向其他方面发展。

以上海市①为例。上海市对测试员实行注册制度。据统计，取得测试员资格的人员中有188人未注册，占测试员总数的42.82%。上海市中心就此进行了调研，归纳出测试员未注册的5类原因：（1）“不热心”是测试员不注册的主要原因之一，指的是从加入测试员队伍后对待测试任务的态度。这些测试员基本不参加或参加极少几次后再也不参加测试工作。（2）自身本职工作的性质比较特殊，或者工作太忙。例如，来自广电影视系统的测试员，除了个别的从普通话水平测试一线退休人员之外，其余人员基本不参加测试工作，也不注册。有的双休日要上班，有的外出任务多。当然，其中固然有工作性质比较特殊一说，但也不排除一些人对测试工作不热心的情况。（3）身体和年龄不适应。有的因身体不好，较少参加测试工作；有的因年龄偏大，已经退休。（4）个人其他原因，包括出国、赴港、迁到外地、生育、去世等特殊情况。（5）隐性原因，即参加测试工作的报酬问题。有的测试员认为，测试报酬不如为学生课外补课、外出讲课、演出收入等高，所以放弃注册。以上这些情况值得各级测试机构关注，从测试员的选拔、教育、考核上查找原因，采取措施进行补救。同时，管理部门应主动关心测试员的工作和生活，进一步增强测试工作的凝聚力。

（二）测试员业务水平亟待再提高

1. 职业素质要求

目前，国家和部分地方培训测试机构对测试员的职业素质要求还停留在自己能说一级以上水平的普通话、测试评分基本过关的表层，测试员的职业素质要求缺乏系统性。部分省（自治区、直辖市）② 虽然曾就语言文字工作的政策法规和形势任务、普通话音律、普通话语音教法、朗诵艺术等开设专题讲座，并进行相关理论和评测的考核，但总觉得素质培养工作捉襟见肘，迫切需要国家语委就

①参见《上海市普通话培训测试现状自我调研报告》，2011年。

②参见《上海市普通话培训测试现状自我调研报告》，2011年。

测试员的职业素质规划制定培训框架，进而对整个测试员后续培训框架提出指导性意见，帮助各地切实把测试员队伍培养好、管理好。

2. 考核指标

目前国家尚未出台对测试员的工作考核指标，地方各级测试机构对测试员的考核也缺乏系统、科学的量化指标。例如，上海市①现在仅就测试员的出勤率、测试员评分的标准率等予以量化的排序，评出前十名最佳出勤奖、跟踪质量奖，很难评出综合性的优秀测试员。这种状况反映了管理理念的落伍、管理手段的滞后和管理效果的表象化，如不尽早改变，测试员队伍最终可能会沦为一支只为额外"赚分"的专业打工队伍。因此，亟须开展测试员工作考核指标体系的专题研究。

3. 管理机制

测试员队伍是推广国家通用语言——普通话的精英，也是普通话水平测试工作的支柱。每一名测试员都是普通话的宣传员。要使这支队伍的每一个成员始终保持积极进取、不断追求的良好精神状态，还缺乏科学先进的管理机制。成为普通话水平测试员只是第一步，成为测试员以后，再用什么要求来约束自己，提高自己，目前还没有明确规定。长此以往，这支队伍会呈现出质量堪忧、缺少生气的现象。现在，全国测试员人数已经发展到数万，就他们从事测试的实践进行考量，应该有好中差之分的。部分地方省级机构②提倡建立类似于测试员等级制等管理机制，激励测试员不断向新的目标努力，希望可以推动普通话水平测试工作健康持续地科学发展，进一步优化管理手段，进一步提升管理效果。

四、测试成绩有效期

关于测试成绩有效期的问题已经引起测试战线同志的广泛关注。确定普通话水平测试成绩的有效凭证是《国家普通话水平测试等级证书》。1997 年，国家语委颁布《关于普通话水平测试管理工作的若

---

①参见《上海市普通话培训测试现状自我调研报告》，2011 年。

②同上。

干规定（试行）》。第十九条规定：《国家普通话水平测试等级证书》全国通用，有效期为 5 年。这一规定，既保持了与相关语言水平和能力考试时效范围控制的衔接和匹配（如：职称外语证书以及最流行的英语四六级证书等的有效期），同时，对于设立普通话水平测试制度，以训保测、以测促训，通过测试的推动，提高与口语表达密切的相关人员规范使用普通话的意识和能力的初衷和目的，是极为有效的保障。

2003 年发布的《普通话水平测试管理规定》，取消了对普通话水平测试证书有效期的规定。经过实践后，很多地方测试机构发现，客观上，这种做法一定程度上助长了母语不如外语重要的错误观念，同时形成了“一考定终身”的事实，使得相当一部分人为取得一张达标证书，而不惜投机钻营、违规舞弊，给普通话水平测试的管理带来了巨大的压力。

语言是交流的工具，使用语言是一种技能，掌握语言技能的水平随着使用者的熟练程度而呈不断变化的流动状态。特别是在方言区的语言环境下，乡音的影响无处不在。应试人尽管通过测试，已经达到相应的等级标准，但如果不经常使用，或不注意使用规范的普通话，其水平下降是必然的结果。上海市①于 2004 年对参加过普通话水平测试的 2053 名公务员和教师的普通话水平现况进行了测查，把测查结果与他们普通话水平等级证书证明的等级相比较，并从职业、年龄、地域、参加普通话水平测试的年份和取得的等级等各方面进行研究，结果显示：（1）2053 名被查人员中 91.72%（1883 人）低于原测成绩，其中 70%的人已经降等降级，有 56.6%的教师的普通话水平已降到达标线以下，也就是说，已经不具备教师职业的“必备素质”了。这说明，普通话水平测试等级证书仅仅证明应试人能够和曾经达到的水平，但不能证明其目前仍具备这样的水平，那么，普通话水平测试的权威性和严肃性也就受到质疑。（2）达标后人员的水平下降与参加测试时间的远近呈正比，参加测

①参见《上海市普通话培训测试现状自我调研报告》，2011 年。

试时间越早，水平下降的幅度越大，降级降等的人数越多。数据表明，参加测试后的5至7年间，是已达标人员普通话水平下降最明显的时期，也是降级降等比例最大的时期。现在，有的省市已经开始在教师行业中率先恢复普通话水平测试证书有效期制度，这对推动普通话的普及提高无疑是个有力的措施，但同时，也需要对这些恢复测试有效期的省市进行专题跟踪研究，对其科学性、效果进行分析和探讨。

五、测前培训工作与信息化工作缺乏力度

“以训保测，以测促训”是普通话培训测试工作的一项基本政策，但自测试工作启动以来，由于没有强硬的政策保障，测前培训工作的开展一直处于半停滞状态。这一方面是因为国家没有出台测前培训的相关措施，使其不可能像测试一样受到各级机构和应试人的重视；另一方面，缺乏相应的培训收费文件，培训经费无法保障。例如，山西省为强化测前培训工作力度，2008年以中心的名义下发了相关文件，核定了收费标准，明确了培训内容和形式。但由于各地执行力度不同，这项工作仍需进一步加强。

另一方面，信息化手段是当今社会开展各项工作的必经之路，也是普通话培训测试事业发展的必然趋势，国家应当高度重视并大力推动普通话培训测试的信息化进程。信息化不仅包括测试工作，还涉及培训、科研和管理各项工作。具体说来，普通话培训测试的教材需要及时修改和完善，与时俱进，运用信息化手段，针对测试员和应试人开发自主学习培训课件，以满足当前普通话培训测试信息化发展的需求。此外，国家普通话水平测试信息管理系统已经建立，但是功能还不够完善，不能完全满足考务管理和成绩统计分析等多方面需求。在测试手段方面，机辅测试系统要求的测试环境和硬件条件较高，有的测试站、点现有的计算机配置达不到要求，投入经费有困难，影响了机辅测试工作的推广和使用；有的省（自治区、直辖市）普通话培训测试信息化建设相对滞后，普通话测试目前仍处于手工操作的阶段，尚未启动计算机辅助测试。这一切都需要国家加大工作力度，推动信息化手段的全面升级和运用。

六、科研工作仍显薄弱

科学研究是开展普通话水平测试的智力保障。普通话培训测试工作既要有科学的测试理论，又要有丰富的社会实践。虽然培训测试的科研工作一直是全国各级培训测试机构的主抓工作之一，但到目前为止，在普通话水平测试的问题研究和具体工作中，普遍存在着理论水平不够高和理论空气相对薄弱的状况，这种状况对研究水准和工作效能的提高造成了一定的影响。因此，当务之急是要提高这一领域的学术研究与具体工作的理论水平①。由于对科研工作投入相对不足，引导力度不够，因此科研方面缺乏领军人物和稳定的科研队伍。这主要有以下几方面的原因：

首先，测试实践性强，事务性工作过多。普通话水平测试量大、培训任务重，各级测试机构普遍对科研工作有心无力。而且，测试员大都是兼职，在本单位承担的工作任务已经比较繁重，所以很多测试员从事科研的积极性不高。20 年来，虽然普通话培训测试工作取得了许多成绩，但在普通话培训测试的科学研究方面还比较欠缺，做了大量工作却缺乏理论上的探索与总结，缺乏深层次、理论性的思考和探讨，因此，很难形成较高水平的科研成果。

第二，没有形成一支稳定的测试科研队伍，也是科研工作落后的主要原因。对普通话培训测试进行科学研究，需要建立在具有深厚的语言学、教学等相关理论知识和较强的科研能力的基础上，同时，还需具备丰富的培训测试实践经验，对普通话水平测试十分熟稔。在过去的测试员队伍中，测试员普遍学历较低（不过这一问题在近些年得到了相当程度的改善），虽有丰富的测试实践经验，但绝大多数人没有从事过科研工作，缺乏科学研究的能力，他们很难将感性的东西上升提炼到理论的高度，而且身陷具体的微观的测试工作中，难于跳出圈外从高处审视这一工作。高校和科研单位虽有语言学教学和科研方面的专家学者，但他们缺乏测试方面的实践经验。因此，全国的测试科研工作一直相对落后。

---

①参见戴昭铭《规范语言学探索》，上海三联书店 1998 年版，第 228 页。

第三，科研激励机制薄弱，缺乏一定的科研平台和制度保证。在科研成果的认定方面，普通话水平测试方面的科研成果在国家较高级别的刊物上发表的机会并不多，这对吸引优秀人才参与这方面的科研工作造成了不利影响。作为一项专业、一门学科，在国家级别的学术刊物上还未有测试员发表学术成果的专业园地，这也在一定程度上影响了测试员的科研热情。

纵观普通话水平测试的发展历程，科研工作是普通话水平测试学术性与科学性的具体物化，对促进普通话水平测试事业发展具有深层影响。反之，普通话水平测试事业的每一步发展也对测试活动的学术科研工作产生潜在的作用。二者互相依赖，息息相关。因此，在普通话水平测试未来的发展中，需要切实加大科学研究的力度，为测试事业提供理论与科学的滋养。

第六章　境外普通话水平测试

第一节　引言

在境外开展普通话水平测试具有很强的现实意义。普通话水平测试针对的是母语为汉语的人群。对于在中国香港、澳门和台湾地区生活的中国人，以及在东南亚、欧洲和美洲生活的华人和华侨来说，虽然他们所处的地区或者国家的语言政策不尽相同，但是汉语（或称华文、华语）都是他们的母语。由于祖辈所处的方言区不同，语言受到其他语言的影响不同，他们使用的汉语母语都不是普通话。对于这些人群来说，参加普通话水平测试可以帮助他们学习使用普通话。

就普通话水平测试而言，在境外的推广，面临着与中国大陆推广普通话截然不同的环境。在中国大陆实行的《国家通用语言文字法》，并不适用于这些国家和地区。简单地说，与政府行政权力相关的推广手段，包括法律手段、制度手段、行政手段等全部失效了，普通话水平测试只能通过纯粹的学术形式、测试形式服务于境外的普通话学习与考量的需求。

第二节　普通话水平测试境外发展概述

开展普通话水平测试是推广普通话的创造性措施。在大陆地区，普通话水平测试工作遍及各个省、自治区、直辖市，测试了近 5000

万人次，有力促进了民众普通话水平的提高。普通话水平测试在境内得到广泛认可的同时，也受到了中国香港、澳门、台湾以及海外一些国家、地区人民的关注与重视。

一、香港普通话水平测试发展概况

早在20世纪80年代，香港的有识之士就看到了国家收回香港主权后语言使用的必然趋势，他们长期以来一直在为提高普通话和中文在香港的地位而努力，香港地区教学普通话的机构如雨后春笋般成立和发展起来。1985年5月初，香港大学语文研习所、香港中文大学中国语文研习所、浸会学院文学院、理工学院语文学系、城市理工学院语文学系和香港中国语文学会联合举办“普通话教学与测试研讨会”，邀请国内外200多名专家学者参加，规模盛大。召开这次学术会议，对加强香港各有关机构的团结，以及促进香港推广普通话工作起到了积极的作用。

在香港“九七”回归之前，香港各界积极学习、推广普通话，取得了不少成绩，推广普通话工作也“开始走上规范化、标准化的新阶段，而且正迅速地从分散的、非正规教学走进各级各类学校”①。20世纪90年代后期，相继成立了一批分布在香港各高校内的普通话培训测试机构，开展普通话水平测试和普通话课程。“这表现出香港同胞对祖国、对中华民族的认同感和信心，是保证香港平稳过渡和更加繁荣的重要条件。有关人士认为，这一转变再一次表现出香港作为国际大都会对于发展变化中的形势高度敏锐的适应能力，在香港的教育史上将是重要的一页。”②

1996年4月17日，国家语委普通话培训测试中心与香港大学率先签订合作协议，第一次将普通话水平测试引入香港。时任国家语委普通话培训测试中心主任孟吉平和时任香港大学校长郑耀宗代表双方在协议上签字。时任国家语委主任许嘉璐、时任新华社香港分社副社长张浚生以及香港教育署官员、各大学代表等各界人士出席

①孟涛《国家语委培训测试中心与香港大学签约》，《语文建设》1996年第6期，第46页。

②同上。

了签字仪式。当月，香港大学成立普通话培训测试中心，作为该校“下属的教学研究单位，主要培训师范院校普通话师资，也接纳部分中小学教师进行深造，同时面向全港，为有需要的商业机构提供普通话培训服务”①。国家语委选择与香港大学率先签约，主要考虑到香港大学是“香港规模最大、历史最久远、学术水平最高的学府，率先在港建立普通话培训测试中心，承担起为香港社会，特别是为教育界培训教学和测试人才的重任，体现了高度的历史责任感”②。国家语委寄希望于香港大学普通话培训测试中心能够“为其他院校开展规范化、标准化的培训测试工作以及今后可能与国家语委所属机构进行的合作提供有益的经验”③。

1997 年，国家语委普通话培训测试中心与香港教育学院和香港树仁大学先后签订协议开展合作。新世纪，经上级有关部门批准，国家语委普通话培训测试中心先后与香港中文大学（1998 年）、香港岭南大学（2000 年）、香港理工大学（2003 年）、香港城市大学（2005 年）、香港科技大学（2006 年）、香港浸会大学（2007 年）、香港公开大学（2007 年）、香港珠海学院（2010 年）、香港职业训练局（2011 年）、香港考试及评核局（2012 年）、恒生管理学院（2013 年）等 14 家香港高校或者机构签订协议，合作开展普通话培训测试及科研工作。从合作初始，很多高校在校内设立了专门的普通话教学与测试机构，面向本校师生开展普通话教学和国家普通话水平测试，并逐步把普通话培训测试服务拓展至香港社会各界。为满足香港广大普通话学习者的需求，香港一些高校先后开设了从普通话教育文学硕士学位课程、普通话科荣誉学士学位副修课程，到教师普通话能力提升课程、普通话水平测试强化训练课程等各类课程数十种，累计培训了十余万人次，其中包括大批香港急需的普通话教学师资，极大地促进了香港各类学校的普通话教学工作。此外，上述高校也

①孟涛《国家语委培训测试中心与香港大学签约》，《语文建设》1996 年第 6 期，第 46 页。

②同上。

③同上。

在香港的普通话教法研究、教材编研中发挥了领军作用，为提升香港的普通话教学水平和教材质量做出了积极贡献，对香港社会的普通话推广发挥了很强的辐射作用，成为香港推普的一支十分重要的社会力量。

1996 年至 2013 年，国家语委普通话培训测试中心依托香港各高校的普通话培训测试机构，在当地合作组织国家普通话水平测试，已测试 9 万余人次。此外，国家语委普通话培训测试中心还积极配合内地和香港高校间的相关交流项目，为来北京参加普通话培训的香港学员测试 7000 余人次。国家普通话水平测试已成为香港参加人数最多、具有良好声誉、社会影响广泛的普通话考试，成为香港政府持续进修基金、教师语文能力（普通话科）评核等所认可的权威测试。香港岭南大学将国家普通话水平测试作为本校学生“中文离校试”的口试，各专业学生在毕业以前自愿参加测试。在港合作开展国家普通话水平测试，有力地促进了香港的普通话教学培训。目前，除香港各高校举办的普通话培训课程以外，香港社会的很多私营培训机构，也将国家普通话水平测试应试内容纳入主要培训课程。香港各级各类学校在选用语文科教师或普通话教师时，也主要参考其普通话水平测试成绩，测试的反拨作用发挥明显。

二、境外其他地区普通话水平测试发展概况

澳门是一个多语多言的“语言博物馆”式的袖珍城市，人口虽然不足 60 万，语言和方言的数量却比香港复杂得多。汉语、葡语、英语共存，粤方言、闽方言、吴方言等汉语方言分歧严重①。为了提高普通话水平，澳门政府和民间经常组织丰富多彩的推普活动。澳门的高校也十分重视普通话的教学推广工作。澳门回归祖国之后，越来越多的澳门学生积极选修普通话，良好的普通话水平成为大学生寻求在澳门、香港或者内地发展的一项重要技能。为使普通话教学在原有基础上更加标准和规范，在教育部和特区政府有关方面的

①程祥徽《澳门的语文规划》，黄翊、龙裕琛、邵朝阳等《澳门：语言博物馆》，和平图书·海峰出版社 1998 年版，第 90 页。

支持下，20 世纪末，国家语委普通话培训测试中心与澳门理工学院率先开展普通话水平测试合作。为进一步满足澳门社会需求，提升普通话水平，2001 年 11 月，国家语委普通话培训测试中心与澳门大学合作建立了澳门大学普通话水平测试中心，开展普通话专业培训、测试和科研工作，为澳门的普通话推广发挥了重要的辐射带动作用。

现在，普通话水平测试在港澳地区具有较高的知名度，享有良好的声誉，赢得了港澳地区社会各界人士的充分认可。此外，国家语委普通话培训测试中心 2005—2007 年连续为中国台湾的华文教师举办了四期普通话进修班，对台湾学员进行了有针对性的教学培训和普通话水平测试，测试成绩普遍达到二级甲等及以上。

2006 年，国家语委普通话培训测试中心与新加坡有关教育机构签订合作协议，多次开展普通话培训与普通话水平测试，为新加坡的华人教师学习掌握规范标准的普通话发挥了积极作用。2009 年 5 月，国家语委、教育部语言文字应用管理司委派天津市语言文字培训测试中心在马来西亚举行普通话水平测试，在当地教育界和传媒界产生了一定影响。2010 年 10 月，在国务院侨办的支持下，国家语委普通话培训测试中心与华文学院合作，在泰国为华文教师举办了两次普通话水平测试，并开展了两期普通话培训课程；2011 年 10 月，在泰国继续合作举办了两次普通话培训与水平测试，不断扩大普通话水平测试的影响力。其中，普通话教学课程的实用性、高强度集训以及普通话测试的专业性，受到当地华校、侨界的一致好评。普通话水平测试与汉语水平考试（HSK）不同，它是一种母语考试，所以测试对象主要针对港澳台同胞以及海外华人、华侨，其中，华文教师是重点对象。从这一点上来看，普通话水平测试与汉语水平考试并不矛盾，具有互补意义。

由于香港普通话水平测试的测试量占到国家语委境外普通话水平测试总量的 90%以上。因此，下面以香港为代表，管窥境外普通话水平测试的成绩、特点和意义。

第三节 境外普通话水平测试的作用——以香港为例

香港拥有成熟的市场经济体系。普通话水平测试在香港的推广，必须遵守市场经济的行为准则，采用适应市场经济发展的方式方法，才能取得成功。事实证明，国家语委成功做到了这一点。首先，国家测试机构主导了香港的普通话水平测试。对于每一场测试，都由国家测试机构直接选派国家级普通话水平测试员参加，对测试成绩进行严格监督。这样做有利于维护普通话水平测试的市场秩序，保证国家普通话水平测试的权威性，逐渐树立普通话水平测试的知名“品牌”形象。其次，以本地合作的方式开展普通话水平测试，特别是与香港具有公信力的高等院校合作。在促进普通话水平测试本地化的同时，进一步提升了普通话水平测试的形象。虽然没有行政、制度的保障，但是香港社会的知识产权保护意识很强，这也给普通话水平测试的成功推广创造了良好条件。鉴于以上两点原因，香港普通话水平测试开展得比较顺利，除了测试规模不断扩大以外，社会影响力也逐步增强，逐渐成为香港社会最具影响力的语言测试之一。

一、测试促进了推广普通话机构与队伍的建设

普通话水平测试在香港推行以来，通过与高校合作的形式，共引导各合作单位建立专业培训测试机构 14 个，这些机构大都挂靠在院校的汉语系或者教育学院，以独立核算的形式运行。以香港大学为例，香港大学普通话培训测试中心于 1996 年 4 月成立，隶属于香港大学教育学院，是自负盈亏的机构，旨在推动香港人学习普通话，并提高香港人学习普通话的效率。这些专业机构，成为了推广普通话的前沿阵地。比如，香港中文大学普通话教育研究及发展中心①的工作范围包括，研究普通话及普通话教育，举办普通话水平测试，

①参见《香港中文大学普通话教育研究及发展中心普通话培训测试基本情况调研报告》，2011 年。

开办与普通话及普通话教育相关的各类证书、高级文凭及高级学位课程，出版普通话与普通话教育专著，提供顾问服务，在学校及社会的层面上推广普通话等。可以说，这些专业培训测试机构的设立，为香港推广普通话提供了坚实的机构保障。

从队伍建设上来看，普通话水平测试在香港推行 18 年来，国家测试机构共为香港培训了 142 名国家级普通话水平测试员，与香港高校合作培训普通话教师或后备师资 1019 名。国家级普通话水平测试员成为了普通话培训教学的主力军。从测试的人员安排上，国家测试机构坚持本地培养与国家测试机构委派联合的方式，严格保证了测试质量。通过对本地培养的国家级普通话水平测试员进行培训，层层传播，把标准的普通话推广到香港社会的方方面面。所以说，本地培养的国家级普通话水平测试员为推广普通话进一步提供了人员保障。

二、测试促进了境外普通话教学的发展

普通话水平测试的宗旨是“以测促训”，这一点在香港得到了很好的验证。通过在香港开展普通话水平测试，大大促进了香港普通话教学工作的发展，包括测前培训、常规培训等，也包括各类培训教材的编写、出版。据不完全统计，香港各合作测试机构普遍开设了测试前的各类辅导课程，为应试者提供提高普通话水平的机会，如：普通话正音班、精读班、朗读训练班、试前讲座、提升课程，等等。各合作机构也纷纷编写或者出版了适用于测试前辅导课程的教材，以香港教育学院为例，本地的测试员编写出版了一系列教材，包括《普通话水平测试应试指导与训练（繁体字版）》《国家普通话水平测试（PSC）应试培训教材》《国家（三级六等）普通话水平测试模拟试题与示范朗读 CD》，等等。

在具体开设培训课程和教材方面，以香港中文大学普通话教育研究及发展中心①为例。该中心为帮助应试人了解各个测试项的评分标准，提高应试技巧，做好测试前所需要的准备，推出了针对普

①参见《香港中文大学普通话教育研究及发展中心普通话培训测试基本情况调研报告》，2011 年。

通话测试应试者的试前导试课程，课程以《普通话水平测试实施纲要》作为教材。除导试课程外，该中心还推出了普通话水平测试强化训练课程，内容分为三个阶段：（1）普通话基础语音训练；（2）普通话朗读正音训练；（3）普通话语言表达训练。课程目标在于培养及提高学员使用普通话所达到的流利程度和规范程度，为参加普通话水平测试做好考前准备，掌握测试的技巧要求，以考取更好的成绩。课程也以《普通话水平测试实施纲要》为教材，课程对象更加广泛，包括初学普通话的人士、具备基础的听说普通话能力的人士，以及准备参加普通话水平测试的人士或想进一步提升等级的应试人。该中心还专门设计了适合银行界从业人员学习的普通话语音、培养听说普通话能力的普通话基础课程，编写了《银行业务普通话自学课程》等教材。

三、测试促进了境外普通话科研的发展

在进行普通话培训、测试以外，一些比较有实力的测试机构，如香港大学普通话培训测试中心、香港中文大学普通话教育研究及发展中心、岭南大学中国语文教学与测试中心等，还进行了与普通话测试相关的科学研究，并取得了一定的成绩。例如，香港教育学院中文系及普通话培训测试中心在2000—2002年承担“在香港中小学使用普通话教授中国语文科的可行性研究及普通话作为课堂教学语言课程的设计”项目，获香港特区政府优质教育基金支持，研究成果以论文及著作形式出版。

再如，2009年4月，岭南大学中国语文教学与测试中心和国家语委普通话培训测试中心共同合作的研究项目——香港中文书面语水平测试正式启动。该研究由岭南测试中心原主任田小琳倡导、筹办，主任李东辉博士带领中心全体教师与时任国家语委普通话培训测试中心主任姚喜双率领业务人员，双方共有29位研究者参与了这个大型测试研究项目。这个项目第一阶段已经完成，并且得到了香港“大学教育资助委员会”（UGC）的关注。2011年5月27日，UGC在给岭南大学校长陈玉树教授的信函中表示，这项研究很有意义，希望可以将这项研究继续下去。

第四节　境外普通话水平测试的特点——以香港为例

境外开展普通话水平测试的实践，与内地相比，无论从测试对象，还是从测试成绩来看，都具有明显不同的特点。

一、测试对象以文职人员与语文类教师为主体

1997年香港回归以后，实行“一国两制”的政治制度，香港特区有《基本法》，内地的规章制度并不适用于香港。因此，内地对教师、播音员等普通话水平等级的强制性要求均不能作用于香港。随着香港与内地贸易往来和人员往来的日益增多，普通话在香港市民的生活中扮演着越来越重要的角色。香港同胞越来越认识到，香港要兴旺发达，光说粤语是不行的。很多岗位在招聘员工的时候，往往要求员工具有一定的普通话水平，而国家普通话水平测试恰恰提供了国家级的评判依据。取得普通话水平测试等级证书的人，往往在求职的时候更具优势。

具体来说，在香港普通话水平测试的应试人中，教师与文职人员是两大主要群体，这反映出香港社会经济生活对普通话水平测试的实际需要。近些年来，教师特别是中文普通话教师，取得二级以上的普通话水平证书，可豁免教师语文能力评核（普通话）的口试部分。在一些中小学校，校方要求教师需取得二级以上的普通话水平证书才能上岗，这在以前并没有强制要求。随着香港语言政策转向“两文三语”（中文、英文；普通话、粤语、英语）后，社会对具有较高水平的普通话教师的需求越来越大，普通话水平测试恰恰提供了一种权威的测量普通话水平的有效手段，拥有普通话水平测试等级证书的教师在就业方面具有优势，这就推动了很多语文类教师积极参加普通话培训与测试。与内地不同的是，由于通过普通话水平测试并不是取得教师资格准入证的必要条件，所以除了语文类教师外，其他类教师参与普通话水平测试的并不多。此外，文职人员，比如公司文员、政府职员等群体，由于工作性质的需要，该群体应该熟练应用普通话，因此，这些人群也成为参加普通话水平测试的

主要对象。

香港与内地间的商贸往来日益频繁，可以说，经济力量是推进香港普通话水平测试发展的基本驱动力。在内地逐渐淡化以行政权力推进语言文字工作的大背景下，香港社会的成功实践为内地普通话培训测试工作的开展提供了很好的借鉴。

二、测试成绩呈现以三级甲等为中心的分布

普通话水平测试在香港开展已有18年之久，香港共有14家机构与国家语委普通话培训测试中心签约合作开展培训测试等相关工作。为总结经验，探讨未来发展方向，国家语委普通话培训测试中心在2010—2011年请香港合作高校的普通话培训测试机构对本机构历年的培训、测试、科研情况进行了调查研究。根据对调查结果的汇总和统计，测试成绩的分布呈现出如下结果①。

首先，根据香港社会的实际情况，调查表对应试人的母语背景进行了划分。具体分成粤方言、普通话、吴方言、闽方言、客家方言及其他六类，然后按照测试数量、测试成绩进行统计，考察测试成绩总体分布特征。

由于粤方言人群的测试数据与其他方言的数据有比较明显的区别，因此将其他几种方言的数据放在一起作为一个类别与粤方言人群的数据进行对比研究。调查显示，香港地区参加普通话水平测试的应试人，以粤方言为母语者约占83%，这些应试人的普通话测试成绩与其他方言背景的人群相比，具有较为明显的分布特点。他们的测试成绩逐年稳步上升，趋势比较明显，不过目前看来，成绩以三级甲等为主，很多人多次应试却难以达到二级门槛。

经统计，粤方言背景的应试人在2006年时，以三级乙等（60～69.9分）成绩最多，占总数（粤方言背景，下同）的32.03%；三级甲等（70～79.9分）其次，占29.92%。从2007年开始，三级甲等成为各等级中人数最多的成绩，从31.71%逐年稳步上升至

①参见韩玉华《从港人普通话水平测试成绩探讨粤方言区普通话教学测试改进策略》，第十届世界华语文教学研讨会论文，2011年12月。

37.69%（2010 年）；三级乙等成绩的人数则逐年稳步下降，从 28.21%降至 17.49%（2010 年）。香港政府规定教授普通话科的教师，其普通话水平需达到二级乙等（80～86.9 分）以上，这一标准等同于内地对所有师范类学生和一般科目教师的普通话要求。调查发现，达到二级乙等成绩的人数，从 2006 年的 15.19%逐年上升，在 2009 年达到 25.82%，2010 年略微回落至 25.15%。在 2009 年和 2010 年，二级乙等成绩的人数分别超过了三级乙等成绩的人数，在人数比例上排名第二，仅少于三级甲等成绩的人数。而且，二级乙等和三级乙等成绩的人数比例在 2006 年、2007 年、2008 年三年的分布情况与 2009 年和 2010 年两年的分布情况正好相反。三级乙等成绩的人数在前三年均在 25%以上，而在后两年则降至 20%以下；而二级甲等（87～91.9 分）成绩的人数在前三年都没有达到 20%，却在后两年均超过了 25%。此外，二级甲等的人数从 2006 年的 5.61%略微降至 2007 年的 5.36%，然后从 2008 年开始稳步上升，至 2010 年达到 11.25%。不入级（＜60 分）的人数则从 2006 年的 15.23%升至 2007 年的 17.02%，然后逐年降至 5.46%（2010 年）。一级甲等（≥97.0 分）成绩的人数一直非常少，在百分比上无法显示。一级乙等（92～96.9 分）成绩的人数也比较少，始终徘徊在 2%左右，2010 年接近 3%。具体数据详见表 6-1 和表 6-2。

表 6-1 香港地区粤方言人群 PSC 测试成绩历年百分比

	2006 年	2007 年	2008 年	2009 年	2010 年
一甲	0	0	0	0	0
一乙	2.03%	1.72%	1.91%	2.82%	2.94%
二甲	5.61%	5.36%	7.61%	10.45%	11.25%
二乙	15.19%	15.98%	19.09%	25.82%	25.15%
三甲	29.92%	31.71%	33.87%	36.32%	37.69%
三乙	32.03%	28.21%	25.45%	18.94%	17.49%
不入级	15.23%	17.02%	12.07%	5.63%	5.46%

表 6－2　香港地区其他方言人群 PSC 测试成绩历年百分比

	2006 年	2007 年	2008 年	2009 年	2010 年
一甲	0.33%	0.45%	0	0	0
一乙	26.47%	16.26%	23.18%	18.68%	18.75%
二甲	27.78%	23.61%	26.54%	24.20%	27.82%
二乙	25.49%	30.07%	27.10%	30.07%	28.80%
三甲	17.97%	20.71%	17.94%	21.36%	19.05%
三乙	1.63%	5.35%	4.86%	5.53%	5.22%
不入级	0	3.56%	0.37%	0.17%	0.30%

注：限定统计 2010 年 12 月 31 日以前的数据，有 10 所高校的测试机构参加了调查。

从表 6－3 可以看出，粤方言人群测试成绩的等级分布与其他方言人群的成绩分布有比较明显的差异。其他方言人群成绩以二级以上为主，二级乙等是人数最多的成绩，达到 28.84%，其次是二级甲等，为 26.01%，一级乙等和三级甲等的比例大致相当，都接近 20%。不入级和一级甲等最少，整体看上去呈现出“中间多、两头少”的分布特点。与其相比，粤方言人群的成绩分布则呈现整体成绩偏低的情况，测试成绩集中分布在三级。其中，三级甲等最多（34.83%），三级乙等其次（22.49%）。粤方言人群三级甲等、三级乙等和不入级的比例都明显超过其他方言人群，二级乙等以上的各个等级的比例则明显少于其他方言。总体而言，粤方言人群的成绩分布以三级甲等为中心，其他等级的比例较少；而其他方言人群的成绩以二级乙等为中心，二级甲等所占比例接近二级乙等。

表 6－3　粤方言与其他方言人群 PSC 测试总成绩百分比（2006—2010 年）

	一甲	一乙	二甲	二乙	三甲	三乙	不入级
粤方言总计	0	2.45%	8.86%	21.74%	34.83%	22.49%	9.52%
其他方言总计	0.11%	19.67%	26.01%	28.84%	19.73%	4.99%	0.66%

其次，从某一测试机构（以岭南大学为例）的微观数据进行具

体比对。

岭南大学是唯一一所以普通话水平测试作为本校学生“中文离校试”口试的大学，其学生来自校内各类专业。岭南大学中国语文教学与测试中心的测试规模到2010年已经累计达到1万多人次，其中本校学生约占30%，校外人员约占70%。岭南大学应试人群的比例比较典型地反映了香港社会参与普通话学习测试的人群分布特点，测试成绩也比较有代表性。按照岭南大学中国语文教学与测试中心的统计数据，全体应试人中，三级甲等占31.60%，三级乙等占29.97%，不入级占13.31%，二级占22.3%，一级占不到3%，参加测试的人以粤方言背景的人群为主。数据表明，粤方言人群的普通话水平以三级甲等为主，或言之，以三级为主。

第五章的研究表明，我国北方方言区的测试成绩普遍好于南方方言区。假设以北京为核心，向外逐步扩散画圈的话，普通话成绩必定会随着圈的范围扩大而逐步降低。具体例子如下：北京测试成绩以一级乙等为主，其次是二级甲等；河北测试成绩集中在二级甲等；山东测试成绩以二级乙等为主，其次是二级甲等；安徽测试成绩以二级乙等为主，其次是三级甲等；香港测试成绩以三级甲等为主。这从语言距离的角度进一步验证了普通话水平测试的科学性与准确性。

在香港，有专家学者在传统三级六等（一级甲等到三级乙等）的基础上，进行三级八等的改进研究，对不入级的应试人区分不同等级。这种做法对于提高应试人学习普通话的积极性大有益处，也对香港粤方言背景人群的普通话做出更为精细的区分，不过这一改进方案也存在着一定的局限性。因为增设的两个标准都是入门级别的，而研究数据显示，不入级的人数在稳步减少。未来的研究可以在境外测试等级方面更趋精细化，以便体现出更加充足的实用价值。

第五节　境外普通话水平测试的意义——以香港为例

在境外开展普通话水平测试，有利于促进不同地区间的交流和沟通，进一步传播中国文化，维护祖国形象，增进华人世界的团结与融合。

在香港开展普通话水平测试，直接的作用和意义就是促进了普通话的推广普及。香港地区的每一位测试员都是普通话的推广者，他们大都对普通话推广普及工作抱有积极热忱的态度，秉承强烈的爱国爱港之心。他们在香港不仅从事测试工作，更多的时间和精力是投入在培育普通话人才、进行普通话教学的课堂上。此外，普通话水平测试的成功开展，无论对于普通话水平测试本身来说，还是对于境外普通话水平测试事业来说，都具有重要意义。

一、进一步验证普通话水平测试的科学性与生命力

普通话水平测试在香港成功开展了 18 年，这进一步验证了普通话水平测试的科学性和生命力。口语测试的主观性特点，决定了长期以来人们对于口语测试的科学性是有疑虑的。普通话水平测试在内地开展以来，由于学科建设的相对滞后，宣传力度的缺乏，加上一直被认为是政府推广的测试，普通话水平测试自身的科学性和生命力往往会被人们忽视。

在境外开展普通话水平测试，没有任何行政手段的约束，只能依靠普通话水平测试自身的价值，依靠与当地学术机构的合作。相对而言，以与内地全然不同的方式开展测试工作是比较困难的，需要工作者适应不同的社会环境，采取更加严谨、规范、科学的运行模式。但是，正因为如此，普通话水平测试的自身价值才得以彰显。香港的测试实践表明，在脱离了政府行政支持的情况下，普通话水平测试依靠其自身的科学性，在香港取得了良好的口碑，显现出了强大的生命力。

二、为进一步发展提供借鉴和参考

在香港地区采用合作的方式、服务的理念开展普通话水平测试，严谨规范的测试模式赢得了香港同胞的支持与肯定，也给未来的普通话水平测试的境外发展提供了借鉴与参考。

2011 年 5 月底，国家语委普通话培训测试中心与合作的 11 所高校联合举办了庆祝普通话在港合作开展测试 15 周年的纪念论坛。在纪念论坛上，香港各合作高校的领导、教师、学生，以及社会人士代表，对国家语委给予香港推广普通话的大力支持与帮助表示感谢与赞扬。他们普遍认为，学习普通话是香港社会发展对市民的时代要求，是市民自身发展的迫切需要。有香港同胞充满感情地表示，多年来，国家语委派出一批批优秀的普通话教师和国家级测试员来港，发挥了很好的学术带头作用和业务示范作用，且勤勉敬业、严格公正、热情服务，受到合作机构和广大考生的尊敬与赞颂，这支队伍贡献可贵，功不可没，应该给予充分肯定和热情勉励。香港中文大学校长沈祖尧认为，普通话水平测试为拓展内地与香港的教育文化交流、推动普通话在本地社会的应用，以及促进香港社会的经济发展做出了积极贡献。

无论是在港澳地区，还是在海外华人、华侨生活的国家，测试机构以合作的方式，测试人员以服务的心态，进入到广大汉语（华文或者华语）的学习群体中去，积极赢取当地民众的理解与支持。香港的成功案例可以被应用到其他国家和地区，这样的方式、途径也给国家语委在内地推行新的语言测试提供了很好的参考和借鉴。

三、为增进中华民族的团结做出贡献

长期以来，无论是在香港、澳门、台湾地区，还是广大海外地区，汉语的使用情况千差万别，有华语、国语、普通话不同的称名。不同地区之间的汉语差异在一定程度上影响了华人与华人之间的交流和沟通，亟须通过某种方式融合这些差异。普通话作为祖国的官方语言，在这个融合过程中，应该占据着强势的地位。但是，由于历史的原因，普通话在境外特别是广大海外地区并不占据主导地位。通过在香港、在境外其他地区开展普通话水平测试，使用普通话的等级标准衡量其他地区汉语的标准程度，提升了普通话在华人世界的影响力，促进了不同地区华人的交流和沟通，有利于海外华人学习和传承中国传统文化，为整个中华民族的团结做出贡献。

第七章　普通话水平测试的发展趋势

第一节　引言

普通话水平测试发展20年来，规模从小到大，已经成为国家普通话推广工作的重要组成部分。在汉语国际推广的大背景下，普通话水平测试扮演的角色越来越重要，地位和意义日渐突出。普通话水平测试在我国首开汉语标准语口语考试的先河，也是目前唯一的测试普通话口语能力、口语水平的标准化考试，它的建立之初既是国家普通话推广工作、普通话推广政策和社会发展的需要，也是将语言学、语音学、测试学这些学术成果与社会实际需要相结合的一个产物。普通话水平测试既有政策性、权威性，又不失科学性和学术性，这决定了普通话水平测试一方面在政治需要上、在国家和社会发展上承载着重要的社会功能，同时其学术性又决定了普通话水平测试在语言测试发展史上占有一席之地，具有长久的生命力。政策性、权威性与科学性、学术性的结合是这一测试不同于其他考试的一个显著特点，也是决定普通话水平测试未来发展前景的重要基础和条件。

从发展前景上看，一方面，中国经济和社会发展的快速增长决定了推广汉语、推广普通话的迫切性和重要性。而普通话水平测试在增强全民语言规范意识，促进汉语标准语的普及，提高国民文化素质，从而提升主权国家的国际形象等方面发挥着积极作用，国家政策历来对推广国家通用语言给予充分的重视和扶持，普通话水平测试的实施规模也会越来越大。可以想见，普通话水平测试未来的发展趋势、增长速度会越来越快。这是其政策性、权威性的一面决定的。

另一方面，普通话水平测试的数量和规模上的迅速发展，应该伴随着其质量的不断提高。这是决定任何一种测试保持生命力的唯一条件。应该说，普通话水平测试之所以在社会上具有越来越高的影响和权威性，在全社会具有良好的声誉，主要原因正是源于其学术性和科学性。一个考试只有具有良好的信度、效度，才能得到社会的认可。近年来，从事普通话水平测试的研究人员越来越多，研究成果越来越丰富，科研力量是推动普通话水平测试不断发展的动力。由于毕竟只有32年的发展历程，普通话水平测试在学术层面上依然还有发展提升的空间，在测试内容标准、现代测试手段、开创测试体系和测试员队伍建设等方面的研究上还应该进一步加强。

对普通话水平测试的事业发展、测试活动本身的发展进行预测和分析，离不开对测试活动基本要素的深入解析。普通话水平测试是由测试主体、测试对象、测试依据和测试手段四个基本要素构成的，它们的发展历史、发展现状和发展趋势将共同决定普通话水平测试未来的发展方向。

第二节　测试主体的多功能化

普通话水平测试载入《中华人民共和国国家通用语言文字法》，是国家推广普通话工作的三大措施之一。1997年全国语言文字工作会议后，推广普通话工作以“目标管理、量化评估”“普通话水平测试”和“全国推广普通话宣传周”为基本措施，逐步走上制度化、规范化、科学化的轨道。普通话水平测试是促进国家通用语言普及与提高的创造性手段。大力推广和普及普通话，使国民不断提高普通话应用水平，对于建设工业化、现代化国家，对于建设信息化、学习型社会，对于加强民族团结、维护国家统一都具有重要意义。作为测试主体，测试员在测试实践中起到了至关重要的作用，他们是普通话水平测试取得巨大成就的功臣。

测试工作开展之初，国家语委首先分批培训了大量优秀的测试员，他们如同种子一样，撒播到全国各省、直辖市、自治区，起到了宣传国家通用语言的辐射和示范作用。之后，各省级测试机构为满足测试工作的实际需要，相继培训了大量的省级测试员。优秀的省级测试员积累了一定的测试经验，并满足相应条件后，参加国家语委普通话培训测试中心组织的培训班并考核通过后，即成为国家级普通话水平测试员。省级测试员和国家级测试员构成了我国普通话培训测试工作的考官队伍，其中的精英人员也已成为各省乃至国家测试中心培训教学的骨干力量和培训测试业务咨询的专家顾问。测试员是普通话培训测试系统最大的一支队伍，也是开展工作的基础力量。除极少数是各级测试机构的在编人员外，大部分测试员都不是专职从事测试工作的，各级各类学校的教师约占90%。

随着测试工作的大规模实施，普通话水平测试工作对测试员素质方面的要求也日益增加。作为测试主体，测试员担负着科学衡量应试人的普通话水平、精确熟稔地掌握测评标准、严格执行测试规定等任务。随着计算机辅助普通话水平测试（简称“机辅测试”）模式的日益推广，测试工作对测试员的测评能力提出了更高的要求。机辅测试的模式要求测试员在不知道应试人读单音节字词、读多音节词语和朗读等项目的成绩的条件下，单独评判说话项的成绩。这里的“单独”有两个涵义，一是测试员不再是从第一项开始审听，逐渐接触应试人的语音面貌，而是直接审听、评测说话项，就应试人这一项的表现做出评判；二是测试员不再是两到三人一组进行面测，可以现场商议评分，而是自己一人对着电脑录音做出评判。有的省要求测试员背靠背评分，并对测试员评测水平的稳定性做记录，以便监督考核测试员的测试能力。在这种机辅测试的模式下，测试员需要更精准地掌握评分标准，更加果断地评判应试人的普通话水平，更加全神贯注地记录语音问题。

作为测试主体，测试员在机辅测试的模式下，还必须掌握基本的技术手段，包括熟练使用计算机辅助评分的应用系统，熟练掌握计算机相关操作技术。与人工测试模式相比，测试员在具备了测试评分的基本技能和技巧外，还要学习掌握现代化评测手段。

新时期新阶段，测试实践工作对测试员的素质提出了更多更高的要求。作为测试工作的一线人员和测试工作的核心力量，测试员不仅仅是测试活动的主体，从更高的层面上讲，测试员还是测试事业发展的主体。

首先，测试员是宣传员，他们了解、熟悉国家的语言文字政策，如同火种一样，在社会各界起到了示范、推动、推广国家通用语言的模范带头作用。其次，测试员也是教员，很多测试员都是教育工作者，有的是与语言文字相关的专业教师，专门教授现代汉语；有的尽管不是专业教师，但作为测试员，他们熟悉语音、词汇、语法和测试理论知识以及提高普通话的技巧，能够指出应试人在普通话方面存在的问题和缺陷，在普通话教学方面，他们是地道的专家。再次，测试员也是研究员，他们掌握语言学、测试学等相关理论知识，拥有普通话培训测试的研究资源，在实践中发现普通话培训测试的新问题，推进培训测试的学术研究。总之，普通话培训测试的进一步发展必然要改变、丰富、提高测试主体的作用和功能，测试员要适应新的形势，进一步提升自我素质，这是必然的发展趋势。

第三节　测试对象的扩展性

20 年来，以普通话水平测试为主要实施手段的普通话推广工作取得了巨大成就，对于有效协调社会生产和生活发挥了不可替代的重要作用。进入新世纪以来，推广普通话的工作逐步走入了社会各个行业，各省（自治区、直辖市）都建立了普通话的测试实施机构，测试的覆盖面愈加广泛，从师范生扩展到非师范生，从教育系统、广电系统扩展到服务行业和公务员。随着经济建设的发展，各行各业对从业人员语言素质的要求日益提高，培训测试的需求随之增加。有的省、直辖市、自治区已经或计划全面开展对交通行业、文化系统、公务员、在校大学生普通话的培训测试。有的学校将在校大学生的毕业证书和普通话水平证书挂钩，将普通话教学纳入必修的语文类课程，这些做法有效地提高了学生的语言素质，为增强学生的口语表达能力奠定了良好基础。2001年，中国人民解放军总政治部提出了要切实提高全军官兵的普通话水平的要求。2009年，国家语委普通话培训测试中心首次为部队培养了多名国家级测试员。2011年，中国人民解放军总政治部与教育部语用司、国家语委普通话培训测试中心多次进行沟通，拟定《军队普通话培训测试实施办法》，为在军队系统开展普通话水平测试做好准备。

普通话水平测试的证书现在不存在有效期问题，应试人拿到符合岗位要求的证书后，证书终身有效。不过，很多应试人的普通话因为没有坚持训练也因此出现了回潮现象，正所谓“证书一到手，方言就出口”。针对这一问题，有研究者认为普通话水平证书应该取消终身有效期的规定。有的省、直辖市、自治区开始试行普通话水平证书五年有效期的做法，实践表明，这对督促重点人群的普通话学习和普通话水平的提高是有作用的。2011年，教育部在《年度工作要点》中明确提出，要深化教师管理制度改革，“建立国标、省考、县聘、校用的教师职业准入和管理制度。开展资格考试改革试点，发布中小学教师资格考试标准和考试大纲。试行5年一周期的教师资格定期登记制度”①。这一规定的出台，对试点省市的普通话培训测试机构来说，与之相应的配套工作就是要再度开展大规模的教师普通话培训测试工作。要取得教师资格证书，其中一个条件是要取得到普通话水平二级乙等以上的成绩证书，不同的学科、专业对普通话水平等级的要求不同。五年一个周期的教师资格定期登记制度，等于规定了考取教师资格证书的人群需要每五年至少参加一次普通话水平测试。这种周期轮考制度能够切实督促教师自觉学习普通话，从而不断提高普通话水平，起到以测促训的作用。

普通话是国家通用语言，从小处说，为求职就业、经商、从政，人们要学说普通话；从大处看，身为中国人，讲普通话就是民族大

①教育部门户网站 http://www.moe.gov.cn/publicfiles/business/htmlfiles/moe/moe_164/201102/114836.html（2011年2月10日）《教育部2011年工作要点》。

义问题。说普通话是社会需要的基本语言能力，如果在学校里学不好，将会带来许多麻烦，从某种程度说，那是教育的失败[①]。所以，学校一直是国家推广普通话的重要阵地。2010 年 5 月 5 日，国务院常务会议审议并通过了《国家中长期教育改革和发展规划纲要》。会议强调，今后十年我国教育改革发展要贯彻优先发展、育人为本、改革创新、促进公平、提高质量的方针。2010 年 6 月，国家语委普通话培训测试中心在合肥召开了全国普通话培训测试信息化工作会议，教育部副部长、国家语委主任李卫红发表了重要讲话。她指出："为学生学习和掌握国家通用语言文字创造公平的良好的条件，是促进教育公平的重要举措之一；提高学生语言文字应用能力和应用水平，是提高教育质量的重要基础之一。语言文字应用能力是人的综合素质最生动、最直观的表现，从自我认知到与别人交流沟通，从思维方式到具体技能，从科学文化素质到思想道德素质，都是以语言文字为依托。要继续发挥学校的主阵地、主渠道作用，从小培养孩子说普通话、写规范字，促进学生成长成才，促进人的全面发展。要进一步创新和完善体制机制，推动学校推普工作向纵深发展；要把学校语言文字工作纳入教育督导范畴，把普通话教育纳入中小学语文课程，把学生的普通话水平纳入素质教育评价体系，为中小学生提供普通话评价标准和测试服务。"[②] 现行的普通话水平测试，并没有为这一人群设计，测试内容对中小学应试者来说难度偏高，相关度和适用性也不够，测试成绩不能如实反映中小学应试者普通话的实际水平，因此有必要研制适应中小学生特点的普通话水平测试，满足这一重要群体的需求，以加快普及提高普通话的进程。

国家正在进行经济结构转型，由外贸拉动经济转为主要靠内需拉动经济，这样的形势变化给国家的各个行业带来了前所未有的发展机遇。大部分现代化国家都提倡或要求在教育、行政部门以及各类公共服务行业使用民族标准语，这和我国在各主要行业领域积极

①郑惠坚《香港推普工作的热心人——访香港中文教育学会副会长田小琳》，《普通话》（香港）1995 年第 1 期，第 8 页。

②国家语委普通话培训测试中心编《普通话培训测试工作简报》，2010 年第 3 期。

推广普通话的做法是一致的。随着社会上部分行业系统对从业人员普通话水平的要求的不断提高，普通话培训测试工作在一些行业领域也逐步展开，并不断扩大规模，部分行业系统也下发了关于行业系统内部相关人员的普通话水平测试及普通话培训的通知要求。1996年，国家语委普通话培训测试中心第一任主任刘照雄曾在《普通话水平测试的构想与实施》一文中，提出了对不同行业人员进行普通话水平测试的不同要求。刘照雄提出的关于行业测试的构想，直至今日，对开展行业普通话水平测试的研究仍具有重要的指导意义。2009年，国家语委普通话培训测试中心组织首批普通话培训测试课题申报工作。在收到的116份项目申请报告中，共有来自全国不同省（自治区、直辖市）的16个课题组申报关于行业系统普通话水平测试问题的研究。由此可见，对社会有关行业普遍进行普通话水平测试的研究势在必行。

普通话是我国的国家通用语言，是现代中国的文化标志之一。普通话水平测试作为国家推广普通话的主要手段，20年来，对促进全民语言规范、增进经济文化交流、推动社会经济建设和信息化建设起到了不可替代的巨大作用。随着中国经济、社会的发展和国际地位的日益提高，中国与世界各国经济文化联系日益密切，全球汉语热持续升温。现在，世界上学习汉语的人数已接近4000万，有100多个国家超过2500所大学开设了汉语课程，越来越多的国家将汉语列入中小学教学内容。2010年6月，教育部副部长、国家语委主任李卫红在全国普通话培训测试信息化工作会议上强调指出："积极推进普通话教学测试与汉语国际推广、华文教育的有效对接，进一步发挥普通话教学测试在促进两岸四地教育文化交流中的特殊作用等等，都是需要我们关注、筹划和推进的重要工作。"①

国家语委研制开发的普通话水平测试，在大陆境内大规模实施的同时，也不断受到来自港澳台地区和海外不同国家的相关机构、专业人士的关注。国家语委和包括中国香港、澳门、台湾在内的境

①国家语委普通话培训测试中心编《普通话培训测试工作简报》，2010年第3期。

外机构，以及海外一些国家逐步开展了普通话培训测试的合作交流，取得了良好的成效。但是，这些合作除了是在中国地区进行以外，多局限于以华人、华侨居多的汉字文化圈的国家。对于那些非汉字文化圈的国家，或者华人、华侨相对较少的国家来说，普通话水平测试的内容并不能够满足他们的需求，对于识字量较少的外籍人士而言，试卷中的文字认读比较困难。因此，一些国家的相关机构陆续向国家语委表示，希望国家语委就目前的普通话水平测试做一些有针对性的改变调整，研制出适合外籍人士测试普通话水平的版本。

总而言之，普通话水平测试在新时期里，测试对象、测试领域仍在不断地延伸、扩大。在巩固已有的重点领域的基础上，满足新需求、开拓新领域是普通话水平测试发展的必然趋势。

第四节　测试依据的适应性

近年来，全国普通话培训测试工作的形势发生了巨大的变化。各行业人群的测试需求明显增强，中小学生的普通话水平测试需求提上日程，外籍人士对普通话水平的测试需求逐步扩大，以现今通用的普通话水平测试版本来满足这些不同人群的测试需求是远远不够的。如何进一步总结经验、创新举措，以适应国家要求、顺应社会需要、满足群众需求为使命，将是新时期普通话推广工作的重要课题。

就普通话水平测试而言，新时期新形势，需要语言文字工作者们放开眼界，重新衡量社会发展给普通话水平测试所带来的新的任务需求，进一步拓宽测试领域，促进测试的可持续发展。深入开展社会调研与业务评估，进行科学、合理的规划与测试研发，根据不同人群的需要，研究开发中小学生普通话水平测试、行业普通话水平测试、高水平朗读测试、适用于外籍人士的汉语普通话水平测试等新的普通话水平测试品牌，形成科学化、现代化、立体化、多层面的普通话水平测试体系。只有主动适应需求，满足需求，才能有效解决供需矛盾，更好地为国家各方面建设做好配套服务工作，这正是普通话水平测试的内在发展规律。

普通话水平测试在设计之初，就是为了提高大众的普通话水平，促进人们主动学习普通话。目前看来，普通话水平测试基本达到了这个目的。《普通话水平测试大纲》和《普通话水平测试实施纲要》都明确告知应试人普通话水平测试的测试目的、测试内容和测试方法，具体测试范围划定清晰，项目一一列明。无论从测试实施的可操作性或是测试的方向性来检查，普通话水平测试都能够明确说明。它把测试内容按照项目分布系统和频率顺序分别划定，然后把涉及的语言内容逐条划进范围，限定和描写都很具体，自成系统。在测试水平等级的描述中，清楚地列明有关测试对象的语言能力和测试项目的内容。作为一种测试，它在设计初始就重点考虑了这一测试给学习、教学带来的反拨作用和导向作用，这样的测试实现了比测试本身的目的更重要的目的，实现了一种超测试的目的和意义。

普通话水平测试的发生发展都遵循着事物发展的普遍规律，它自诞生之日起，就沿着波浪式前进的轨道不断发展壮大。就普通话水平测试的内容和测试标准的本体而言，经过科学研制、试测和大规模的实践之后，国家语委在 1996 年和 2004 年分别对《普通话水平测试大纲》进行了修订，这是适应社会语言生活的发展和实际情况，为使普通话水平测试更加规范化科学化发展而采取的有效手段，也是使测试依据进一步满足实际语言生活、满足测试任务的必然要求。事物都是在运动发展中不断地产生矛盾并解决矛盾，由“平衡”到“不平衡”再到“新的平衡”这样一个过程，是所有事物的运动过程，也是事物的发展规律。这就要求从相对的稳定性、渐变的适应性和保持连续性三个方面，逐步地、不断地提高普通话水平测试内容的针对性，持续关注现代语言生活的变化发展动态，进一步研究如何提高测试依据的有效性和适应性问题，努力使普通话水平测试大纲更加贴近测试目标，达到测试工作的最终目的，以测促训，以测促改，使得人们能够自觉认识提高普通话水平的重要性，主动学好普通话。

在对《普通话水平测试大纲》进行修订和研制《普通话水平测

试实施纲要》的时候，课题组[①]以国家语委的平衡语料库为基础，按照降频的顺序选取词语，但是因为语料库多为书面语语料，导致日常生活中的常用词语可能漏选，对此，课题组吸取了原《大纲》词表里容易误读的所有词语，在一定程度上弥补了语料库书面语程度偏高的问题。有鉴于此，在未来修订《普通话水平测试实施纲要》之际，适当增加口语语料，或者以口语语料库为基础，进行词语表的编制，将会从根本上解决这一问题。

第五节　测试手段的现代化

在2004年第二届全国普通话水平测试学术研讨会上，时任教育部语言文字信息管理司司长李宇明指出："普通话培训测试手段的现代化，就是利用计算机、互联网及相关的现代技术设备，使普通话培训测试工作从管理、测试、培训到研究都实现现代化。"[②] 全国普通话测试的管理工作通过普通话水平测试信息管理系统已经开始逐步实现现代化，国家语委普通话培训测试中心搭建的全国普通话培训测试信息资源网更是为全国的普通话培训测试工作提供了现代化的便利平台，它几乎囊括了普通话水平测试工作的各个方面。这里，主要就测试手段、技术方式的现代化来谈。

总结普通话水平测试的发展过程，可以说就是现代化发展的过程。早在普通话水平测试工作开展之初，测试员在相对安静隔音的测试室里配备着录音机、磁带和话筒，给应试人的测试过程全程录音，并用计算器给应试人计算分数，这在当时已经开始显露现代化测试手段的端倪。也可以说，在当时的历史时期，这种测试方式就是当时的现代化手段。10多年过去了，随着信息化社会的全面来临，现代化的计算机技术开始走入普通话水平测试的应用研究中。

---

①参见刘照雄《〈普通话水平测试实施纲要〉概述》，《语言文字应用》2004年第3期，第13页。

②国家语言文字工作委员会普通话培训测试中心编《第二届全国普通话水平测试学术研讨会论文集》，商务印书馆2006年版，第2页。

计算机辅助普通话水平测试（简称“机辅测试”）研究是将现代语音技术、计算机技术与普通话水平测试结合在一起的一项具有历史意义的科学研究。在确保测试质量，坚持规范管理，维护国家考试严肃性的前提下，积极开展机辅测试的研究与试点工作，对推动我国普通话培训测试这一伟大事业具有非常重要的作用。为此，国家语委在最近几年一直致力于大力推动信息化技术在普通话水平测试、普通话推广中的应用。希望通过现代计算机技术的应用，提高普通话水平测试和普通话推广的效率和水平，提高测试工作的公正性，降低测试成本、节约人力物力和财力，同时对普通话水平测试工作的组织和管理工作提供有效帮助。

机辅测试系统能够较大程度地提高普通话水平测试的信息化水平，弥补传统人工测试方法的不足，并能带来一系列的学习、模拟测试等配套服务。不过，计算机辅助普通话水平测试的评测系统，也有它本身需要研究和改进的问题。系统需要不断地增加语音数据，尽可能多地采集各种样本，不断地扩充、丰富数据库，使数据模型无限地接近真实的普通话水平测试现状。

另一方面，普通话水平测试的测试性质决定了测试员无可替代的重要作用和核心地位。计算机仅仅是听从人类的设计安排、帮助人们解脱一部分测试工作的工具，它现有的技术还无法评测人类的感情因素，无法评测富含感情语调在内的“说话”，对某些等级的判定也还存在着不稳定性。测试员的作用在计算机辅助测试的时期显得更加重要，在实施现代化测试手段的同时，更要进一步培训普通话水平测试员，进一步提高测试员的能力、素质。

目前，计算机辅助普通话水平测试只是实现了测试手段的部分智能化，它仍处于不断研究的过程，国家部分开展机辅测试的机构也都属于试点的性质。在未来的发展过程中，还需要在实践中继续探索、研究和发展计算机辅助测试模式，不断提升测试手段的现代化、科学化水平。未来的计算机辅助测试规模可能不止是现在的这些省（自治区、直辖市），在不断改进完善测试系统的基础上，计算机辅助测试有可能在全国甚至海外大面积展开。展望未来，或许有更先进、科学、有效的研究方法，可以实现普通话水平测试手段的全面智能化。

总之，现代化手段的实施不能一蹴而就，需要管理者和研究者以严谨的态度和科学的方法，发现、研究和解决问题，不断改进和完善计算机辅助测试系统，进一步提高系统的准确性、稳定性和兼容性。在维护测试的信度、效度和权威性的基础上，实现测试手段现代化。

第八章　结语

回顾 30 年来普通话水平测试走过的路程，从萌芽到发展壮大，从语言测试到测试事业，从内地 32 个省、自治区、直辖市到境外地区，普通话水平测试一步一步稳健发展，泱泱大国，遍地开花。这不是普通的语言测试，甚至不是一项普通的工作。作为推广国家通用语的最富有成效的手段之一，普通话水平测试以训保测、以测带训，为国家的通用语普及以及维护国家统一、社会稳定、民族团结，推动经济发展、信息通畅，做出了重要的历史贡献。在追溯和梳理普通话培训测试工作开展的过程中，后辈们深深地感受到这些成果来之不易，其中的艰辛唯有经历者和身处其中的一批批奉献者方能体会。

为了更好地理解作为国家推广普通话政策的重要实施手段——普通话水平测试的发展和由来，本书首先对普通话水平测试的主体内容——普通话的由来和性质进行了阐释和说明，对这一特殊性质的语言测试与语言规划的关系进行了论述；其次，按照三个历史阶段的划分，依次结合普通话推广事业的发展，论述普通话水平测试活动和测试事业在境内外的发展情况，着重总结了测试发展中的重大活动、重大事件；最后，根据测试活动四要素的发展规律，对普通话水平测试的未来发展做出预测与建议。主要结论如下：

一、语言规划关乎国家政治、经济利益，是语言学研究中的重要课题。普通话是中国近代语言规划的产物，是中国古代语言规划发展至今的必然成果；普通话水平测试是中国当代语言规划的历史产物。论述语言测试与语言规划的发展过程与相关理论，有助于深入认识和理解普通话水平测试的性质；回顾总结普通话推广工作的发展经过，以及围绕推广普通话而开展的科学研究活动及主要成果，是研究普通话水平测试必须要追根溯源的重要历史背景。

二、普通话水平测试的产生和发展，与普通话推广事业的发展密不可分。普通话的推广促生了普通话水平测试，普通话水平测试的产生和发展又反作用于普通话的推广。开展普通话水平测试与推广普通话一样，都是通过政府主导、学术界参与这种方式进行的。在改革开放的历史新时期，一是政府大力推广普通话的宏观语言政策，二是由于经济社会发展而带来的人民群众使用普通话积极性的提高，三是现代汉语规范化研究的蓬勃发展，这三个因素的同时出现，大大推动了普通话的推广普及工作，决定了普通话水平测试的产生与发展。

三、普通话水平测试最早源自普通话水平分级思想，这一思想受到政府和社会的广泛认同。结合当代语言测试理论，国家和地方省市进行了不同程度的探索、试测工作，尤其是云南省，与国家课题组积极进行普通话水平测试的互动工作。在此基础上，普通话水平测试以课题研制的形式，就测试等级标准、测试内容、项目分型、评分标准等进行了全面、细致的研究。普通话水平测试融合了语言测试理论、中介语理论、社会语言学、语音学等多种学科理论。普通话水平测试的性质复杂而特殊，除了具有一般语言测试的特点，还具有显著的社会性。

四、普通话水平测试的诞生和发展，浸透着陈章太、孙修章、刘照雄、姚喜双等一代代学者的心血。陈章太提出普通话水平分级思想；孙修章展开测试等级评测研究；刘照雄主编《普通话水平测试大纲》；姚喜双开展大规模普通话水平测试学术研究并启动学科建设……普通话水平测试在传承中发展，在发展中进步。它产自科学的沃土，有语言测试理论与社会实践的双重滋养，同时它也对语言测试理论和实践提供了新的启示与借鉴。

五、作为测试活动，《普通话水平测试大纲》和《普通话水平测试实施纲要》解决了“测什么”和“怎么测”的测试依据问题；作为测试事业，制度、机构、人员、经费各方面的建设，解决了怎样将测试真正测起来的问题，即测试保障问题。普通话水平测试从1994年开始实施到2001年，全国各地普通话水平测试工作处于起步阶段，从无到有，虽然各方面不够成熟，但是培训测试战线上下齐心，干劲十足。组建机构、培养队伍、制定规章，以配合教师资格认定工作为主，开创了普通话培训测试的一片天地。截至20世纪末，据不完全统计，普通话水平测试的规模已经超过490万人次。普通话水平测试的实施，使推广普通话工作落到了实处，迈上了一个新台阶。

六、新世纪以来，中国历史上第一部语言文字的专项法律《国家通用语言文字法》正式实施，普通话水平测试在全国范围内的发展得到了质的飞跃。这一时期对于普通话水平测试事业而言，贯彻《国家通用语言文字法》，加强培训测试基础建设，适应国家信息化发展和现代化建设是其主要发展目标和工作着眼点。因此，法律制度建设、机构建设、测试员队伍建设、管理信息化建设、经费投入等都有了很大的进展。与此相称的是，测试覆盖的地域范围、测试覆盖的行业范围、测试规模都有了显著扩大。对于普通话水平测试的学术研究而言，《普通话水平测试实施纲要》的成功编制，普通话水平测试学术研究的不断深入拓展，普通话水平测试学科建设的良好开局，普通话水平测试手段的日新月异，都是这一时期发展创新的重要事件。

七、由于国内政治的、经济的、民族的、地区的种种问题，由于历史的、现实的种种局限性，社会上依然存在着一些制约普通话水平测试全面健康发展的因素，这给测试的各级管理和实施机构依法推进测试带来了许多挑战。测试事业发展中存在的问题和不足，主要体现在：测试发展不均衡，机构不健全，经费不足，计算机辅助测试手段不完善，人员素质有待提高，科学研究亟待加强等几个方面。

八、普通话水平测试顺应境外社会需求，不仅在中国香港、澳门、台湾地区，也在新加坡、泰国、马来西亚等国家成功开展了普通话培训和测试工作。在国际汉语推广热潮中，普通话水平测试正在发挥积极作用，为国家做出新的历史贡献。普通话水平测试在境外的推广与内地的模式不同，通过纯粹的学术形式、测试形式服务于境外的普通话学习与考量的需求。本书以香港为例，管窥境外普通话水平测试开展的情况。从境外普通话水平测试的作用、特点、意义几个方面分别进行了论述和总结。在境外开展普通话水平测试，有利于境外华人的语言交流，有利于提高境外华人的祖国认同感和传承中华文化，具有很强的现实意义。

九、纵观普通话水平测试的发展历程，科研工作是普通话水平测试学术性与科学性的具体物化，对促进普通话水平测试事业发展具有深层影响。反之，普通话水平测试事业的每一步发展也对测试活动的学术科研工作产生潜在的作用。二者互相依赖，息息相关。普通话水平测试既有政策性、权威性，又不失科学性和学术性，这决定了普通话水平测试一方面在政治需要上、在国家和社会发展上承载着重要的社会功能，同时其学术性又决定了普通话水平测试在语言测试发展史上占有一席之地，具有长久的生命力。政策性、权威性与科学性、学术性的结合是这一测试不同于其他考试的一个显著特点，也是决定了普通话水平测试未来发展前景的重要基础和条件。因此，在普通话水平测试未来发展中，需要切实加大科学研究的力度，为测试事业提供理论与科学的滋养。

参 考 文 献

艾伦．普通话水平测试系统的开发和研究［D］．北京：首都师范大学，2001.
蔡玉芝．试析普通话水平测试中应试者的心理作用［J］．河南大学学报，1997，6.
曹澄方．老一辈无产阶级革命家与推普［N］．中国教育报，2000－9－11.
曹艳丽．建立和完善普通话水平测试质量保证体系的初步实践［G］．国家语言文字工作委员会普通话培训测试中心．首届全国普通话水平测试学术研讨会论文集．北京：语文出版社，2003.
曹先擢．普通话异读词审音［J］．中国语文，2002，2.
陈典红．普通话水平测试与云南少数民族普通话教学［G］．戴梅芳．普通话水平测试研究．北京：语文出版社，1997.
陈章太．略论汉语口语的规范［J］．中国语文，1983，6.
陈章太．论普通话水平测试等级标准［J］．语言文字应用，1997，3.
陈章太．语言规划研究［M］．北京：商务印书馆，2007.
陈章太．论新时期语言文字工作的方针任务［G］．陈章太．语言规划研究．北京：商务印书馆，2007.
陈章太．论语言生活的双语制［G］．语言规划研究．北京：商务印书馆，2007.
陈章太．论普通话水平测试等级标准［G］．陈章太．语言规划研究．北京：商务印书馆，2007.
陈章太，谢俊英．语言文字工作稳步发展的60年［J］．语言文字应用，2009，4.
陈忠．PSC和CET两类语言测试的异同及启示探析［J］．长江大学学报（社会科学版），2006，4.
程明．普通话水平测试试卷的科学编制及规范使用［J］．语言文字应用，1997，3.

程明. 对50篇朗读作品语音状况的分析和思考 [G]. 上海市普通话培训测试中心. 普通话水平测试研究. 上海: 上海教育出版社, 2002.

程祥徽. 澳门的语文规划 [G]. 澳门: 语言博物馆. 香港: 和平图书·海峰出版社, 1998.

戴梅芳. 普通话水平测试研究 [C]. 北京: 语文出版社, 1997.

戴梅芳. 普通话水平测试研究述略 [G]. 戴梅芳. 普通话水平测试研究. 北京: 语文出版社, 1997.

戴昭铭. 规范语言学探索 [M]. 上海三联书店, 1998.

单虹, 王颐嘉, 乔丽华. 普通话水平测试评分细则研究 [J]. 语言文字应用, 2008, 1.

杜宇虹. 普通话水平测试中"说话"项应试策略研究 [D]. 湖北: 华中师范大学, 2006.

费锦昌. 中国语文现代化百年记事 (1982-1995) [G]. 北京: 语文出版社, 1997.

冯玉珍, 杨秀莲. 对毕节地区普通话水平测试工作的思考 [J]. 毕节师范高等专科学校学报, 2001, 3.

郭龙生. 中国当代语言规划的理论与实践 [M]. 广东: 广东教育出版社, 2008.

国家语言文字工作委员会普通话培训测试中心,《语言文字应用》编辑部. 普通话水平测试的理论与实践 [G]. 北京: 商务印书馆, 1998.

国家语言文字工作委员会普通话培训测试中心. 普通话水平测试实施纲要 [M]. 北京: 商务印书馆, 2004.

国家语言文字工作委员会普通话培训测试中心. 首届全国普通话水平测试学术研讨会论文集 [C]. 北京: 语文出版社, 2003.

国家语言文字工作委员会普通话培训测试中心. 第二届全国普通话水平测试学术研讨会论文集 [C]. 北京: 商务印书馆, 2006.

国家语言文字工作委员会普通话培训测试中心. 第三届全国普通话水平测试学术研讨会论文集 [C]. 北京: 商务印书馆, 2009.

国家语言文字工作委员会普通话培训测试中心. 第四届全国普通话培训测试学术研讨会论文集 [C]. 北京: 语文出版社, 2010.

韩宝成. 语言测试: 理论, 实践与发展 [J]. 外语教学与研究, 2000, 1.

韩其洲. 国家普通话水平测试回顾与展望——纪念开展普通话水平测试15周年 [G]. 国家语言文字工作委员会普通话培训测试中心. 第四届全国普通话培训

测试学术研讨会论文集. 北京：语文出版社，2010.
韩玉华. 香港考生在普通话水平测试“说话”中几种常见的偏误分析 [J]. 语言文字应用，2006，3.
韩玉华. 计算机辅助普通话水平测试试点地区的调查研究 [J]. 首都师范大学学报（社会科学版）. 2009，增刊.
韩玉华. 从认知语言学的角度浅析香港人普通话中的词汇偏误问题 [G]. 国家语言文字工作委员会普通话培训测试中心. 第三届全国普通话水平测试学术研讨会论文集. 北京：语文出版社，2009.
韩玉华. 从港人普通话水平测试成绩探讨粤方言区普通话教学测试改进策略 [G]. 第十届世界华语文教学研讨会. 台北，2011 年 12 月.
河北省语言文字培训测试中心. 历程——纪念河北省普通话培训测试工作 15 周年（1996—2011）[G]. 保定：河北大学出版社，2011.
何干俊. 普通话水平测试与汉语水平考试的比较研究及实践 [J]. 湖北社会科学，2010，6.
何国祥，张本楠，郭思豪，郑崇楷，张国松，刘慧. 香港普通话科教学理论与实践 [C]. 香港：三联书店有限公司，2005.
何彦杰. 普通话水平测试中词语规范的评定原则 [G]. 中国语文现代化学会. 中国语文现代化学会 2003 年年度会议论文集. 北京：语文出版社，2003.
侯精一. 推行普通话（国语）的回顾与前瞻 [J]. 语言文字应用，1994，4.
湖南省普通话培训测试中心.《国家普通话水平测试管理信息系统》运行平台建设的探讨 [G]. 国家语言文字工作委员会普通话培训测试中心. 第三届全国普通话水平测试学术研讨会论文集. 北京：语文出版社，2009.
姜岚，张绍麟，王涛，张洪沼，张传东. 普通话水平测试电子语音语料库的开发与建设 [G]. 中国计算技术与语言问题研究——第七届中文信息处理国际会议论文集，北京：电子工业出版社，2007.
教育部语言文字应用管理司，国家语委普通话培训测试中心. 全国普通话水平测试管理工作会议资料汇编 [G]. 北京：语文出版社，2004.
教育部语言文字应用管理司编. 新时期语言文字法规政策文件汇编 [G]. 北京：语文出版社，2005.
教育部语言文字应用管理司，中国语文现代化学会. 新时期语言文字工作记事（1978－2003）[G]. 北京：语文出版社，2005.
教育部语用所社会语言学与媒体语言研究室. 语言规划的理论与实践——第四届全国社会语言学学术研讨会论文集 [C]. 北京：语文出版社，2006.

金晞. 从社会管理角度看人民警察普通话水平测试 [J]. 江苏警官学院学报，2003，1.

康健，唐韵. 努力克服方言障碍，说好普通话——从普通话水平测试的情况谈普通话教学的对策（二） [J]. 四川师范学院学报（哲学社会科学版），1998，6.

康健. 谈谈“轻声”教学的几个问题——从普通话水平测试看“轻声”的教学 [J]. 四川师范学院学报（哲学社会科学版），2000，1.

兰霞，唐韵，康健，朱成勇. 纠正方音，发好标准音——从普通话水平测试的情况谈普通话教学的对策（一）[J]. 四川师范学院学报（哲学社会科学版），1997，6.

兰霞. 准确，规范，恰当，流畅地朗读作品——从普通话水平测试的情况谈普通话教学的对策（三） [J]. 四川师范学院学报（哲学社会科学版），1999，2.

雷峻. 计算机辅助普通话测试的问题思考及技术对策 [J]. 武汉理工大学学报，2010，13.

黎锦熙. 国语运动史纲 [M]. 北京：商务印书馆，1934.

李钢，王宇红. 汉语通用语史研究 [M]. 北京：中国广播电视出版社，2007.

李国强. 普通话水平测试的教育统计与教育测量研究 [D]. 昆明：云南师范大学，2001.

李海燕，蔡云凌，刘颂浩. 口语分布测试题型研究 [G]. 张凯. 语言测试理论及汉语测试研究. 北京：商务印书馆，2006.

李建国. 汉语规范史略 [M]. 北京：语文出版社，2000.

李江艳. 藏族学生在普通话水平测试中存在的问题及建议 [J]. 湖南人文科技学院学报，2009，4.

李静静. 基于语料库的上海话——普通话中介音韵母特征研究 [D]. 上海：华东师范大学，2008.

李胜梅. 方言的语用特征与普通话训练——以江西人所说地方普通话为考察对象 [G]. 国家语言文字工作委员会普通话培训测试中心. 第二届全国普通话水平测试学术研讨会论文集. 北京：商务印书馆，2006.

李翔，陈丽娟. 浅谈行政手段在普通话水平测试中的保证作用 [G]. 云南省普通话培训测试中心. 普通话水平测试工作文集. 北京：语文出版社，1996.

李筱菊. 语言测试科学与艺术 [M]. 长沙：湖南教育出版社，2001.

李学铭. 教学与测试：语文学习成效的评量 [M]. 北京：商务印书馆，2002.

李宇明. 中国语言规划论［M］. 长春：东北师范大学出版社，2005.
李竹屏. 普通话水平测试在语言测试中的共性与个性［J］. 语言文字应用，2007，增刊.
廖广莉. 普通话水平测试中"朗读"扣分标准刍议［J］. 《湘南学院学报》2004，1.
林焘. 从官话、国语到普通话［J］. 语文建设，1998，10.
林焘. 普通话和北京话［M］. 北京：语文出版社，2000.
刘华. 普通话水平测试信度分析与改进模式选取［D］. 云南师范大学，2002.
刘美娟. 普通话水平测试说话项评分细则略论［J］. 宁夏大学学报（人文社会科学版），2003，3.
刘庆升. 计算机辅助普通话发音评测关键技术研究［D］. 中国科学技术大学，2010.
刘岩. 藏族学生说汉语普通话单双音节声调系统实验研究［D］. 中央民族大学，2008.
刘彦. 关于普通话水平测试用"朗读作品"的分析报告［J］. 语言文字应用，2004，3.
刘照雄. 论普通话的确立和推广［J］. 语言文字应用，1993，2.
刘照雄. 普通话水平测试大纲［M］. 长春：吉林人民出版社 1994.
刘照雄. 普通话水平测试大纲（修订本）［M］. 长春：吉林人民出版社 1994.
刘照雄. 普通话水平测试大纲（新修订本）［M］. 长春：吉林人民出版社 2002.
刘照雄.《普通话水平测试大纲》的编制和修订［J］. 语言文字应用，1997，3.
鲁允中. 普通话水平测试刍议［J］. 语文建设，1987，3.
马红英，刘春玲. PSC 过程中测试员对应试者焦虑情绪的影响研究［G］. 国家语言工作委员会普通话培训测试中心. 第二届全国普通话水平测试学术研讨会论文集. 北京：商务印书馆 2006.
孟涛. 国家语委培训测试中心与香港大学签约［J］. 语文建设，1996，6.
倪海曙. 关于推广普通话［J］. 语文建设，1990，5.
倪海曙著作编辑小组. 倪海曙语文论集［C］. 上海：上海教育出版社，1991.
聂丹. 汉语口语测试任务难度影响探究［D］. 北京：中国社会科学院研究生院，2010.
聂丹. 关于普通话水平测试研究走向的思考［J］. 语言文字应用，2011，2.
彭国安，杨益斌. 普通话水平测试朗读作品语病摭谈［J］. 当代教育论坛，2003，3.

PSC国家题库建设课题组. 普通话水平测试国家题库制卷系统研制报告［J］. 语言文字应用，2005，2.

PSC信息管理系统研究与开发课题组，饶正光. 普通话水平测试信息管理系统的研制与开发［G］. 国家语言工作委员会普通话培训测试中心. 第二届全国普通话水平测试学术研讨会论文集. 北京：商务印书馆，2006.

钱华. 普通话水平测试“说话”项若干问题的分析［J］. 湖州师范学院学报，2002，2.

钱华. 普通话水平测试中特殊语音现象界定举要［J］. 嘉兴学院学报，2002，5.

钱华. PSC词汇，语法评定与语用原则［J］. 长春师范学院学报，2006，5.

覃凤余，余瑾，王莉宁. 方言—普通话中介语的词汇语法问题［G］. 国家语言工作委员会普通话培训测试中心. 第二届全国普通话水平测试学术研讨会论文集. 北京：商务印书馆，2006.

乔丽华，朱青春. 普通话水平测试工作的社会评估调查与分析［G］. 国家语言工作委员会普通话培训测试中心. 第二届全国普通话水平测试学术研讨会论文集. 北京：商务印书馆，2006.

屈哨兵，刘慧琼. 普通话水平测试（朗读部分）的一个群案调查及相关分析［J］. 语言文字应用，2004，1.

全国文字改革会议秘书处. 全国文字改革会议文件汇编［G］. 北京：文字改革出版社，1957.

全国语言文字工作会议秘书处. 新时期的语言文字工作——全国语言文字工作会议文件汇编［G］. 北京：语文出版社，1986.

宋欣桥. 普通话水平测试员实用手册（增订本）［G］. 北京：商务印书馆，2004.

宋欣桥. 普通话水平测试评分中的几个问题［J］. 语言文字应用，1997，3.

宋欣桥. 普通话水平测试在香港的基本属性及未来发展［J］. 语言文字应用，2008，1.

苏丹. 自我效能对普通话测试影响的因素研究［D］. 北京：首都师范大学，2004.

苏培成. 普通话漫议［J］. 语言文字应用，1998，3.

孙海娜. 浅析计算机辅助普通话水平测试评分试行办法［J］. 语言文字应用，2010，4.

孙海娜. 我国国家通用语——普通话推广的历史考察及其启示［D］. 北京：首

都师范大学，2006.
孙叶林．普通话水平测试字词典型错读现象分析［J］．衡阳师范学院学报，2002，2.
孙修章．“普通话水平测试标准”研制与实践［J］．语言文字应用，1992，1.
上海市普通话培训测试中心．普通话水平测试手册［G］．上海：上海教育出版社，1998.
上海市普通话培训测试中心．普通话水平测试研究［C］．上海：上海教育出版社，2002.
上海市普通话测试中心．普通话水平测试理论与实践［C］．上海：百家出版社，2006.
上海市语言文字水平测试中心，上海市语言文字工作委员会办公室．语言文字水平测试研究［C］．上海：立信会计出版社，2010.
谭和平，马红英．PSC过程中引起应试者产生焦虑的因素研究［G］．国家语言工作委员会普通话培训测试中心．第二届全国普通话水平测试学术研讨会论文集．北京：商务印书馆，2006.
陶昱霖．《普通话水平测试大纲》与江苏省《评分细则》的比较分析［J］．语言文字应用，2007，增刊.
田皓．普通话水平测试测评误差探究［J］．常德师范学院学报，2003，4.
田小琳．中国内地与香港特区普通话水平测试之比较研究［J］．中国语文，2001，1.
田小琳．国家普通话水平测试香港十年［G］．国家语言工作委员会普通话培训测试中心．第三届全国普通话水平测试学术研讨会论文集．北京：语文出版社，2009.
屠国平．普通话水平测试说话项评分的几个具体问题［J］．绍兴文理学院学报，2002，3.
汪家镠．关于《中华人民共和国通用语言文字法（草案）》的说明［G］．教育部语言文字应用管理司．新时期语言文字法规政策文件汇编．北京：语文出版社，2005.
王彩豫．普通话水平测试评分信度调查分析［J］．汉语学报，2005，4.
王晖．1994年以来普通话水平测试研究概述［J］．语言文字应用，2003，2.
王晖．略论普通话水平测试的评分系统［J］．语言文字应用，2004，1.
王晖．《普通话水平测试大纲》修订的若干问题［J］．澳门语言学刊，2004，28.
王晖．普通话水平测试中的词汇、语法问题［G］．国家语言工作委员会普通话培训测试中心．第二届全国普通话水平测试学术研讨会论文集．北京：商务印书馆，2006.

王晖．普通话水平测试评分细则论析［J］．语言文字应用，2007，4.

王佶旻．三类口语考试题型的评分研究［G］．张凯．语言测试理论及汉语测试研究．北京：商务印书馆，2006.

王佶旻．第二语言口语考试评分方法述评［J］．暨南大学华文学院学报，2007，1.

王佶旻．外语口语测验的历史发展综述［J］．中国考试，2010，3.

王晶，蒋尼华．普通话水平测试评分中“宽”与“严”的问题［J］．湖南工程学院学报（社会科学版），2004，3.

王理嘉．汉语拼音运动与汉民族标准语［M］．北京：语文出版社，2003.

王玲玲．高师普通话水平测试培训中几个相关环节的把握［G］．国家语言文字工作委员会普通话培训测试中心．首届全国普通话水平测试学术研讨会论文集．北京：语文出版社，2003.

王小潮．浙江人在普通话水平测试中的声调问题［J］．浙江大学学报（人文社会科学版），2001，1.

王渝光．普通话水平测试理论探究［G］．戴梅芳．普通话水平测试研究．北京：语文出版社，1997.

王渝光，陈典红，杨万兵．普通话水平测试题库建设的理论与实践［J］．语言文字应用，1997，3.

王渝光，陈典红．普通话水平测试测评员信度研究［G］．戴梅芳．普通话水平测试研究．北京：语文出版社．1997.

王渝光，姚一斌，李竹屏，陈典红．普通话水平测试等级标准的声学研究和数据库建设［G］．国家语言工作委员会普通话培训测试中心．第二届全国普通话水平测试学术研讨会论文集．北京：商务印书馆，2006.

王渝光，姚一斌，杨瑞鲲，蔡彦鹏，袁耘毅，李竹屏，陈典红．计算机辅助普通话水平测试评分系统研究［G］．国家语言工作委员会普通话培训测试中心．第三届全国普通话水平测试学术研讨会论文集．北京：语文出版社，2009.

王渝光，袁耘毅，姚一斌，李竹屏，杨瑞妮，陈典红，蔡彦鹏．计算机辅助普通话水平测试评分系统研究［G］．国家语言工作委员会普通话培训测试中心．第三届全国普通话水平测试学术研讨会论文集．北京：语文出版社．2009.

王湛．认清形势，真抓实干，开创语言文字工作新局面［G］．教育部语言文字应用管理司．新时期语言文字法规政策文件汇编．北京：语文出版社．2005．
王振亚．现代语言测试模型［M］．保定：河北大学出版社．2009．
魏丽杰．普通话水平测试“儿化”的把握［J］．语文学刊，2006，12．
《文字改革》杂志编辑部．建国以来文字改革工作编年记事［G］．北京：文字改革出版社，1985．
吴昌银．普通话水平计算机测试（PSJC）总体模式实验设计研究［D］．昆明：云南师范大学，2003．
吴慧，乔丽华，朱青春．普通话水平测试说话项目应试失误分析与培训教材、教学模式研究［J］．语言文字应用，2007，增刊．
吴积才，王渝光．普通话标准话考试的理论与实践［J］．语文建设，1989，1．
吴进．关于江苏省普通话水平测试朗读项评分细则的思考［J］．扬州教育学院学报，2007，2．
吴若愚，成世勋．新疆少数民族汉语普通话水平测试问题初探［J］．语言与翻译，2004，1．
吴雪青．PSC 朗读项“语调偏误”判定的依据［J］．玉溪师范学院学报，2005，8．
夏青．普通话广播中的读音问题［J］．文字改革，1982，1．
谢俊英．普通话普及情况调查分析［J］．语言文字应用，2011，3．
谢民育，周涌，龙莉．普通话水平测试员信度的鉴别［J］．数理统计与管理，2005，2．
谢旭慧，程肇基，王艾平．影响师范生普通话水平因素的实证研究［J］．语言文字应用，2006，3．
谢旭慧，程肇基，缪丽珺．我国普通话水平测试难易程度研究——来自对全国师范生 PSC 的考证报告［G］．国家语言工作委员会普通话培训测试中心．第三届全国普通话水平测试学术研讨会论文集．北京：语文出版社．2009．
徐世荣．四十年来的普通话语音规范［J］．语文建设，1995，6．
许嘉璐．开拓语言文字工作新局面，为把社会主义现代化建设事业全面推向 21 世纪服务——国家语委主任许嘉璐在全国语言文字工作会议上的讲话［G］．教育部语言文字应用管理司．新时期语言文字工作法规政策文件汇编．北京：语文出版社，2005．
言实．关于普通话水平测试用普通话词语表的编制［J］．语言文字应用，2004，3．

严志宇，赵欣如，王璐，谢簪，李峤，谭军华．普通话测试语音信息库的设计与实现［J］．计算机时代，2010，3．

杨满珍．20 世纪 90 年代国外语言测试的发展［J］．外语教学，2002，5．

杨绍林．谈谈普通话水平测试试卷的拟制［J］．成都师范高等专科学校学报，1996，2．

杨绍林．论普通话水平测试中轻声词语读音的判定［J］．语言文字应用，2007，增刊．

杨伟嘉．普通话水平测试研究（第一集）［C］．南宁：广西教育出版社，2008．

杨翼．对外汉语教学测试与评估的历史演变与发展趋势［J］．中国考试，2009，1．

杨志明，张雷．试论普通话水平测试的信度估计方法［G］．国家语言工作委员会普通话培训测试中心．首届全国普通话水平测试学术研讨会论文集．北京：语文出版社，2003．

姚亚平．中国语言规划研究［M］．北京：商务印书馆，2006．

姚一斌．普通话水平测试误差探究［J］．云南师范大学学报（教育科学版），2001，4．

姚喜双．《大纲》修订和《纲要》研制的思考［J］．语言文字应用，2004，3．

姚喜双．推普工作的重要抓手——谈依法推进的普通话水平测试［J］．语言文字应用，2010，3．

姚喜双，韩玉华，聂丹，黄霆玮，孟晖．普通话水平测试概论［M］．北京：高等教育出版社，2011．

叶军，王颐嘉，周鸣之，乔丽华．计算机辅助普通话水平测试实施研究［J］．语言文字应用，2007，增刊．

叶竹均．论香港“两文三语”政策的发展趋势——从“特别”走向“共同”［J］．广州大学学报（社会科学版），2010，8．

易敏，怡梦，李佳颖．关于儿化词语认知与语感的调查［G］．国家语言工作委员会普通话培训测试中心．第三届全国普通话水平测试学术研讨会论文集．北京：语文出版社，2009．

于星垣，谭成珠．国家考试、港人瞩目——普通话水平测试（PSC）在香港进行十周年回顾［G］．香港：鹭达文化出版公司，2007．

余琳．普通话水平测试发音正误声学特征辨析［D］．昆明：云南师范大学，2001．

云南省普通话培训测试中心．普通话水平测试工作文集［G］．北京：语文出版社，1996.
袁贵仁．再接再厉，团结奋进，开创普通话水平测试工作新局面［G］．教育部语言文字应用管理司．新时期语言文字法规政策汇编．北京：语文出版社，2005.
袁贵仁．以规范标准建设为核心，开创语言文字应用研究新局面［G］．教育部语言文字应用管理司．新时期语言文字法规政策文件汇编．北京：语文出版社，2005.
袁晓薇．长期着眼短期强化——谈测前培训与测试［G］．国家语言工作委员会普通话培训测试中心．首届全国普通话水平测试学术研讨会论文集．北京：语文出版社，2003.
袁钟瑞．话说推普［M］．北京：语文出版社，2004.
张传曾．普通话培训测试中的地域性原则［G］．语海新探杂志编辑部．语海新探（第五辑）——信息网络时代中日韩语文现代化国际学术研讨会论文集．香港：香港文化教育出版社，2002.
张弗．云南省普通话水平测试科研述评［G］．云南省普通话水平测试中心．普通话水平测试工作文集．北京：语文出版社，1996.
张国华．对 PSC 测验有效度的验察［G］．国家语言工作委员会普通话培训测试中心．第四届全国语言文字应用学术研讨会论文集．成都：四川大学出版社，2007.
张华．普通话水平测试与日本英语能力测试之比较［J］．沈阳师范大学学报，2004，4.
张凯．语言测验理论与实践［M］．北京：北京语言文化大学出版社，2002.
张凯．语言测试理论及汉语测试研究［C］．北京：商务印书馆，2006.
赵越，朱城．对加快公务员推普工作的几点思考——以广东为例［J］．中山大学学报论丛，2007，12.
郑惠坚．香港推普工作的热心人——访香港中文教育学会副会长田小琳［J］．普通话（香港），1995，1.
郑献芹．2001－2004 普通话水平测试研究和 HSK 研究的共性和差异［J］．安阳师范学院学报，2007，1.
郑作广．普通话水平测试研究（第一集）［G］．广西教育出版社，2003.
郑作广．普通话水平测试研究（第二集）［G］．广西教育出版社，2005.
中国社会科学院民族研究所“少数民族语言政策比较研究”课题组，国家语言文字工作委员会政策法规室．国外语言政策与语言规划进程［C］．北京：语文出版社，2001.
仲哲明. 普通话水平测试若干问题的讨论［J］. 语言文字应用，1997，3.
仲哲明. 普通话水平测试的性质［G］. 普通话水平测试员实用手册. 北京：商务印书馆，2004.
周鸣之. 基于语料库的上海话——普通话中介音声母特征研究［D］. 上海：华东师范大学，2008.
周思缔. PSC评分标准的精确与模糊［J］. 西南民族大学学报（人文社科版），2007，10.
周中兴. 普通话语音测试中的目标无关性错误研究［D］. 上海：华东师范大学，2007.
朱爱平. 普通话水平测试中对朗读失误的评判及探讨［J］. 太原大学教育学院学报，2008，增刊.
庄守常. 中师生普通话考核标准问题的探讨［J］. 语文建设，1987，6.

外文资料

Bachman, L. F. Fundamental Considerations in Language Testing [M]. Oxford: Oxford University Press. 1990.
Bachman, L. F & Palmer, A. S. Language Testing in Practice [M]. 上海：上海外语教育出版社，1999.
Spolsky, B. Measured Words（客观语言测试）[M]. 上海：上海外语教育出版社，2000.

后　　记

2009年秋，我如愿考取了中国社会科学院研究生院，师从姚喜双教授，圆了我读博士的梦想。5年后，由博士论文修改而成的书稿，列入导师主编的《普通话水平测试研究丛书》准备出版。再回首，读博士期间学研的经历如同胶片电影中的场景回放，穿梭而至。我的心中满是感激与留恋之情。

首先要感谢敬爱的导师姚喜双教授。他指引我在工作与学习中间找到平衡点，引导我在研究中寻找适合自己的方向和方法，发掘自己的长处，修正不足。导师为人谦和，指导学生很有耐心，而且思路广阔，高屋建瓴，常令学生有"共语似醍醐灌顶"之感，对我的影响是深远的。"学会吃亏，善于创新。"这条师训会永生铭记，时刻提醒自己，以老师为榜样，常思做人做事的道理，心怀感恩，潜心完成自己能做的事。

在读博期间，我得到了单位领导、前辈和同事的多方支持与帮助，他们不仅为我学习、研究提供了便利的条件，而且为本研究提供了大量历史资料。在此，我对刘照雄、韩其洲、侯玉茹、刘新珍、魏丹、刘朋建、王晖等老师表示衷心的感谢！

特别要感谢陈章太先生。他是普通话水平测试的开创者，是我从学以来久仰的先辈大家。拙著有幸得到陈先生的审改，心中充满感激与惭愧，希望自己能够更加努力，不负先生！

感谢语用所的苏金智老师、叶青老师、张一清老师在论文开题和论文写作中为我提供宝贵的建议和无私的帮助！感谢郭龙生老师为我的论文精心阅改！感谢我的朋友刘子琦老师，为我三年的博士学习给予的关心与帮助！

还要感谢在社科院研究生院的同门博士聂丹、黄霆玮、孟晖等师姐妹。三年来的学研交流，我收获良多。尤其是聂丹师姐，给我的帮助和影响很大。

感谢全国各地普通话培训测试机构的同志（包括香港各合作高校的测试机构），感谢他们在普通话培训测试一线的辛苦付出，感谢他们细致辛苦的调研！

我还要感谢亲爱的家人，谢谢你们对我的宽容、理解与支持！你们是我永远的港湾！

最后，我由衷地感谢语文出版社所有为本书的出版付出辛劳的朋友们！

韩玉华

2012 年 5 月初稿

2014 年 5 月修订